中国好教师

——怎样做一个幸福的好老师

ZHONGGUOHAOJIAOSHI

ZENYANG ZUO YIGE XINGFU DE HAO LAOSHI

周洪宇 主编

長江出版傳媒 湖北科学技术出版社

《中国好教师——怎样做一个幸福的好老师》

编委会

做党和人民满意的好老师

——同北京师范大学师生代表座谈时的讲话（节选）

习近平

（2014 年 9 月 9 日）

各位老师、同学们！

教育是提高人民综合素质、促进人的全面发展的重要途径，是民族振兴、社会进步的重要基石，是对中华民族伟大复兴具有决定性意义的事业。教师是人类历史上最古老的职业之一，也是最伟大、最神圣的职业之一。人们常说："教师是太阳底下最崇高的职业。"自古以来，中华民族就有尊师重教、崇智尚学的优良传统，正所谓"国将兴，必贵师而重傅；贵师而重傅，则法度存"。在古代，孔子被推崇为"大成至圣先师"，被誉为"万世师表"。在中华民族 5000 多年文明发展史上，英雄辈出，大师荟萃，都与一代又一代教师的辛勤耕耘是分不开的。

新中国成立 65 年来，党和国家高度重视教育事业，建成了世界最大规模的教育体系，保障了亿万人民群众受教育的权利，极大提高了全民族素质，有力推动了经济社会发展。长期以来，广大教师自觉贯彻党的教育方针，教书育人，呕心沥血，默默奉献，为国家发展和民族振兴作出了巨大贡献，赢得了全社会广泛赞誉和普遍尊重。

当今世界，科技进步日新月异，国际竞争日趋激烈。特别是经历了历史上罕见的国际金融危机，各国纷纷调整发展战略，更加注重科技进步和创新驱动。当今世界的综合国力竞争，说到底是人才竞争，人才越来越成为推动经济社会发展的战略性资源，教育的基础性、先导性、全局性地位和作用更加突显。“两个一百年”奋斗目标的实现、中华民族伟大复兴中国梦的实现，归根到底靠人才、靠教育。源源不断的人才资源是我国在激烈的国际竞争中的重要潜在力量和后发优势。希望广大教师认清肩负的使命和责任，努力为发展具有中国特色、世界水平的现代教育，培养社会主义事业建设者和接班人作出更大贡献！

各位老师、同学们！

邓小平同志曾经指出：“一个学校能不能为社会主义建设培养合格的人才，培养德智体全面发展、有社会主义觉悟的有文化的劳动者，关键在教师。”教师重要，就在于教师的工作是塑造灵魂、塑造生命、塑造人的工作。一个人遇到好老师是人生的幸运，一个学校拥有好老师是学校的光荣，一个民族源源不断涌现出一批又一批好老师则是民族的希望。国家繁荣、民族振兴、教育发展，需要我们大力培养造就一支师德高尚、业务精湛、结构合理、充满活力的高素质专业化教师队伍，需要涌现一大批好老师。

那么，怎样才能成为好老师呢？今天，我想就这个问题同大家做个交流。

每个人心目中都有自己好老师的形象。做好老师，是每一个老师应该认真思考和探索的问题，也是每一个老师的理想和追求。我想，好老师没有统一的模式，可以各有千秋、各显身手，但有一些共同的、必不可少的特质。

第一，做好老师，要有理想信念。陶行知先生说，教师是“千教万教，教人求真”，学生是“千学万学，学做真人”。老师肩负着培养下一代的重要责任。正确理想信念是教书育人、播种未来的指路明灯。不能想象一个没有正确理想信念的人能够成为好老师。唐代韩愈说：“师者，所以传道授业解惑也。”“传道”是第一位的。一个老师，如果只知道“授业”“解惑”而不“传道”，不能说这个老师是完全称职的，充其量只能是“经师”“句读之师”，而非“人师”了。古人云：“经师易求，人师难得。”一个优秀的老师，应该是“经师”和“人师”的统一，既要精于“授业”“解惑”，更要以“传道”为责任和使命。好老师心中要有国家和民族，要明确意识到肩负的国家使命和社会责任。

我们的教育是为人民服务、为中国特色社会主义服务、为改革开放和社会主义现代化建设服务的，党和人民需要培养的是社会主义事业建设者和接班人。好老师的理想信念应该以这一要求为基准。广大教师要始终同党和人民站在一起，自觉做中国特色社会主义的坚定信仰者和忠实实践者，忠诚于党和人民的教育事业，自觉把党的教育方针贯彻到教学管理工作全过程，严肃认真对待自己的职责。要注重加强中国特色社会主义理论体系的学习，加深对中国特色社会主义的思想认同、理论认同、情感认同，不断增强道路自信、理论自信、制度自信，积极引导学生热爱祖国、热爱人民、热爱中国共产党。好老师应该做中国特色社会主义共同理想和中华民族伟大复兴中国梦的积极传播者，帮助学生筑梦、追梦、圆梦，让一代又一代年轻人都成为实现我们民族梦想的正能量。

广大教师要用好课堂讲坛，用好校园阵地，用自己的行动倡导社会主义核心价值观，用自己的学识、阅历、经验点燃学生对真善美的向往，使社会主义核心价值观润物细无声地浸润学生们的心田、转化为日常行为，增强学生的价值判断能力、价值选择能力、价值塑造能力，引领学生健康成长。

第二，做好老师，要有道德情操。老师的人格力量和人格魅力是成功教育的重要条件。“师也者，教之以事而喻诸德者也”。老师对学生的影响，离不开老师的学识和能力，更离不开老师为人处世、于国于民、于公于私所持的价值观。一个老师如果在是非、曲直、善恶、义利、得失等方面老出问题，怎么能担起立德树人的责任？广大教师必须率先垂范、以身作则，引导和帮助学生把握好人生方向，特别是引导和帮助青少年学生扣好人生的第一粒扣子。

“师者，人之模范也”。教师的职业特性决定了教师必须是道德高尚的人群。合格的老师首先应该是道德上的合格者，好老师首先应该是以德施教、以德立身的楷模。师者为师亦为范，学高为师，德高为范。老师是学生道德修养的镜子。好老师应该取法乎上、见贤思齐，不断提高道德修养，提升人格品质，并把正确的道德观传授给学生。

师德是深厚的知识修养和文化品位的体现。师德需要教育培养，更需要老师自我修养。做一个高尚的人、纯粹的人、脱离了低级趣味的人，应该是每一个老师的不懈追求和行为常态。好老师要有“捧着一颗心来，不带半根草去”的奉献精神，自觉坚守精神家园、坚守人格底线，带头弘扬社会主义道德和中华传统美德，以自己的模范行为影响和带动学生。

好老师的道德情操最终要体现到对所从事职业的忠诚和热爱上来。好老师应该执著于教书育人。我们常说干一行爱一行，做老师就要热爱教育工作，不能把教育岗位仅仅作为一个养家糊口的职业。有了为事业奋斗的志向，才能在老师这个岗位上干得有滋有味，干出好成绩。如果身在学校却心在商场或心在官场，在金钱、物欲、名利同人格的较量中把握不住自己，那是当不好老师的。

现在，很多地方做老师还比较清苦，特别是农村基层小学老师很辛苦，收入不高，物质生活不是很宽裕，有些家庭负担较重的老师生活还比较困难。各级党委和政府都要关心广大老师特别是生活工作有困难的老师，努力为他们排忧解难。同时，老师要有“衣带渐宽终不悔，为伊消得人憔悴”的精神，兢兢业业做好工作。做老师，最好的回报是学生成人成才，桃李满天下。想想无数孩子在自己的教育下学到知识、学会做人、事业有成、生活幸福，那是何等让人舒心、让人骄傲的成就。

第三，做好老师，要有扎实学识。老师自古就被称为“智者”。俗话说，前人强不如后人强，家庭如此，国家、民族更是如此。只有我们的孩子们学好知识了、学好本领了、懂得更多了，他们才能更强，我们的国家、民族才能更强。

扎实的知识功底、过硬的教学能力、勤勉的教学态度、科学的教学方法是老师的基本素质，其中知识是根本基础。学生往往可以原谅老师严厉刻板，但不能原谅老师学识浅薄。“水之积也不厚，则其负大舟也无力”。知识储备不足、视野不够，教学中必然捉襟见肘，更谈不上游刃有余。

国外有教育家说过:“为了使学生获得一点知识的亮光，教师应吸进整个光的海洋。”在信息时代做好老师，自己所知道的必须大大超过要教给学生的范围，不仅要有胜任教学的专业知识，还要有广博的通用知识和宽阔的胸怀视野。好老师还应该是智慧型的老师，具备学习、处世、生活、育人的智慧，既授人以鱼，又授人以渔，能够在各个方面给学生以帮助和指导。

陶行知先生说：“出世便是破蒙，进棺材才算毕业。”这就要求老师始终处于学习状态，站在知识发展前沿，刻苦钻研，严谨笃学，不断充实、拓展、提高自己。过去讲，要给学生一碗水，教师要有一桶水，现在看，这个要求已经不够了，应该是要有一潭水。

第四，做好老师，要有仁爱之心。教育是一门“仁而爱人”的事业，爱是教育的灵魂，没有爱就没有教育。好老师应该是仁师，没有爱心的人不可能成为好老师。高尔基说:“谁爱孩子,孩子就爱谁。只有爱孩子的人,他才可以教育孩子。”教育风格可以各显身手,但爱是永恒的主题。爱心是学生打开知识之门、启迪心智的开始,爱心能够滋润浇开学生美丽的心灵之花。老师的爱,既包括爱岗位、爱学生,也包括爱一切美好的事物。

有人说,好老师的眼神应该是慈爱、友善、温情的,透着智慧、透着真情。好老师对学生的教育和引导应该是充满爱心和信任的,在严爱相济的前提下晓之以理、动之以情,让学生“亲其师”“信其道”。好老师要用爱培育爱、激发爱、传播爱,通过真情、真心、真诚拉近同学生的距离,滋润学生的心田,使自己成为学生的好朋友和贴心人。好老师应该把自己的温暖和情感倾注到每一个学生身上,用欣赏增强学生的信心,用信任树立学生的自尊,让每一个学生都健康成长,让每一个学生都享受成功的喜悦。

有爱才有责任。好老师应该懂得,选择当老师就选择了责任,就要尽到教书育人、立德树人的责任,并把这种责任体现到平凡、普通、细微的教学管理之中。正是因为爱教育、爱学生,我们很多老师才有了用一辈子备一堂课、用一辈子在三尺讲台默默奉献的力量,才有了在学生遇到危难时挺身而出的勇气,才有了敢于攻克新知新学的锐气。老师责任心有多大,人生舞台就有多大。

老师还要具有尊重学生、理解学生、宽容学生的品质。离开了尊重、理解、宽容同样谈不上教育。“学而不厌、诲人不倦”,有教无类,因材施教,教也多术,就是要求老师具有尊重、理解、宽容的品质。这本身就是一种伟大的教育力量。受到尊重、得到理解、得到宽容,是每一个人在人生各阶段都不可缺少的心理需要,儿童和青少年更是如此。一些调查材料反映,尊重学生越来越成为好老师的重要标准。好老师应该懂得既尊重学生,使学生充满自信、昂首挺胸,又通过尊重学生的言传身教教育学生尊重他人。

世界上没有两片完全相同的树叶，老师面对的是一个个性格爱好、脾气秉性、兴趣特长、家庭情况、学习状况不一的学生，必须精心加以引导和培育，不能因为有的学生不讨自己喜欢、不对自己胃口就冷淡、排斥，更不能把学生分为三六九等。对所谓的“差生”甚至问题学生，老师更应该多一些理解和帮助。老师在学生心目中具有重要位置，老师无意间的一句话，可能造就一个天才，也可能毁灭一个天才。好老师一定要平等对待每一个学生，尊重学生的个性，理解学生的情感，包容学生的缺点和不足，善于发现每一个学生的长处和闪光点，让所有学生都成长为有用之才。

我看了不少优秀教师的事迹，很多老师一生中忘了自己、把全部身心扑在学生身上，有的老师把自己有限的工资用来资助贫困学生、深恐学生失学，有的老师把自己的收入用来购买教学用具，有的老师背着学生上学，牵着学生的手过急流、走险路，有的老师拖着残疾之躯坚守在岗位上，很多事迹感人至深、催人泪下。这就是人间大爱。我们要在广大教师中、在全社会大力宣传和弘扬优秀教师的先进事迹和高尚品德。

好老师不是天生的，而是在教学管理实践中、在教育改革发展中锻炼成长起来的。衷心祝愿每个教师都能成为符合党和人民要求、学生喜欢和敬佩的好老师，希望每个孩子都能遇到好老师。

各位老师、同学们!

我国人口多、国土广、地区差异大，有2.6亿学生和1400万教师，搞好教育事业任务艰巨。党和政府高度重视教育，2012年以来我国财政性教育经费支出占当年国内生产总值比例达到4%，这是很大的一件事。我国经济总量虽然已经是世界第二，但我国还是世界上最大的发展中国家，还处在社会主义初级阶段，各种教育资源历史积累不足，地区之间教育发展不平衡，教育总体条件还不是很理想，教师特别是基层教师收入总体水平不高，办学条件标准不高，教育管理水平亟待提高。这就要求我们坚持科教兴国战略和人才强国战略，坚持把教育放在优先发展的战略位置，继续大力推动教育改革发展，使我国教育越办越好、越办越强。

百年大计，教育为本。教育大计，教师为本。努力培养造就一大批一流教师，不断提高教师队伍整体素质，是当前和今后一段时间我国教育事业发展的紧迫任务。

各级党委和政府要从战略高度来认识教师工作的极端重要性，把加强教师队伍建设作为基础工作来抓，满腔热情关心教师，改善教师待遇，关心教师健康，维护教师权益，充分信任、紧紧依靠广大教师，支持优秀人才长期从教、终身从教，使教师成为最受社会尊重的职业。要制定切实可行的政策措施，鼓励有志青年到农村、到边远地区为国家教育事业建功立业。要加强教师教育体系建设，加大对师范院校的支持力度，找准教师教育中存在的主要问题，寻求深化教师教育改革的突破口和着力点，不断提高教师培养培训的质量。要让全社会广泛了解教师工作的重要性和特殊性，让尊师重教蔚然成风。

这些年，媒体报道了个别老师道德败坏、贪赃枉法的事，对这些害群之马要清除出教师队伍，并依法进行惩处，对侵害学生的行为必须零容忍。

各位老师、同学们！

“三寸粉笔，三尺讲台系国运；一颗丹心，一生秉烛铸民魂”。今天的学生就是未来实现中华民族伟大复兴中国梦的主力军，广大教师就是打造这支中华民族“梦之队”的筑梦人。希望全国广大教师把全部精力和满腔真情献给教育事业，在教书育人的工作中不断创造新业绩。

前 言

既做经师，更做人师

——写在《中国好教师》出版之际

顾明远

2014年9月第30个教师节前夕，习近平总书记到北京师范大学视察，与师生代表座谈，发表了重要讲话。习近平总书记在详细阐明了当今世界教育在国际竞争、增强国力中的重要地位以后，号召广大教师要做一名好老师，并详细阐述了好老师应该具有四方面品质，即需要有理想信念、道德情操、扎实学识、仁爱之心。我个人的体会是，四方面品质中核心是教师的思想品德，师德是教师的灵魂。

习近平总书记在引用唐代韩愈的话“师者，所以传道授业解惑也”后说：“‘传道’是第一位的。一个老师如果只知道授业、解惑而不传道，不能说这个老师是完全称职的，充其量只能是经师，句读之师，而非人师，古人云：‘经师易求，人师难得。’”教师既要精于授业解惑，更要以传道为责任，也就是说，一名好老师，既要是经师，更要是人师。

作为人师，首先要有理想信念。我理解，作为教师的理想信念应该有两个方面：一是坚持中国特色社会主义道路，担负中华民族伟大复兴的历史使命；二是热爱教育事业、热爱学生，把学生培养成国家的栋梁。正如习近平总书记所说的，教师不是一般的谋生的职业，它关系到年轻一代的成长、千万家庭的幸福，关系到民族的未来、国家盛衰。要实现“两个一百年”的奋斗目标，实现中华民族伟大复兴的“中国梦”，要靠几代人的努力，要靠教育培养人才。教师要帮助学生“筑梦、追梦、圆梦”，教师首先要有理想信念。

教师要传道，自己就应该有高尚的道德情操，做道德的楷模。教师要践行社会主义核心价值观，以身作则，做学生的榜样，才能引领帮助学生把握好人生方向，“扣好人生的第一粒扣子”。

习近平总书记讲到好老师要有仁爱之心。他说：“教育是一门‘仁而爱人’的事业。”这一点讲得特别好，我深有体会。我经常讲“没有爱就没有教育，没有学趣就没有学习”，这种爱就是仁爱。古人云：“仁者爱人。”人要有爱人之心，老师对学生更应有仁爱之心。老师要用爱心激发学生学习进步的火花，开启通向知识的智慧之门。爱学生就要尊重学生、理解学生、宽容学生。老师要相信每一个学生，相信每个学生都能成才，这也是老师的职业信念。老师要尊重每一个学生，只有尊重学生，学生才能尊重老师。老师要理解学生，理解学生的各种需要，理解学生平时的学习和生活，才能有的放矢施教。总书记还专门提到老师要对学生有宽容之心。他说：“不能因为有的学生不讨自己喜欢、不对自己胃口就冷淡、排斥，更不能把学生分成三六九等。”这一点非常重要。好老师总是用放大镜去发现学生的亮点，而不是用显微镜去寻找学生的缺点。学生是有差异的，发展也是不平衡的，有时是会犯错误的。老师不能歧视学生，要公平、公正地对待每个学生，培养学生自尊、自信、自强的精神。

做好人师，也需要做经师，好老师要有扎实的学识。所谓学识，就是学问和见识。教师的责任是传授知识，培养能力。教师本人就要有扎实的知识，而且有开阔的视野、深睿的智慧。好老师不仅要有扎实的学科专业知识，要给学生一碗水，自己应有一潭水；而且要懂得教育规律，懂得青少年发展的规律，遵循教育规律，用最有效的方法把知识传授给学生。当今信息化时代，教师已经不是知识的唯一载体，但教师闻道在先，有丰富的知识和教学经验，可以为学生设计良好的环境、指导学生高效学习、帮助学生排难解困。好老师要成为学生学习的设计者、指导者、帮助者，做学生学习的伙伴。

怎样才能做一名好老师？就是要学习，把学习作为进步的动力。习近平总书记提出的对好老师的四点要求，就是每个老师学习努力的方向。习近平总书记的讲话，娓娓道来、循循善诱，非常平实，很有人情味。老师们要认真学习、细细体会。首先要提高对教育事业的认识、提高对教育事业的热情。有了高度的认识和热情就会不断去钻研、反思自己的教育教学行为，不断改进、不断提高。著名教育家吕型伟说过：“教育是事业，其意义在于奉献；教育是科学，其价值在于求真；教育是艺术，其生命在于创新。”要成为一名好老师，就要有奉献精神、求真精神、创新精神。要求共、要创新，就要学习。教育的发展在于改革，教育的改革在于创新，教育的创新在于学习。老师要终身学习，成为建设学习型社会的典范，不仅要学习教育专业知识，还要学习相关专业的知识，甚至与教师职业无关的知识，教理科的老师不妨学点文学艺术；教文科的老师不妨读点科普作品，以便提高自己的文化修养。文化修养提高了，不仅自己的生活品位提高了，而且还能高屋建瓴地理解教育的真谛，从而构建自己的教育思想、创建自己的教育风格，成为习近平总书记要求的好老师。

《中国好教师》几位作者热情约请我为本书作序，感觉这件事非常有意义，难以推辞。之前《中国教育报》也联系我写一点对好教师的认识，由于年事已高，精力有限，只好合二为一，算是我对中国好教师的期待与寄托。

（作者系中国教育学会原会长、北京师范大学资深教授）

目录

第一部分 幸福，一个好老师应有的追求

第二部分 幸福，在教学中追求

第三部分 幸福，在学习中追求

第四部分 幸福，在生活中追求

第一部分

DIYIBUFEN

XINGFU
YIGE HAO LAOSHI YINGYOU DE ZHUIQIU

幸福，一个好老师应有的追求

没有人否定，幸福是当下教育发展热度最高的一个命题，也将是教育一个永恒的命题。

当幸福校园、幸福教师、幸福学生等提法为我们耳熟能详时，继而来之的问题是如何让幸福成为教师的角色状态和生活方式。

一位哲人对人生的幸福境界曾作过这样的阐述：你不能决定生命的长度，但你可以控制它的宽度；你不能左右天气，但你可以改变心情；你不能改变容貌，但你可以展露笑容；你不能控制他人，但你可以掌握自己；你不能预知明天，但你可以利用今天；你不能样样顺利，但你可以事事尽力。

的确，对现实生活中任何一个人来说，总有你做得到的，也总有做不到的；总有你享有的，也总有无法享有的；总有你高兴的，也总有苦恼的。古代俗语中“金无足赤，人无完人”讲的就是这个道理。

从这个人生哲理上看待“幸福”，显然不是你拥有一切，你才会有“幸福”；你失去一切，你一定就没“幸福”。然而，什么是“幸福”呢？从概念上是很难准确表达的。每个人也许有不同的体验，但总体上应该说，既有共性，也有个性。从中外幸福观的比较中我们可见一斑。

在西方流传着这样一句谚语：如果你想要几小时的幸福，就去喝醉吧；如果你想要 3 年的幸福，就去结婚吧；如果你想要一辈子的幸福，就去做园丁吧。他们对园丁能一辈子幸福的解释是：不但能传授知识，还能与生命一起成长；在伴随生命成长的过程中，每天都在收获新的喜悦。

我国古代著名思想家孟子说：“君子有三乐，而王天下不与存焉。父母俱存，兄弟无故，一乐也；仰不愧于天，俯不怍于人，二乐也；得天下英才而教育之，三乐也。”意思是说：君子有三大快乐，以德服天下不在其中。父母健在，兄弟平安，这是第一大快乐；上不愧对于天，下不愧对于人，这是第二大快乐；得到天下优秀的人才进行教育，这是第三大快乐。

习近平总书记在 2014 年 9 月 9 日同北京师范大学师生代表座谈时说：“做老师，最好的回报是学生成人成才，桃李满天下。想想无数孩子在自己的教育下学到知识、学会做人、事业有成、生活幸福，那是何等让人舒心、让人骄傲的成就。”

有一种对教师工作浪漫的、有诗意的描述是“阳光下最崇高的职业”。虽然中外对“幸福”的理解千差万别，但却有一个惊人的相同——从事最崇高职业的人也应该是最受人尊重的，而幸福很大程度上来源于被人尊重的主观体验。所以说，幸福是一个好老师应有的追求。

一、没有谁能偷走教师的幸福

提起“做一个幸福的教师”的命题，不能不想起 2007 年朱永新教授在《教师博览》上发表的一篇文章《谁偷走了教师的幸福》，这在当时引起了很大反响。犹如“一石激起千层浪”，借用朱教授的一句话：“触目惊心。”以至于有人问教师“有幸福吗”，教师们不约而同地回答“被偷走了”。

时间过去了好几年，让人不解的是这种说法仍然还有很大市场。如今在网络上一搜索，关于“谁偷走了教师的幸福”的讨论还是大为火爆，众说纷纭，莫衷一是。我们暂且不说“教师的幸福是否真的被偷走了”，先看看持这种观点的人的陈述，我们从 3 个方面概括如下。

（一）“格式化”的生活

早上 5 点半起来，和学生一起出早操、早读；7 点至 11 点半，有课就上课，没课也要在教室外站十几分钟；中午，吃饭后简单午休，然后到教室督促学生自习；下午 2 点半，开始上课、备课、批改作业，一直持续到晚上 9 点，高中则到晚上 10 点晚自习下课，然后每个宿舍要查看一遍后，还要计划第二天的工作。这样一来，上床睡觉的时候已经是晚上 11 点多了。

一般说来，教师每天的工作时间都较长，尤其是寄宿学校班主任工作的时间大多在 14 小时以上，高中双休日照常上课，几乎没有双休日和娱乐活动，每天围着家、教室、办公室转，寒假与暑假要培训、充电，生活圈子狭小，单调而乏味。

（二）“超负荷”的工作

教师都有“七怕”：一怕考试，二怕出事，三怕家长，四怕学生，五怕投诉，六怕评先评优，七怕耽误孩子。

学生成绩、升学比例、教学任务如“三座大山”，我国中小学教师人均日劳动时间超过 10.67 小时，比其他岗位的一般职工日平均劳动时间高出 2.67 小时，其中睡眠时间比一般职工平均少 2 小时，娱乐时间少 0.5 小时左右，积累起来，年超额劳动时间为 450 多小时。

（三）“数不清”的压力

现在的教师，早已不能像古代的私塾先生那样一心只教圣贤书，单纯地研究教学，教育学生了。他们要搞好班级的日常管理，要做好学生的思想教育，要注重面对平行班级之间的较量，要应对上级的各项检查，更要追求升学率，尤其是每月月考学生成绩与老师的考评、绩效挂钩，造成人人自危、如履薄冰。另外还有与同事和领导关系的处理，与形形色色的学生和家长之间的沟通，以及诸如组织收费等难以计数的繁杂琐事，令承受能力有限的教师经常面对各方面的挑战。教师也不过是普通的血肉之躯，压力太大，难言幸福。

表面看来，上述字字真实，句句实情，条条在理。但细细想来，感到“偷走了幸福”这个概念是不成立的。

从横向看，“格式化”的生活、“超负荷”的工作、“数不清”的压力，大多数行业不都是如此吗？譬如说，交警在炎炎烈日下、在风雪交加下值勤，这恐怕是再“格式化”不过了的生活；医生做手术一站几小时甚至十几小时，全神贯注、目不转睛，这恐怕是再“超负荷”不过了的工作；科研人员搞实验失败几十次甚至几百次，这恐怕是再也“数不清”的压力……，我们不能说他们的幸福都被人“偷走了”吧。

从纵向看，教育越来越受到党和政府的高度重视，受到社会各界的关心支持，教师的待遇在不断提高，工作环境在不断改善，生活质量在不断提升。譬如说，中小学教师可评正教授职称，班主任津贴再次增加，农村教师给予生活补贴，还有经济周转房……，这些都是不争的事实，我们不能说他们的幸福还是被人“被偷走了”吧。

当然，我们不能说所有的教师都有幸福，也不能说老师的幸福指数都很高。至于说教师的幸福被“偷走了”，不能不说大有“蛊惑人心”之嫌。从幸福的概念看，幸福主要是一种感受，一种体验。毫无疑问，感受与体验是别人“偷不走”的，只能说是自己没有找到幸福的感觉而已。

“不识庐山真面目，只缘身在此山中”。其实问题的主要原因不在别人身上，恰恰出在教师自己身上。

那么，问题如何出现在一些教师自己身上的呢？

1. 人生无目标，教学无动力

奥斯特洛夫斯基曾经说过：“人最宝贵的东西是生命，生命对人来说只有一次。因此，人的一生应当这样度过：当他回首往事时，不因虚度年华而悔恨，也不因碌碌无为而羞愧。”相信大家对这段话一定记忆犹新吧。

事实上，毫不夸张地说，现在有些老师是在虚度年华、碌碌无为。撇开宏大的人生目标不说，许多教师没有三年规划、没有年度目标，有时候甚至连一节课的教学目标也是模糊的。没有目标的人生如同在黑夜中摸索，寂寞、恐惧、无奈占据教师的整个心灵。不少教师有时候甚至抱着一种早退休早享福的念头，做一天和尚撞一天钟。当然在一个有些急功近利、物欲横流的社会，人们羞于谈理想，似乎只有经济利益才是唯一的目标，教师受这种思潮的冲击也是情理之中了。长此以往，教师的幸福自然就会逃之夭夭，取而代之的便只有那无边无际的悲哀了。

2. **教学无创新，工作无效率**

有些教师还是习惯于依赖经验教书：每年依旧照着参考书抄袭教案；依旧照着同事的“白皮书”应付检查；依旧埋头处理似乎永无尽头的作业本；依旧在课堂上无休止地唾沫横飞；依旧用同一种方法讲授同一道应用题；依旧习惯性地板着脸孔走进教室；依旧……

如果继续说下去，恐怕有无数个依旧，可以把我们的耳朵听出茧来。由此可见，教师的工作年复一年，日复一日，是何等的相似！只不过“这一张旧船票，已经无法登上今日的客船”。显而易见的是教师的工作太过于程式化了，正是这种毫无技术含量的机械重复的“体力劳动”，消磨了教师的灵气与激情，让教师对工作心生厌倦。

除了机械重复，还有一大杀手就是由于工作忙碌给教师造成的身心疲惫。客观地来说，教师的工作的确越来越忙，因为与教学无关的事情越来越多（比如应付各种评比及上级部门名目繁多的各类检查等），这从很大程度上增加了教师的负担。但是很多时候教师的工作缺乏统筹意识，分不清轻重缓急，因而往往一天下来，早已累得腰酸背痛，下班回家后自然也就没了好心情。幸福就这样一点一点被蚕食掉了。

3. 心态不平和，理念未更新

引起教师心态失和的原因首先并不一定是体现在评模、评优或是评职称上，而更多的则体现在日常教育教学工作中。请听下面这些我们再熟悉不过的话语：

"这道题我已经讲了无数遍了，居然还有这么多人做错，真是气死我了！"

"你真是头蠢猪啊！这么简单的题目也不会！"

"我们班差生怎么这么多啊！真是没法带！"

"现在的学生真是越来越难教了！"

"这家伙太调皮了，整节课都在乱动，我恨不得把他赶出教室！"

……

这样的话语不胜枚举，更为严重的是这些话语往往是伴随着老师的极度焦虑与愤怒而发出的，有时候甚至会伴随着体罚的发生。结果是学生永远记住了对老师的"恨"，老师却当场牺牲了成千上万个脑细胞。

【惨痛教训】

著名作家毕淑敏曾讲过自己读书时候的一个故事：

(11 岁的毕淑敏有幸被选到学校的歌咏队，成为男女生小合唱队的一员)"每天放学后，在同学们羡慕的眼光中，走到音乐教室，引吭高歌。"有一天练歌的时候，担任指挥的长辫子音乐老师突然从指挥台上跳下来，走到合唱队里侧耳倾听，正当队员们唱得"格外起劲"的时候，音乐老师走到毕淑敏跟前做了一个停止的手势，整个队伍瞬间安静了下来。她弯着腰，一字一句地说："毕淑敏，我在指挥台上总听到一个人跑调儿，不知是谁。我走下来，一个人一个人听，总算找出来了，原来就是你！一颗老鼠屎坏了一锅汤！现在我把你除名了！"

尽管"羞愧难当"地走出音乐教室的毕淑敏在 3 天之后又被召回合唱队，

但是，音乐老师的话却使毕淑敏无法找到丝毫的自豪感觉，相反，委屈的泪水只有在心里流淌。

“毕淑敏，你听好，你人可以回到队伍里，但要记住，从现在开始，你只能干张嘴，绝不可发出任何声音。”为了强调，音乐老师还“伸出颀长的食指笔直地挡在我的嘴唇间”。

这次“有幸”成为合唱队员的特殊经历，给毕淑敏带来的影响是巨大而深远的。她说：“在那以后几十年的岁月中，长辫子老师那竖起的食指，如同一道符咒，锁住了我的咽喉。禁令铺张蔓延，到了凡是用嗓子的时候，我就忐忑不安，逃避退缩。”“我无法抹去她在一个少年心中留下的惨痛记忆。烙红的伤痕直到数十年后依然冒着焦煳的青烟。”

由此看来，学生的成长与幸福随时都有可能被教师无端的指责或不经意的侮辱而抹杀。可以断言，其实很多时候对学生的指责与辱骂甚至体罚都是处于一片好心，没有哪个老师不想让自己的学生有出息的！但是为什么常常好心办坏事呢？这是因为很多时候教师缺乏一颗包容的心，或是因为教师对学生的个性心理特征缺乏了解，或是因为视教育为小事，缺乏新的教育理念等等原因。

找到了让教师不幸福的真凶，那么又如何去找回那本来应该属于教师的幸福呢？

二、教师真正的幸福是什么

【童话启示】

一天，天气晴朗，阳光明媚，在一条公路旁停着的一辆豪华轿车和一辆旧自行车，两个家伙闲着没事就在一起嘀咕起来——骄傲无比的小轿车轻蔑地说："早晨，主人在家里把我洗得干干净净，还把我带到他的公司，停在豪华的写字楼前；他工作时，我懒洋洋地晒太阳、睡大觉；中午，我陪小主人去野餐，回到家里，就在我那宽敞的车库里享受惬意的午休；晚上，主人会带我去五星级宾馆，还有舞厅，我欣赏到了动听的歌声和优美的舞姿。到了节假日，主人还带我去海边，让我看到了浩浩荡荡、无边无际的大海；带我去故宫、长城，我的足迹可以说是遍及大江南北。"

自行车笑笑说："也只不过如此，我们自行车只讲奉献，不求索取。早晨，主人骑着我去锻炼身体，去菜场买菜；中午，主人骑我去接他的儿女；下午，我还驮着主人走上泥泞的小道，回家乡办事；到了周末，我会陪着主人去买书、看电视；夜深了，主人骑着我去上夜班。虽然我很累，但我觉得非常幸福。"

小轿车听了，若有所思，脸一下变红了……

自行车对身旁脸红的小轿车说：“只有奉献才是真正的幸福！”

这则并不精彩的童话，对“幸福”作出了截然相反的诠释。在现实生活中，人们对“幸福”的描述也是千姿百态，异彩纷呈。

（一）中外专家谈幸福观

在西方，最有影响的是美国哈佛大学“幸福课”主讲教师、全球畅销书《幸福的方法》作者、国际“幸福学之父”泰勒·沙哈尔博士，2010年他首次来到中国广东，在珠海举行“幸福的方法”专题讲座。我们先看看这位幸福学的创始人对幸福的高论。

泰勒认为，“幸福不是一个时点或者空间的概念，而是连续体。幸福是一个旅程，我们要不断地修炼。幸福是一种情绪状态和心境，不是具体的东西，所以要学会感恩。比如，对于孩子、太太和工作，都不像以前觉得这些是应该的，而是学会去感激、欣赏、庆祝和享受。这不是拥有的比以前更多了，而是学会对于拥有的东西更加关注、更抱着感恩之心。不要等到后悔的事情发生的时候，你才意识到拥有的东西多么宝贵，你要每天都怀着一颗感恩的心把这些事情记下来。”

泰勒说，幸福有很多来源。对于一名教师来说，家庭、小孩和好朋友是快乐的源泉。还有，当自己对社会有贡献，就会觉得生活非常有意义。

泰勒进一步谈到，在当今社会中，对积极心理学的需求从未像今天这样迫切。在美国，抑郁症的患病率比20世纪60年代高出了10倍，而抑郁症的平均发病年龄也从20世纪60年代的29.5岁下降到今天的14.5岁。财富带给我们的好像并不是幸福，人们开始在积极心理学中寻找答案，是因为人们想变得更快乐、更幸福。幸福更多是指我们怎么看待这个世界，是主观的感受。幸福当然需要基本的物质条件，但更多的幸福不是说物质条件多好，需要拥有多少东西，而是对于客观条件的主观感受。

泰勒还谈到，研究表明，美国和中国人的幸福程度差不多。实际上，不同的文化群体要进行比较是非常困难的。重要的是自己和自己比较，不断增加自己的幸福度，让人们感到更幸福。重视幸福是人类社会发展的巨大进步。但任何改变都需要找到一个节点，找到一个杠杆，能起到四两拨千斤的作用。这个节点就是学校，有关幸福理论的心理课程首先应该在学校推行。选择学校的原因在于，学校开设这样的心理课程会直接干预老师，老师会干预学生，学生在学习的过程中会把家长也卷进来，这样就会形成对整个社会的广泛干预。

在中国，目前影响最大的是中央电视台“百家讲坛”讲述“幸福的秘密”主讲人、当代著名作家毕淑敏，她又是怎样谈论幸福的呢？

毕淑敏认为，人生最遗憾的事，莫过于与幸福擦肩而过。那么当我们面临人生各种的选择时，应该依靠什么做出正确的决定呢？既然幸福是一种心灵的感受，那么有没有什么具体的方法，能让我们的心灵感受到真正的幸福呢？毕淑敏进一步谈到，对于幸福，每个人都可能有不同的理解，但是那种幸福的感觉，却是每个人都曾有过的心灵感受，那么这个世界上真的有什么方法能让我们的心灵长久地感受到真正的幸福吗？让自己幸福，也让别人幸福的最终方法，究竟是什么呢？

毕淑敏说，追求人生真正幸福的第一个方法，是要有目标感，而第二个方法是要有目标。目标的概念是很清楚的，那么目标感的概念是什么？目标感和目标的区别又是什么呢？

人生其实是在不断地选择之中，而不同的决定，将会带来完全不同的人生，那么当我们站在十字路口，不知该何去何从之时，应该靠什么为依据来进行选择？人生最大的困惑之一，就是面临选择时，不知道怎样决定才是正确的。其实最简单的方法，就是认清自己的目标感和目标，在这个基础上做出的决定，往往会使自己的人生多一些幸福，少一些遗憾。

原国务院总理温家宝对幸福有一句精辟的论述："幸福就是人们生活得舒心、安心、放心，对未来有信心。"

（二）百姓眼中的幸福观

专家、学者对幸福的论述也许比较理论化、抽象化，我们再来看看一般普通人对幸福的理解。

【故事点拨】

曾流传这样一个关于幸福的故事：

从前，有个年轻人总觉得自己是最不幸福的人，他虔诚地向上帝寻求指点。于是，上帝带他来到了一个据称可以解决任何问题的幸福魔力峡谷，这个峡谷普通人一生只能来两次。回去后，青年遇到问题总是自己尽力解决，而不敢轻易动用去魔力峡谷的第二次机会。在他的竭力支撑下，之前看似很难的问题都迎刃而解了。到了暮年，他已经是著名的成功人士。回望一生，才感慨幸福原来就在自己的心里，它不是一种状态而是一种态度。幸福的真谛不在于你是否得到，而是在于你在争取幸福时的态度。

在百姓眼里，幸福是阖家团圆，幸福是相亲相爱，是实实在在的，看得见，摸得着，一点也不神秘，一点也不虚幻。

有人说，如果用颜色来形容，幸福应该是温暖的黄色，热烈的红色；如果用声音来比喻，幸福是激越的高音，低婉的小调；如果用味道来打比方，幸福则为甜蜜蜜的滋味，是远赴外地的游子吃到母亲亲手烹调的家乡菜。幸福无处不在，它密密麻麻弥漫在空气中。

有人讲，幸福的滋味是甜甜的，酸酸的，苦苦的。有时候，甚至挨一顿骂，受一顿打，那也是幸福。这是因为有人在爱着你，在关心你，在惦记着你啊！

有人道，幸福就是这么简单，只要你有一个乐观平和的心态，幸福就会永远属于你。有了积极的态度，你会发现生活是那么美好，幸福也真的成了你的影子，会永远跟着你，形影不离。

家财万贯的富翁不一定拥有幸福，田里劳作的农人不一定不快乐。锦衣玉食并不一定就是幸福，相反一杯清茶和一壶淡酒也可以品出幸福的滋味；一间陋室和一卷书册，也可以领略到幸福的气息。

一个人幸福不幸福，在本质上与财富、相貌、地位、权力没太大的关系。幸福虽然建立在一定的物质基础上，但幸福更在于精神的追求与心灵的满足。

（三）教师特有的幸福观

【寓言感悟】

小猫问妈妈，幸福在哪里啊？妈妈说幸福就在你的尾巴上。于是，小猫试着咬自己的尾巴，但咬不到，又问妈妈，为什么抓不住幸福呢？妈妈笑着说，孩子，只要你往前走，幸福就会一直跟着你的……

自古有“只羡鸳鸯不羡仙”“执子之手，与子偕老”，是幸福的；贫者举家共食一锅粥，你推我让，笑语满堂，其乐融融，是幸福的；居陋室者时闻窗外梅花幽香而心旷神怡，是幸福的。事实上，幸福的内涵很广，不同的人有不同的幸福观，教师作为一个特殊的职业，真正的幸福是什么呢?

从教师的称谓上看——老师、先生、夫子、教员、园丁、慈母、蜡烛、春蚕、春雨、人梯、孺子牛、人类灵魂工程师等等，那么教师的幸福不会是领袖人物的地位和权势，不会是民族英雄的壮举和荣誉，不会是政治家的野心和谋略，也不会是企业家的创造和财富。

从教师的职责上看——传道、授业、解惑。那么教师的幸福不会是清闲，不会是轻松，不会是敷衍，不会是塞责，不会是漠然，不会是随便，不会是肤浅，不会是误导，不会是利欲，不会是狭隘。

从教师的道德上看——爱国守法、爱岗敬业、关爱学生、教书育人、为人师表、终生学习。那么教师的幸福，不会是投机取巧，不会是贪图享乐，不会是肆无忌惮，不会是孤陋寡闻，不会是善恶不辨，不会是放任自流，不会是墨守陈规，不会是固步自封。

真正的幸福是不能描写和叙述的，它只能体会，因为它不是一些事实的汇集，而是一种状态的持续；它不是给别人看的，与别人怎样说无关，是自己心中充满的快乐和阳光；它掌握在自己手中，而不是在别人眼中。真正的幸福应该是一种感觉和体验，这种感觉和体验是高级的、愉悦的、舒畅的、甜蜜的。

教师的幸福是一种精神享受。有自己清晰而成熟的教育教学理念，是一种幸福；有自己的教育教学艺术，是一种幸福；有自己的教育理想和信念，是一种幸福。教师的幸福写在学生整洁的作业本上，显在学生满意的答卷上，堆在家长充满谢意的脸上。教师的幸福无比的平淡，它就在夜以继日的作业批改中，就在呕心沥血的教案准备中，就在不厌其烦的谈心疏导中，就在没完没了的琐事纠缠中。教师的幸福无比的隐蔽，它就在坚持不懈的求证中，就在废寝忘食的奉献中，就在绞尽脑汁的思考中，就在永无休止的期望中。

审视教师的幸福，就是在思量教师的荣与辱；准确定位教师的幸福，就是在夯实民族和未来的基础。

做一个幸福的好教师，应该把教育当作理想来追求，用人生的激情来点燃希望之灯，用教育的理想来打造理想的教育，用理想的教育来实现教育的理想。教师的幸福，在于思想的充盈和精神的富足；在于拥有一颗通融、豁达、敞亮和感动的心；在于能够欣赏生活，懂得享受生活。

作为教师，也不能只停留在做蜡烛上，照亮了别人却燃烧了自己。教师要做太阳，要追求永恒，要在照亮别人的同时也辉煌自己。只有这样，教师的灵魂才会使课堂呈现崭新的景象。

当然，教师不可能很轻松，一个很轻松的教师，不可能成为优秀的教师，因为没有人可以随随便便成功。

教师，不可能很富有，一个很富有的教师，不可能是一个高尚的教师，因为教书育人是如蜡烛和春蚕般奉献的事业。如果教师把轻松和富有作为幸福追求，那么肯定难以享有幸福。

其实，教师的幸福很简单——

就在课堂上学生闪亮的眸子里，就在活动中学生成长的心灵里，就在探究中学生发展的智慧里，就在学生成功路上沉甸甸的收获里。

就在学生的热爱、崇拜中；就在家长的信任、感激中；就在同事的敬重、佩服中；就在领导的欣赏、肯定中；就在社会的认可、赞赏中。

就在于可以自信地说，自己曾经对许多人的一生发挥了好的作用；可以自豪地想，自己对得起教育的责任和使命；可以满足地认为，所有的付出无愧于国家的嘱托、人民的希冀。

老师的幸福是看着学生一天天进步，一天天长大；老师的幸福是可以作为学生的人生导师，把他从黑暗引入光明；老师的幸福是过年过节有更多的祝福，头发花白，还有那么多年轻人会聊起曾经的自己。

老师的幸福就是踏踏实实生活，健健康康工作，稳稳当当发展。

老师的幸福就是一堂又一堂课的成功，是一次又一次学生的微笑，一个又一个学生的进步……

首先，教师幸福是一种“感觉”。

有一位年轻的教师向当教师的爸爸倾诉，说生活很糟糕，社会地位低，收入少，工作压力大，“90后”的学生难教，日子总是周而复始，单调乏味。爸爸笑着问，你工资到位了吗？福利还好吧？儿子说还好，比上不足，比下有余。爸爸说：“当年我一家五口，靠我每月30多元的工资生活，每天放学后，就背着镰刀上山砍柴，有时一天只吃两餐，但上起课来精神十足。跟学生打交道，好快乐！我羡慕你们没有后顾之忧，可以全心全意去教学生。”爸爸说着说着，眼睛湿润了。儿子仿佛明白了什么。幸福的感觉关键是靠自己去把握。没有幸福的人往往没有悉心感受自己所拥有的幸福天地。

其次，教师幸福是一种“角度”。

有一次，我们到一个当教师的友人家串门。闲聊中，得知他现在工作很忙很累。据说他接了一个差班，学生的纪律差、成绩差。今天，班上出这事，明天，班上出那事。他把自己比为“救火队队员”。在他诉完苦之后，我们反而替他高兴：“应该说你是幸运的，因为从现在开始，你的教育智慧有了用武之地了，一个教师要迅速成长起来，就是要带差班。教师是因学生而存在的，把差班带好了，你的能力也随之提高了。”

这样一分析，“弊”便转化为“利”了，心理压力减轻了，快乐幸福也慢慢浮出来了。不只是教师，还有其他人，在生活中总会遇到些不如意，如果换个角度看问题，就会活得更潇洒，过得更幸福。

再次，教师幸福是一种“目标”。

有一年，哈佛在学生临出校门时，对毕业生进行了一次关于人生目标的调查。25年后，60%的目标模糊的人能安稳地生活和工作，但都没有什么特别成绩。27%的没有目标的人，过得很不如意，并且常常抱怨别人，抱怨社会，抱怨这个“不给他们机会的世界”。这两类人哪里会有幸福的感觉呢？所以，教师要过一种有理想、有目标的生活。这种生活才会给教师带来真正的幸福。

其实，正是在辛勤劳作中，教师实现了自身的生命价值；在奉献中，体验到一种真正的人生幸福。与此同时，教师也得到了发展与升华。教育并非以损失教师幸福来造福学生。

心理学家威廉杰姆士说：“人类所有的情结中，最强烈的莫过于被人重视。”对幸福我们讨论了这么多，不妨看看一位老师对幸福的深切体验：

前几天，有一位学生走到我跟前，突然冒出了一句话，让我好是感动了一番。他说：“老师，你是我遇到的最好的老师！”当听到这句话时，我先是一愣，但当我看到孩子那一双无暇的眼睛所射出的亲近而温暖的光芒时，我知道了，孩子说的是实话，是由衷的心底话。我好感动。怎么说呢，一股暖流充遍了全身，那种感觉真的很美妙。

在下班的路上，我一直在思考着，是什么会让他对我说这样的话呢。我努力地回想着这段时间与他的接触：是那一次他受人欺负了，我搂着他的肩膀说的几句安慰和鼓励的话吗？还是因为那次考试过后我拿过他的试卷又给他面批了一次呢？还是因为那一次我夸奖他的字写得很漂亮？或许都有。孩子的心是细腻的，这个孩子不善言谈，胆子也不大，有时甚至有些自闭，但是他渴望别人关心，渴望老师的承认。也许正是我与他几次这样的接触，使他感觉到我是一个值得信赖的人，然后对我说了这样一句话。总之我很幸福，有什么理由不让这种幸福延续下去呢。

我的幸福是实实在在的，也许我还真有那么点人格魅力？现在教着的这帮学生正被我熏陶着，我想让他们明白，我今天幸福着，希望他们明天也能像我一样幸福着。他们的将来都有自己的一条路，但是别管走哪条路，都要幸福地走着，这样人生才会有意义。这是我最想传递给他们的。

（四）教师要坚定自己的幸福观

2010 年 12 月 1 日，《中国教师报》用两个版面刊登了“首届全国教书育人楷模”王生英老师的先进事迹。这位在太行山下的乡村小学里工作了 37 年的普通女教师，虽然获得了无数殊荣和头衔，但她依然过着属于自己的平淡生活。她认为：“我只是做了一名教师应该做的事，是应尽的责任，很平凡。”对于 37 年的坚守，她的解释是：“跟山里的孩子在一起，是我最幸福的事！”

这是一个多元化的时代，物质的冲击很容易让人陷入迷惑。湖南教育网前不久登载了一篇《我哥是木匠》的帖子，一度成为热帖。大学毕业做了教师的弟弟，其收入远远不及早年辍学后做了木匠的哥哥，由此引发了“教师和木匠比收入”的大讨论。教师对经济收入的疑惑，归根是对幸福观的疑惑，难道经济能力的强弱就直接决定了教师的幸福与否吗？

普希金说过："幸福的特征就是心灵的平静。"作为一名教师，幸福就在平凡的教学实践之中，需要用心去感受。王生英老师在条件艰苦的山区小学一干就是 37 年，期间她放弃了无数"挣大钱"和调动到"好单位"的机会，默默守护了两代山村的孩子。她本身腿就有残疾，工作量又大，能不苦吗？可用她自己的话说："一件事情，只要你乐意去做，就没有苦和累。"是啊，无论怎样艰难的事情，乐意去做，这就是幸福。作为教师，如果不乐意于本职工作，不静心于教书育人，即使是最丰厚的物质待遇也无法给教师真正幸福。

幸福在心中，是一种责任。幸福在心中，就会用责任去保持心态平和。王生英老师把传授知识给山区孩子当成自己的责任，因为有这样的使命感，她才能全身心地投入教学工作，收获幸福和快乐。其实，在我国的很多偏远山区，还有着许许多多像王老师一样的老教师们，他们大多生活清贫，默默无闻，但在与他们交谈时你却能感受到一种"桃李不言，下自成蹊"的淡定与幸福。

哲学家苏格拉底告诉我们："没有经过反省的人生是没有价值的。"我们的周围有着太多浮躁和诱惑，太多埋怨和攀比，教师需要时刻保持清醒和冷静，从庸碌的世俗红尘超脱，坚定自己的幸福观，构建起精神的乐园，做到有理想信念、有道德情操、有扎实学识、有仁爱之心，教书有成绩，育人有效果，学生有亲近，家长有信任，领导有肯定，同事有支持，心中有理想，未来有憧憬。做党和人民满意的好老师，这就是教师最大的幸福。

三、教师如何触摸职业幸福

教师这个职业关系民族的未来和希望。教师是否能从职业中获得幸福感，将影响教师的人生质量和学生的健康成长。唯有幸福的教师才能培养出幸福的学生。由此，我们有必要追问——

如何让所有教师触摸职业的幸福呢？

当前，在实施新课程改革、全面推进素质教育的背景下，越来越多的教师在专业成长的道路上不断发现教育的意义、职业的尊严和自身的价值，体验到了幸福感和成功感。但与此同时，却有一些教师陷入了不同程度的职业倦怠之中。

必须承认的是，要在重重压力下让教师接受现实、悦纳自我，甚至实现自我超越，主动追寻幸福，是无法一蹴而就的。然而，让教师的心中充溢幸福，又是必须且迫在眉睫的事情。因为教师不是一般的职业，教师的职业幸福感关乎他们的人生质量。而教师的人生不幸福，生活不如意，很有可能影响到学生的发展。当教师内心充盈着幸福的时候，学生也会立即受到感染。

因此，了解教师的生存状态，关注教师的心声，减轻教师的负担，维护教师的合法权益，促进教师的职业幸福，进而使教师能更科学、合理地承担起教书育人的责任，关乎民族的未来。

（一）减少“考得好”与“学得好”之间的迷茫

【现象点击】

早晨：钟声闹起，一日开始。呼儿唤妻，简单梳洗。衣不及熨，被未及理。匆匆忙忙，就上班去。

中午：桌旁一趴，聊作休息。正要入梦，铃声响起。午间自习，检查纪律。拼命干活，慎讲索取。

晚上：两眼一合，已然梦里。不是上课，就是考试。和在醒时，毫无差异。天天这样，年年如此。悲上心头，心痛如斯。天已微明，铃声又起……

这是日前在网上颇为流行的一首打油诗，题为《教师的一天》。的确，教师的工作从早到晚无止无休，和上足了发条的闹钟没什么两样儿。

许多人不理解，学校教育为什么让孩子那么辛苦？学校本身除了校长和教学楼是实体，其他的组成部分对于人们来说几乎都是抽象的，而教师则是具体的。因此，人们往往将学生学得苦、学得累的原因归结为“都是教师惹的祸”：是教师的课上得不好，是教师布置的作业太多，是教师的性格有问题……

不可否认，确实有部分教师因为业务能力欠佳，方式方法欠妥，导致了学生学得累、学校生活过得苦。如有的教师采取课内损失课外补的办法，题海战术，多讲多练，补课加课，总觉得学生学习时间越长，题目做得越多，收获就越大。可是，教师真的愿意让自己活得那么辛苦吗？答案当然是否定的。

其实，教师是在被一双无形的手拨弄着，而这只手不一定就是“万恶”的升学率。

随着办学主体的多元化和教育选择权的增多，学校教育能否适应社会的要求决定了学校的“生死存亡”。一方面，学校要谋求“自我生存”和“自我发展”，就要适应家长与学生的需求。同时，家长和学生对学校的要求也相应会通过学校对教师的考评制度鲜明地传递给教师，即要求教师让学生在最短的时间里取得最大的学习成果，简言之就是让学生“考得好”。另一方面，学校仍然要通过一些具体评价标准，来衡量教师如何运用各种办法帮助学生在最大程度上实现全面发展，简言之就是让学生“学得好”。

表面上看，“学得好”与“考得好”并不矛盾，似乎后者是前者的必然结果。而实际上，由于在校有效教学时间及教师教学水平的限制，为了赶上教学进度，教师很多时候被迫在许多可以拓展学生能力的点上一带而过。而针对考试，教师往往只需采取一定规模、一定数量的操练，让学生在题型、题目上“见多识广”，就能取得不错的成效。因此，在一定程度上，教师要实现学生“学得好”比“考得好”难得多。而就教师而言，既要遵从自己作为教育者的良知与责任，又要满足家长和学生的升学愿望，再加上教师在学校内部也面临竞争，这就使得教师在教书育人和升学压力之间不断摇摆，不断感受角色的矛盾冲突。

有一个很耐人寻味的现象，虽然许多教师都曾清晰地回忆出，后来在人生路途上发展得最好的学生，或者人品最好的学生，抑或是最尊敬、最挂念教师的学生，不一定就是当年那个成绩最好的学生。但是，一些教师总是不自觉地倾向于那些学习好，尤其是成绩好的学生。这种矛盾实际上反映了教师更深度的迷茫——在急功近利的迷雾中，失去了对人本身的关注。而如何为教师创造一个良好的教书育人的制度环境，最大限度地化解他们的角色冲突则是教师职业幸福的基本保障。

（二）找寻“压力大”与“动力小”之间的平衡

【真情表白】

一名中学教师的表白：“每周 20 多节课，备课、教学、辅导学生、管理班级、批改作业、听课、评课、写教学反思，还要迎接上级的这样那样的各种检查验收……哪还有时间和精力去思考课程改革呢？哪来的动力去创造性地工作呢？”

2001 年，我国开始实行新一轮基础教育课程改革。至 2010 年，新课程改革在全国各地基础教育的所有学段全面推开。新一轮课程改革要求全面推进素质教育，转变学生的学习方式，促进学生的全面发展。新课改为打破固有的教师成长格局提供了新的契机，更对教师提出了极大的挑战。

在以往的教学生活中，教师基本形成了一定的“舒适地带”。按照习惯的方式进行教学，教师会觉得安全、稳妥，而一旦逾越了这个活动范围，就会遇到困难和挑战。课程改革难免会给教师带来不安感，甚至在一定程度上遭到教师的抵制。也许这种抵制不会表现为公开的反抗，但思想上的抵制则更不易为人所察觉和转变。

课程改革 10 多年来，一些愿意改变并勇于改变的教师脱颖而出，成为改革中的弄潮儿，逐渐感受了课改的活力，尝到了课改的甜头。然而，还有很大一部分教师仍然在“教师滔滔讲、学生默默听”的老路上沉重地迈步，他们越来越感到吃力，越来越觉得沉闷。

强调学生是课堂的主体，是不是意味着要放手让学生活动？跳脱“教材是唯一教学资源”的思想束缚，是不是意味着对教材就可以不管不顾？充分尊重学生的独立思考与理解，是不是就意味着可以放任学生随意解读文本？提倡学生自主、合作、探究的学习方式，是不是就意味着教师不能再使用讲授法了？每一个极端二元对立的问题，都包含了教师们思想上的困惑。而思想上的每一个困惑，又都对应着每一个实际的教学行为，对应着一条教师在新课程改革中走过的弯路。

面对改革，有些教师仿佛一夜之间不会教书了。以往耳熟能详的方式，被否定了；新的方式，又尚未来得及掌握。战战兢兢中，公开课上照猫画虎成了最方便、最安全的方式，按照录像、光盘、优质课展演中看到的方式总不会错吧？于是，一时间，廉价表扬与鼓励满天飞，“棒！棒！你真棒！”充斥课堂。演示与活动是充分了，学生是“动”起来了，可学生的思维水平是否真正提高了？恐怕仍然有待商榷。

而回到“家常课”的课堂上，许多教师又依然照旧。因为对教师的评价机制没有得到根本改变，考试成绩排名仍然是最重要的指标。在很多学校，参与课程改革的积极性与表现并没有列入对教师的评价指标，造成了教师改革动力的缺失。而在一些学校，又将改革取得重大成果作为重要评价指标，甚至凌驾于教师的正常教学工作之上，巨大的压力和诱惑反而容易加剧造假或使教师产生倦怠。

此外，教师还要面对观念的急速更新和参与改革带来的额外工作，压力陡增。从开学报到的那天起，繁忙琐碎的一学期就已经展开。每天工作 8 小时根本无法完成工作，尤其是班主任难有备课和思考的空间和时间。除了奔波在课堂和办公室之间，老师们还要填一张又一张名目繁多的表格，写一篇又一篇计划、总结、论文、教学反思、教学案例，准备一份又一份课题验收或质量评估的材料，参加一个又一个层次不同、规模各异的会议和培训，还要参与课题研究、开展学生活动……同时，在没有一定准备和基础的情况下，课题研究也给教师带来了些许惶恐与不安。

面对纷繁的工作，教师必须随时将自己保持在一种应急状态，随时回应外界的变化。现代社会信息高度发达，知识的门类日益增多，学生获取知识的渠道也日益拓展。教师早已不再是学生知识的最重要来源，甚至教师在很多时候、很多领域要求教于学生。比如电子信息技术的使用、前沿资讯的掌握等，教师未必比学生更精通。

为更好地促进教师专业发展、推进教学改革，教育部门所能采取的最经济有效的办法就是——由行政力量推动、教育专家实施的教师培训。而这种培训在进行伊始就已经潜藏一种预设，即教师的教学观念陈旧，知识、能力存在不足，有待改进。这种主观预设没有以调查访问为先行内容，忽视了教师的实际需求和实际经验，从而容易导致双重标准，即一方面，培训者不断呼吁教师关注每一个学生，重视学生的生活经验，让学生愉快地进行自主学习。而另一方面，在对教师的培训中，培训者又常常以学术权威自居，教学方式仍是“满堂灌”的居多，习惯于将自己的一套理念让教师无条件接受。教师如果不接受这些理念，会立即被指责为保守、陈旧，跟不上课改的形势，要承担更大的压力。教育心理学家斯滕伯格在论述教学方法的改进时说过的一句话值得深思：如果教师在接受教育的过程中没有切身感受过讨论式学习，那么无法想象教师自己在进行教学时会如何带领学生进行讨论。

2014 年年底，教育部先后出台了有关高考的学业水平考试、综合素质评价、加分项目瘦身与自主招生三个重磅文件，引起社会极大关注，教育改革的潮流不可回避，但如何在改革的潮流中为教师适应改革提供更多有效的支持，则是教师在压力与动力之间保持适当平衡的重要因素。因为教育改革如果没有广大教师的真心投入，就会大打折扣。

（三）消除“大多数”与“少部分”之间的影响

【现象概述】

报刊上，关于教师的心理健康问题和师生相互伤害案件的报道让人触目惊心。各种调查研究不断向人们揭示，有相当比例的教师存在不同程度的心理障碍。有的教师说：当老师工作辛苦，得到的回报太低。有的教师说：带完这一届高三，打死我也不当班主任了……不同程度的职业倦怠存在于教师中，他们的职业幸福感又在何处？

有的教师认为，奖金待遇高是一种幸福；有的教师认为，社会地位高、上级赏识是一种幸福；有的教师认为，看到学生在自己的帮助下健康成长，就是一种幸福。

对幸福的不同理解，使得每个教师感受到的幸福都有所差别。必须引起注意的是，如果一个人从事教师职业只是把它看作谋生的手段，那这种看法基本无助于教师个体经验的积累和幸福感的递增。

相反，如果教师的最终目的是为了一种与成长有关的幸福，那么他们每天就都能带着幸福来到学校，下班时又都能收获幸福回家；每个新教师也就都能带着幸福走上讲台，数十年后又能带着满满的幸福离开。教师所体会到的这种幸福来源于充盈的内心，它能让师生因彼此的成长而变得更加幸福。

当然，在实际的教育教学生活中，不能让教师“难为无米之炊”，不能指望所有的教师只因身为教师、喜爱教师职业和辛勤工作，就都能无条件地、自发地幸福起来，因为教师职业幸福感的获得离不开外部条件的支撑。

要让教师感到幸福，可以有很多办法，学校领导可以多与教师沟通，了解他们的想法与需求；可以采取人性化的关怀，从各个方面为教师提供服务与保障。然而，要提升教师的幸福感，还必须从根本上尊重教师，尊重所有教师的付出，尊重教师的职业生涯。

许多教师的职业生涯或从轰轰烈烈或从平平淡淡开始，经过一定的岁月，有些人出类拔萃，而有些人则终究要归于平淡。这个世界不只是成功者的摇篮，我们已经给了杰出者太多的赞誉和奖赏，却时常忘记给予默默耕耘者一些鼓励和掌声。

许多学校，对优秀教师有着不同程度的政策倾斜和奖励，这毕竟有限，我们称这为“少部分”；而对大多数教师却常常缺乏必要的鼓励措施。一些学校，对初入职的教师有入职培训计划，对年轻教师有加速培养目标，对骨干教师更是不遗余力地锻造，而老教师呢，除非已经成为骨干，否则就只能安静地干好本职工作，站好最后一班岗，一切培训、进修、外出等等机会似乎都与他们无缘。

有一句话颇有道理：一个国家对待“弱势群体”的态度，反映了这个国家的文明程度。同样的，对待那些不那么优秀的教师的态度，将影响所有从业者职业安全感的形成，而安全感是幸福感的基石。

对于学校来说，所有的教师都是值得珍视的宝贵资源。尊重完整的教师生涯，尊重在专业发展上达到不同程度的教师，建立合理的教师研修共同体，让所有的教师之间形成相濡以沫的伙伴互助关系，将使学校成为不断碰撞出教育智慧的场所，也将使更多的教师在其间体会到身为教师的幸福。

或许，教师这个职业本身就意味着不断奉献和甘于平淡，但对于每一个教师而言，大家都应当理直气壮地追求自己的幸福，追求生命价值的自我实现。因为没有幸福的教师，何来幸福的学生？让我们为了自己，为了孩子，为了社会，为了国家，做一个幸福的教师吧！

四、教师怎样让幸福来敲门

我有一方讲台，面对学生，快乐教学，
从今天起，和每一个学生微笑，
和他们一起幸福地成长，
那幸福的闪电告诉我的，
我将告诉每一个人，
从今天起，快乐充实地过好每一天，
告诉学生生活的美好，
告诉家人工作的幸福，
我有一腔热情，投身教育，桃李天下！
我不是诗人，却能够用诗的语言描绘师生关系的和谐；
我也不是画家，却能够形象地勾勒师生相处时的情形；
我更不是作家，却能够以华丽的词藻形容师生的幸福。

这是在微博上摘抄的一首“打油诗”，比较真实地反映了一位教师获取幸福生活的心态。

教师的幸福从哪里来呢？从理解与尊重中来，从仁爱与豁达中来，从沟通与合作中来，从反思与研究中来。

教师对学生的理解与尊重，使学生的潜能得到激发，兴趣得到发挥，个性得到发展，师生关系得到融洽，有助于教师从学生的身上体验到教育的成就。教师得到理解和尊重，能使教师的个性得到张扬，理念得到提升，艺术得到锤炼，品性得到净化，心境得到调和，同事关系得到和谐，有助于教师以一种积极的心态投身教育活动并捕捉到教育的快乐。仁爱与豁达是教师幸福的容器，沟通与合作是教师幸福的桥梁，反思与研究是教师幸福的通道。

好心态决定好状态。好老师一般都有健康幸福的心态——一种平常的心态，一种感恩的心态，一种对工作、对学生饱含着爱的心态。成功的标准因人而异，不能用别人的标准来衡量自己，否则自己永远也难以快乐。俗话说“人比人得死，货比货得扔”，就是这个道理。如果一定要比，就与自己比，与自己的昨天比，每天进步一点点就是成功的开始。

教师的幸福有外在的，更有内在的。社会有责任，学校有责任，教师自己更有责任。在相同的社会条件和相同的学校条件下，为什么一部分教师有职业倦怠，而另一部分没有职业倦怠呢?

在一定程度上，目前教育界对教师的理论定位出现偏差。由封建的“师道尊严”到现代的“教师主导、学生主体”再到当代的“以学生为本”，在强调学生地位的同时，教师的地位逐渐下降是不争的事实。“以学生为本”并没有错，但“以学生为本”并不是不教育学生，不能批评和处罚学生。如果把“以学生为本”简单地理解为满足学生的一切需要就大错特错了，“以学生为本”实际上是“以一切有利于学生发展”为本，只要有利于学生的发展，适当的惩罚也是必要的。对“以学生为本”的错误理解，使得教师丧失了应有的教育教学权，甚至丧失了教师的尊严。在这样的理论定位下，教师无所适从，快乐了学生，却苦坏了老师，一个不知自己要如何工作的人是不会有幸福感的。

当然，影响教师幸福感的自身因素是主要的，如性格的孤僻压抑，不善于排解压力，不会寻找快乐元素；工作的盲目低效，业务不能胜任；对自己没有准确的定位，嫉妒同行，这山望着那山高等等。

教师让幸福来敲门的方法有以下几种。

（一）规划教育人生，制订合理目标

每个人心中都有一个或多个梦想，比如：买一栋别墅，把孩子培养成名牌大学生，让存折的存款变成六位数甚至七位数，这些都是很好的人生愿景。我们研究许多特级教师的成长过程，发现每个人都曾经为自己规划了教育人生，并制订了合理目标。教师们从中可以汲取许多有益的经验和智慧。

【案例一】

支玉恒，1939 年生于河北省张家口市，中学高级教师。1959 年于河北体育学校毕业后在小学教体育课，后由于种种原因，1977 年，近 40 岁时他改教语文课。当时他连汉语拼音都认不全，于是虚心地向低年级老教师求教。踢球多年的脚很灵活，而用手写字却很费劲，于是苦练 3 年，无论写教案、改作业、批作文、写总结等，均用小楷毛笔书写。语文教学起步较晚，然而他以勤补拙，刻苦钻研，终于天道酬勤，他走出了张家口，走出了河北省，成为全国著名的特级教师。

启示：

俗话说，人过四十不学艺。支玉恒教师年近四十由教体育改教语文，对他来说这个转身难度太大了，可他从零起步，不到 10 年工夫，不仅成为了特级教师，而且成为了全国影响很大的名师。相比之下，现在许多教师从业比他早，基础比他好，可为什么过了多少年却成不了一个好教师呢？多么值得我们深思啊！

【案例二】

特级教师于永正有“四个习惯，一个爱好”。“四个习惯”是：读的习惯、看和听的习惯、观察和思考的习惯、操笔为文的习惯；“一个爱好”是唱京戏。在他的成长过程中，孔子、马卡连柯、苏霍姆林斯基、叶圣陶等教育家对他影响最大，对他启迪作用大的著作有《教育诗》《论语》《教师的建议》等。他每天报纸必读，刊物必读，好书必读，而且恪守“不动笔墨不读书”的古训，读到精彩处必记。

于永正还是一位爱思考的人，用他自己的话说叫爱“琢磨”。读书看报爱琢磨，备课爱琢磨，上完了课爱琢磨，听别人讲话爱琢磨，听别人上课也爱琢磨，有时真是思得食不甘味，卧不安席。但是，琢磨，出智慧；琢磨，出思想。于永正有操笔为文的习惯，天天记日记，坚持了好多年，每年保存七八本。从一节课写起，从点滴小事写起。

启示：

有一位教育专家说过，认真写 3 年教案，未必能成为一位优秀的教师；认真写 3 年教学札记，一定能成为一个有思想的老师，说不定还能写出一个教育专家来。于永正的成功就是一个有力的佐证。请老师们反思一下，自己坚持这样做了吗？

众所周知的当代著名教育家魏书生，如今还保持着每天写日记的习惯……每一个成功人士的背后都有一个动人的故事！作为普通教师，也许一辈子成不了特级教师，也不奢望拥有自己的著作，但是却可以从小事做起，从最低要求做起。比如：每天坚持练字半小时，练字不仅可以提高我们对艺术的鉴赏力，还可以磨炼我们的意志。也可以每天坚持读书半小时，正像要求学生一样，有必要还可以跟孩子一起阅读，比如可以根据自己的特长爱好为自己量身定做一个 3 年或 5 年规划。还可以为自己的教学与班级管理制订一个切实可行的目标，比如：接手班级第一年要达到怎样的目标，第二年、第三年的目标又应该有哪些发展等等。正如一堂好课首先要有明确、科学、可行的目标一样，教师的教育人生如果有了明确的目标，那么工作自然会有新意，也会因目标的如期实现而获得成就感，哪怕失败了，也可以及时调整措施，从头再来。这样一来，教师有了智慧的含量，人生价值也会因此增色不少。这里跟大家分享一个故事：

南隐是日本明治时代著名的禅师，他的“一杯茶”的故事，常常为人津津乐道，予人以启迪。一天，一位大学教授特地来向南隐问禅，南隐以茶水招待。他将茶水注入这个访客的杯中，杯满后继续注入。这位教授眼睁睁地看着茶水不停地溢出杯外，直到再也不能沉默，终于说道：“已经满出来了，不要倒了。”“你的心就像这只杯子一样，里面装满了自己的看法和主张，你不先把你自己的杯子倒空，叫我如何对你说禅?”南隐意味深长地说。“把自己的杯子倒空”不仅是佛学的禅意，更是人生的至理名言。心太满，什么东西都装不进去，心不满，才能有足够的装填空间。

是啊！如果教师每年还是抱着老经验不放，继续墨守成规，如果还是自以为是，继续我行我素，那么任何学习与培训对教师来说都是徒劳，而最终受害的当然是教师自己，教师也因此而停滞不前了！

（二）统筹安排时间，提高工作效率

我们每个人都有一种感觉，现在时间越转越快，工作越来越忙。因为随着社会的高速发展，我们的生活与工作节奏明显加快，这就要求我们学会统筹安排时间，提高工作效率。

俗话说：“好钢用在刀刃上。”作为老师最主要的精力应该用在课堂上，要向课堂40分钟要质量。首先要认认真真备好课，千万不能不备课去应付学生。课堂应该成为教师与孩子共同成长的地方，是知识的超市、欢乐的海洋。同时还要注意课堂的真正主人应该是学生，而不是教师。教师不应成为课堂的霸主，一定要消除课堂中教师的语言霸权现象。很多时候，教师还是习惯不停地讲、不断地把知识嚼碎后再喂给学生，殊不知这种行为严重违反了学生学习新知的规律。新课标指出："教师应该成为学生学习的指导者与促进者。"新课标还指出："要改变课程实施过于强调接受学习、死记硬背、机械训练的现状，倡导学生主动参与、乐于探究、勤于动手，培养学生搜集和处理信息的能力、获取新知识的能力、分析和解决问题的能力以及交流与合作的能力等方面。"因此在课堂中教师一定要把最宝贵的时间留给学生，把着力点放在如何指导学生学习上，明确了努力的方向，教师也不至于会再犯南辕北辙的错误了。

当然一天中除了上课，教师还会有很多与教学有关或无关的工作需要完成。如果在一天中有很多工作要完成，那么得把这些事情进行归类，看看哪些事情是急需完成的，哪些工作是没有多大意义可以推后完成的，还有哪些工作是学生可以帮忙完成的，然后采取不同的方法把这些工作一一处理完，力争做到今日事今日毕。通过统筹安排，化解了这些繁琐的事务，不仅提高了工作效率，相信还会给教师带来如释重负的感觉！

（三）保持平常心态，体验快乐人生

幸福指数的高低在很大程度上取决于人的心态，此前人们一直认为有了钱就一定会有幸福。但是，在经济高速发展的今天，人们却普遍发现幸福指数不但没有提升，反而有所下降，这充分证明钱的多少并不能决定人的幸福指数的高低。

尤其是教师队伍，据不完全统计，目前有很大一部分教师处于心理亚健康

状态。造成这种结果的主要原因是教师感到工作压力过大，而且在工作过程中容易出现焦虑、愤怒、暴躁等不良情绪。出现上述这些情况一方面可能跟教师自身的性格特点有关，但毋庸置疑的是跟教师的人生观、价值观、育人观息息相关。

首先要明确教育培养的是一个完整的人、一个有持续发展能力的人，不是培养高考状元。有了这样的观念，学生中存在学习成绩的差异也就在情理之中了。华东师范大学的周彬教授曾幽默地指出，孩子会不会读书，很大程度上决定于父母的遗传因素，而作为教师能改变的是培养孩子良好的习惯与学习的兴趣。很多时候，学生成绩差，学生根本无所谓，家长也干脆把责任推给教师，剩下的当然只有教师一个人独自神伤了。这里倒不是让我们不去管这些学困生，只是要明确自己该用怎样的心态去面对学生，教师的着急要巧妙地转移到学生身上，让他们懂得着急，还要理直气壮地把责任分一部分给家长，实际上家长对于孩子的成长起着十分重要的作用。经常会听到有些家长说："老师，我孩子在家里很不听话，我只好交给你了！"老师听了这话有时候会感到很荣幸，似乎自己非常有能耐，而实际上在不知不觉中已背上了沉重的负担——如果孩子学习不好，那肯定就是老师的责任了，因为家长已经说过，把孩子全交给老师了啊。

其次教师还要知道，孩子自身存在很大差异。多元智能理论对传统的标准化智力测验和学生成绩考查提出了严厉的批评。传统的智力测验过分强调语言和数理逻辑方面的能力，只采用纸笔测试的方式，过分强调死记硬背知识，缺乏对学生理解能力、动手能力、应用能力和创造能力的客观考核。因此，这是片面的、有局限的。多元智能理论认为，人的智力不是单一的能力，而是有多种能力构成，因此，学校的评价指标、评价方式也应多元化，并使学校教育从纸笔测试中解放出来，注重对不同人的不同智能的培养。我们可以看到有些孩子的记忆力天生就差，有的孩子接受能力就是比别人慢，有的孩子就是喜欢搞小动作，有的孩子就是喜欢搞恶作剧……认识了这一点，就不会因他们而大动肝火了，也不会把这些孩子当作另类而冷眼旁观了。有了这样平和的心态去面对他们，一旦我们找到了改变他们的方法，那一定便是教育智慧的结晶了！而幸福的感觉也会一点一点从这里滋生……

其实，如果教师能够真正走进孩子的心灵世界，会发现每一个孩子的心灵都是一个缤纷的世界，透过每一双如山泉般清澈的眼睛，一定能够感受到那一份久违的纯真！其实幸福就在这里！

闲暇的时候，手里捧着一本自己喜欢的书，沉浸在书本的世界里，耳旁吹过清凉的风，幸福也藏在其中！在课堂中，教师慷慨激昂，带领学生一起亲历知识形成的美妙过程，与他们同呼吸、共成长，幸福也就在这里扎根、发芽！

每一次拨动心弦的促膝谈话，每一份别出心裁的教学设计，每一声沁人心脾的问候，都是奏响幸福交响曲的音符。只要用心去体会，只要愿意做一次华丽的转身，幸福就会被教师牢牢握在手中。

当然，教师要让幸福来敲门，还必须学会寻找幸福。

1. 在学习中寻找幸福

走进伟人的世界，与大师对话，与另一个自己赤诚相见，你的眼光会变得高远，你的内心会变得坦然，你的思维会变得开阔，你的精神会变得饱满，你的生活会变得充实。几个志趣相投的同事、朋友，即使是闲聊，也会时时有智慧的碰撞，有新观点的产生，学习能使教师充满智慧，充满智慧的教师总是愉快的，愉快的生活肯定是幸福的。

2. 在宽容中寻找幸福

学会尊重，学会宽容，保养心灵，关照自己和他人。良好的师生关系、同伴关系和工作状态，使教师能够感受到惬意与轻松，感受到内心的充实与和谐，感受到心灵的舒展与个性的张扬。

3. 在教学中寻找幸福

具有学问和修养的教师，他是在上课，但他同时又是在享受课。他面带微笑走进教室，迎来的是一张张天真的笑脸，听到的是一声声“老师好”的问候，他在课堂上彻底放松，全身心地走进课堂，走近学生，同学生一起去探索、去研究，和学生情绪相融、心心相印。这肯定能感受幸福。

4. 在收获中寻找幸福

当轻松愉快地上完一节精彩的公开课，受到同行赞誉的时候；当取得了喜人的教学成绩，受到领导及社会肯定的时候；当科研成果一次次被学习推广的时候……那将一定是心旷神怡的时刻，一定会沉浸在幸福之中。

5. 在思索中寻找幸福

幸福的教师不会把脑袋埋在作业堆里，不会把生命耗在低效课堂上，而是开动脑筋，用心钻研，探索并学习有效的教学方法，用最少的时间取得最大的效益。

6. 在感恩中寻找幸福

感谢那些有能力、有经验的前辈的帮助与指导，感谢学校领导提供外出学习的机会，感谢学生的认真学习和积极配合，才让自己在教育生涯中一次又一次的成功，一次又一次感到幸福。

第二部分

DIERBUFEN

XINGFU
ZAI JIAOXUE ZHONG ZHUIQIU

幸福，在教学中追求

课堂是教师一生展示的舞台，是教师一生成长的场所，是教师一生发展的阵地，是教师的生命所在，是教师的幸福所在。

做一个幸福的教师提了好些年了，几乎得到了一致的赞同，好像没有人觉得有什么不妥。我们在研讨过程中，忽然发现这个说法并不全面与完整，若在教师前加上一个“好”字，则更为严谨，别有洞天。

虽然是一字之差，表面上看来变化不大，但其实具有质的区别。前一句只强调幸福，后一句既强调幸福又强调是好教师，不仅外延扩展了，而且内涵更丰富，不至于引导教师为了片面追求幸福，而不追求成为一个好教师。

加上一个“好”字，是我们听说了以下两个故事之后受到的启示。

【现象点击】

一个故事是某市一所实验小学，有一位年轻漂亮的女教师，找了一个大款老公后，天天打扮得花枝招展，开着宝马汽车上班，教学上敷衍了事，虽然学校在绩效工资上扣了她一大半，而她根本不在乎，不吵不闹，成天有说有笑，洋溢着幸福的光彩，引来不少女教师的羡慕。

点评：

不谈外界对她如何评价，至少这位年轻漂亮的女教师自我感觉是很幸福的。很明显，这不是我们倡导的幸福教师。

另一个故事是某市一所高中的一名男教师，带高三语文课兼班主任，他深知责任重大，搬到学生寝室与学生一起住宿，早晨5点起床，比学生早半小时，晚上学生11点就寝，他经常凌晨1点后才能睡，因为他还要批改作业和备课，节假日给学生补课，他不能休息。由于他的高度负责和敬业，把全部的爱和精力献给了学生，高考年年创佳绩，有一年全班56人全部考取了重点大学，党和人民给了他很高的荣誉，学生崇拜他，社会称赞他，学校重奖他。可他的女儿却没有考取高中。

点评：

尽管外界认为这位男教师师德好、能力强、贡献大，应该很幸福。殊不知，他对女儿和妻子有说不出道不尽的内疚和自责，他的心里并不快乐，能说他幸福吗？这种精神固然可佳，但我们不能要求所有教师都像他那样追求这种“幸福”。

两个故事揭示了一个值得关注的现象：幸福的教师不一定是好教师，好教师不一定就幸福。二者之间有联系，但不是必然规律。将二者结合，是理想的境界，这就是我们所说的——做一个幸福的好教师。

一、好课是怎样磨成的

“磨课”，就是打磨课堂教学。《诗经·卫风·淇奥》中说：“如切如磋，如琢如磨。”课堂教学也如同骨象玉石，需要切磋琢磨，反复打磨。

“磨课”者，用心思考、深入探究、反复推敲、细致“打磨”，好课都是这么磨出来的。

一般说来，“磨课”，是指把平时积累的教学经验并集中组员智慧的课以及上公开课前反复推敲试讲的过程。一个“磨”字道出了其中反反复复地修改斟酌和耗费教师的大量汗水的过程。这磨课的“磨”字就如侠客十年磨一剑、修炼得道一样，道出了一节成功好课的艰辛和不易。

“磨课”的过程是学习的过程，研究的过程，也是继承与创新，拿来与扬弃的过程。一堂好课不一定需要华丽的课件，需要的是熟知课程目标任务、深入了解学情、反复琢磨教案、一次次试教磨炼、在不断反思中精益求精的“磨课精神”，这样才可以将课堂上的突发事件变废为宝，信手拈来成为自己的教学情景资源。让这简单的材料、平实的语言，也能在课堂中生成无限精彩，课后引起不尽深思。那便是“真”与“实”的境界！

正所谓“梅花香自苦寒来，宝剑锋从磨砺出”。

“磨课”是演绎精彩课堂的过程，它是教师专业成长的最好途径。

从王崧舟到孙双金，从李吉林到窦桂梅，哪一位教学大师的好课不是精心打磨出来的，哪一位名师的教学智慧不是在“磨课”中积淀的！

课具体应该如何“磨”呢？从“经历磨课”的角度阐述，打磨一堂好课，一般有如下流程。

(一)“磨”教学预案

凡事“预则立，不预则废”。新课程的教学改革呼唤课堂焕发师生生命的活力，期盼课堂教学的动态生成，而教学预案则是将这种教育理念转变成可以触摸的教学现象和可以操作的教学行为的中介桥梁。精到周密的预设，是奠定成功课堂教学的基础，是课后反思、改善、跟进的有价值的蓝本，是教师专业成长轨迹的真实记录，也是实现教师生命价值的过程。

一份教学方案具体归纳为 8 个要点：教材解读、设计理念、教学目标、教学重点和难点、教时安排、教学准备、教学流程、板书设计。所以“磨”教学预案要从 8 个方面着手。

1.“磨”对教材文本的解读

教材，是教师实施教学的知识载体，是学生学习和运用祖国语言的重要范例。因此，“磨”教学预案的第一步，也是关键性的一步，就是教材解读。要了解所教课文在整册教材中所处的“位置”、所担当的“角色”，读懂教材的文化内涵和写作特色，解读教材的思想内涵和认知目标。教师要在引领学生对话文本之前，自己率先融入课文情境，把文本“炖透”。解读文本的过程，就是教师与文本交流对话、接受课文文化洗礼、享受教材思想盛宴、实现自我通灵教材的心路历程。

2.“磨”教学理论的假设

设计理念，是以学科课程标准为支撑，搭建教案设计的理论平台，并进行成果展望。要从理论和实践两个方面提出自己设计教学预案的理论依据和预期成果，不仅要有整篇课文教学的总体设计理念，而且要有具体教学环节的设计意图和预期成果，这一备课环节，在教师日常撰写的教学预案中，几乎难觅踪影。因此，“磨”设计理念，应列为“磨”教学预案的重头戏，致力使撰写设计意图的过程，成为促新课程理念与课堂教学实践有机链接的过程，由此促进教师教育教学理念的提升，促进教师对教学预案的自我审视，并形成认真的态度、严谨的教风。

3.“磨”教学目标的设定

以语文学科为例，要从“工具性与人文性有机统一”这一语文教学的本质特征出发，依据《语文课程标准》提出的从知识与能力、方法与过程、情感态度与价值观三个纬度预设语文课程的教学目标。教师不仅要纵观整篇文章的教学预设教学目标，还要分课时设定具体教学任务。教学目标的设定既要关注教材特色，更要关注学生的知识经验和学习需求。

4.“磨”重点、难点的确定

教师要依据教材特色、教学目标的预设和学生的实际学情，预设教学的重点和难点。教学的重点和难点，就是课堂教学中的“重拳出击”之处。一般情况下，学生学习的难点就是教学的重点。对教学重点、难点如何确定和突破的具体构想，当是“磨课”的细节之处。

5.“磨”教学时间的安排

这一环节，教师要依据教材的深浅程度、学生的知识基础、学生的认知发展规律和预设的教学目标，把整篇课文的教学任务尽量均衡地进行课时划分，而不是像传统的教学方案里所显示的，简单地写上用几课时完成就行。

6.“磨”先期活动的设想

在新课程背景下，学生只要有了一定的独立学习的能力，也就具备了一定的课前预习的能力。同时，参与课前准备，也有益于提升学生的自主学习能力，有益于提高课堂教学的效率。教师要依据各个年级段的教学要求、本篇课文的具体教学目标和学生的知识经验，预设学生先期活动，包括收集相关资料、准备或参与制作学具、预习课文等；教师课前准备包括了解学情（含预习课文情况）、搜集处理信息、指导学生制作学具、处理收集的资料、准备教学用具等。

7.“磨”教学流程的构想

教学流程又称作教学过程，也有一说称作教学程序，即按课堂教学的时序预先设定具体的教学计划。这是教学方案设计的主体工程。它包括具体的教学思路，教学事件的设计，教法、学法的实施，教学重点、难点如何突破，课堂练习如何操作等等。教学过程的设计，要凸显对教学重点和难点的细节处理；设计教学事件，要注重给课堂生成“留白”；设计教法，要注重师生互动，尊重学生的个性差异；设计学法，要注重生生互动，凸显多元解读；练习设计，要关注个体差异，要有实践性、层次性、可操作性、可生成性。这样，才有可能实现预设与生成的同构共融，这也是“磨”教学预案的重中之重。

8.“磨”板书设计的精妙

板书是十分重要的课堂语言，是一种特别的书面语言。它常常起着帮助学生理清文章脉络，解读文章内容，引导学生深入对话文本，引领学生追问关键字、词、句、段，领悟文章思想和文化内涵的重要作用。精当的、有创意的课堂板书，常常能激起学生的思维碰撞，促进学生知识、能力和积极情感的有机生成，对课堂教学起到价值引领和推波助澜的重要作用。这一环节，也不可忽略，需要好好打磨打磨。

在“磨”教学预案时，不要急于看《备课手册》之类的参考教案，在形成自己的教学方案之后才可以阅读相关参考资料，有选择地借鉴别人的备课经验，对自己初步的教学设想实施改进和完善。如此，才可以避免教师产生“从众”心理，才可以设计出有个性、有创意的教学方案，也才可以锻炼和培养一个教师必须具备的最基本的教学能力——独立备课能力。

（二）“磨”限时说课

“说，所以明也。”“以说出故。”（《墨子·经上》《墨子·小取》）“说”，可以用来弄清一种事物形成的原因，或一种主张所持的理由。“辨说也者，心之象道也。”（《荀子·正名》）“辨说”，是反映客观规律的思维活动。由此推论，“说课”，就是教师把自己对某篇课文或某堂课的教学主张以及这样主张的理由，进行具体解说的过程。

所谓“限时说课”，是指在规定的时间内，完成对指定教学内容的“辩说”。限时说课，可以锤炼教师多种必备的素质，如：教学的时效性，思维的敏捷性，语言的流畅性，一定的概括表述的能力……因此，我们“磨课”活动的第二板块，就是“磨”限时说课。

1. 限时说课

完成书面预设方案后，便进入“限时说课”这一环节。中心发言人在指定的时间内（一般为 10 分钟）发表自己对某篇教材的教学主张并阐明设计意图。

2. 书面评议

我们把预案设计的 8 个要点细化在说课评价表中（表 1）。

表 1　说课评价表

学科		年级		日期	
课题		课时		姓名	
一级指标比例	二级指标分值	指标内容		二级指标评分	一级指标评分
说教材（20%）	5	讲清教材的地位、特点、作用			
	5	教学三维目标明确、恰当，并能说出依据			
	5	教学重点、难点把握准确			
	5	教材处理恰当，课时划分合理			
说教材学法（20%）	5	教法选择及理论依据确切			
	5	注重实践活动，面向全体，尊重个体差异			
	5	重视学习兴趣和道德情感培养			
	5	重视学习方法的指导、学习习惯的培养和学习能力的提高			
说教学程序（40%）	8	整体设计新颖、合理、有理论性			
	8	教学方法、教学媒体的选择恰当			
	8	重要教学环节设计合理，能用教学理论加以阐述			
	8	教学过程中充分体现学生的自主、合作、探究			
	8	练习设计具可操作性、注重反馈、矫正，教学目标有较高的达成度			

续表

板书设计（10%）	5	内容设计合理，重点突出，主次分明		
	5	板书布置合理，有创意		
语言仪表（10%）	5	普通话准确、语言规范流畅、逻辑性强		
	5	教态自然大方，仪表端庄		
综合评价	印象最深的环节：			
	我的建议：			
	总评分		评课人	

教师听课后，首先要进行书面评议：

⑴ 评价说课内容。包括对教材的解读和处理，教案设计的理论依据，教学重点、难点的把握，具体的教学思路、教法学法的实施等。特别是教法、学法的预设，要求要有个性化的东西，要有自己的创意。

⑵ 评价板书设计。这一块，不仅要看教师板书内容是否与教材吻合，教学重点是否突出，也要看板书布置是否科学合理、主次分明，还要看教师的粉笔字书写是否端正、美观。

⑶ 评价教师素质。这里所要评价的，只锁定在教师说课时的语言、仪表和神态这几个方面。评教师的语言基本功，评教师的教态是否自然大方，评教师的仪表是否具有亲和力。

⑷ 评价说课时间。如果整个说课过程为 10 分钟的话，那么，“说教材”这一块一般不超过 2 分钟，“说教法学法”在 1 分钟左右，“说教学程序”不少

于6分钟，“板书设计”要求边说边书写，可以穿插在“说教学程序”中进行，也可以单独列出来。一般超时即叫停，同时考量教师的临场机智，听说课的老师是否把正在阐述的主张说完整，看说课的老师是否把正在进行的板书写完整。

⑸ 实施综合评价。这一块，主要是对这一课的总体感觉，包括“印象最深的环节”和“我的建议”。以往很多说课竞赛所设计的评价表都叫做“评分表”，里面是不设“综合评价”这一栏的，那种评价重在筛选。这里所指的说课，既是教师对自己设计的教学方案的一种回眸，一种审视，一种内化，一种反思，也是一种富有生气的互动、交流与沟通，是一种思维的碰撞、思想的交锋，是一种资源的共享、优势的互补。增设“综合评价”这个栏目，旨在使参与评价的每一位老师都来经受一次心灵的磨砺，都能从中“磨”出点什么来。

3. 口头点评

在书面评析之后，再进行口头评议，不是什么重复劳动，这是经过一个倾听、吸纳、融合、内省的思维过程后所进行口头的表达。书面评价是全方位的，而口头评议则有所侧重。

（1）教师口头评议时，可以挑印象最深、感触最大的某一个教学环节的设置、一个教学事件的设计、一种教法或学法的应用、一个细节的处理等进行点评。

⑵ 别人点评过的，可以补充，可以有异议，但不要雷同。

⑶ 用哲学的、发展的眼光看问题，评述要有针对性、指导性，更要有激励性。

⑷ 所提的建议，要具可操作性。

⑸ 在评价他人的同时，反思自我，使“限时说课”成为分享和凝聚智慧的创造性劳动。

4. 循序渐进

说课评课后，要求教师执笔修改教学预案，并视教案完善和教师说课的实际情况，进行二次说课、三次说课、评课……不一定照样10分钟，更不一定统统重新来过，可以从教学方案8个要点中选其一点，或就某一教学环节、某个教学事件、某一教法或学法、某一个教学难点等展开研讨，使说课过程真正成为“磨课”过程，成为教师专业成长的过程。

像这样的说课评课活动，在日常教学活动中，也可以进行。只是不定时间，不定场所，没人打分——备课中有什么创意、有什么成功之处、发现了什么问题、遇到了什么困难，同年级组的、不同年级组的，同学科的、不同学科的，或三两个人，或五六个人，都可以“说课”，那是“微型沙龙”式的“随机”说课，口子小，目标准，效率同样高。

（三）“磨”精彩课堂

这里所指的课堂，是指教师在规定的时间内，以一定分量的教材，组织一定班级的学生进行学习的过程，它既是一门学科全部教学过程的组成部分，同时又是相对独立和完整的教学段落。课堂教学，是学生在教师的启发、引领和激励下，积极主动地去对话文本，吸纳新知，寻求发展的心理过程，是教师充分发挥其主导作用，有准备地、从积极的方面对学生的学习施加影响，使其价值取向成正态方向发展，即以精心安排的一个或一系列事件来支持或促进学生的内部学习的过程。

课堂，是师生生命活动的舞台。新课程背景下的精彩课堂，不仅应有高水平的思维和智力加工，而且应有积极的情感体验和创造热情的勃发。《语文新课程标准》指出：“教学是预设与生成、封闭与开放的矛盾统一体。”新课程背景下的精彩课堂，不仅有教学设计与师生的学习活动有机整合，同时也有教学预案的完善与师生人格的完美相得益彰。

不管是“磨”教学预案还是“磨”限时说课，最终都“聚焦”课堂教学，只有“打造”精彩课堂才是“磨课”的终极目标。因此，“磨课”活动的第三板块，就是“磨”精彩课堂。

1. 教学预案确定后，可以推荐一名教师在“模拟课堂”试教

所谓“模拟课堂”，就是由数名教师充当学生，执教的老师模拟真实课堂施教。这种方法，常常作为公开课和竞赛之前的“演练”。

特别是参加教学竞赛的老师，更多的是直接借班“试教”。这样“磨课”，所反馈的信息更真实，更有说服力，更有益于对课堂教学的改进与完善。

也可以这样来“磨”一堂课，即一定的教师群体共同商定一份教学预案，共同执教一篇课文或一节课，相互之间听课、评课。

如同“磨”限时说课一般，也需要拟订一份听课评价表（表2）。

表2 听课评价表

学科		年级		日期	
课题		课时		姓名	
一级指标比例	二级指标分值	指标内容		二级指标评分	一级指标评分
教学过程（70%）	10	教学目标明确，“三维”有机整合，教学策略和学科目标一致			
	15	教学程序清晰，教学过程具体，准确把握重点、难点			
	10	合理利用教学资源，充分挖掘知识积累，所提供信息准确无误			
	10	学习氛围和谐，师生、生生合作关系融洽			

续表

教学过程（70%）	15	教学手段出新，方法灵活，激发学习兴趣，注重生成能力培养		
	10	课堂容量适中，有充分的思维空间和时间，并及时反馈修正		
教学效果（20%）	5	设计教学事件能促进文本解读和知识、能力、积极情感的有机生成		
	5	教学手段和教学方式的选择行之有效		
	5	课堂练习具可操作性，注意与其他领域的适当联系，整合效果好		
	5	学生学习兴致高，充分展示自我，个性得到健康发展		
教师素质（10%）	2	现代教育思想与教育行为有机统一，具备一定的教学个性与风格		
	3	具有深厚的教学素养和灵活的教学机智，课堂调控能力强		
	3	课堂评价有针对性、启导性、激励性		
	2	板书设置恰当美观，有助于学生体悟文本内涵		
综合评价	印象最深的环节：			
	我的建议：			
	总评分		评课人	

2. 同样要求教师们专心倾听后，首先参照听课评价表实施书面评议，再展开口头评析，同样要求口头评析有所侧重

(1) 在评价教学过程这一栏，考虑到“教学程序清晰，教学过程具体，准确把握重点、难点”这一条，既有宏观的把握，更有细节的处理。众所周知，教学过程比教学结果更重要。关注过程就要关注细节，关注教学重点怎样把握，教学难点怎样突破，在重点、难点处的细节上下工夫、做文章，课堂才充实丰满、灵光闪现。对教学重点、难点的处理，最能看出教者的智慧、教学的功底。可以毫不夸张地说，学生学习的积极性调动起来了，课堂上学生主动参与了、主动探究了、主动合作了，教学重点把握住了，教学难点“攻克”了，这一堂课的教学就是成功的了。因此，这一条分值定得高一些。

(2) 对好奇心重，自控力弱的学生来说，“兴趣是最好的老师”。同时，考虑到生成是对话情景中师生对知识、能力和情感态度的即时性的非预设的获得与发展，是教学的本质内涵，是课堂教学由封闭走向开放，由僵化走向灵动，由重复走向创造的超越。预设应以生成为追求价值，应与生成同构共融。课堂教学过程，是动态生成的生命运动过程，教师要依据学情的变化及时调整自己的教学思路，改进教学预设，努力实现有内涵、有价值的“生成”。因此，“教学手段出新、方法灵活，激发学习兴趣，注重生成能力培养”这一条，也把分值定得高一些。

(3) 评价教学效果这一栏，要把目光聚焦于学习的主体——学生。参照《语文新课程标准》所强调的“知识与能力，方法与过程，情感态度与价值观”三个维度的目标，关注到教学实践的设计，教学方法的实施，教学手段的运用，对提升学生的学习兴趣、促进学生的学习探究活动不断深入，提高学生学习效率，是否行之有效。关注到课堂练习的可操作性，以及学生综合素养的和谐发展。

(4) 评价教师素质这一栏，重在评价教师的课堂教学机智和教师的课堂评价语言。

教学过程是意义建构的过程，教学具有很强的生成性，其中隐含许多不确定的和非预期性的因素。因而，课堂教学总是呈现出丰富性、多边性和复杂性，并不断产生新的“生长点”。而当这种“生长点”出现时，教师要有一双明辨是非的“慧眼”，抓住契机，局部调整预案，只有做活教案，才能激活教学。同时，教学过程就是不断存疑和解疑的过程。学生的存疑，并非都具有研究价值，教师要对纷至沓来的生成信息进行筛选点化——或放大，或缩小，或搁置……教师需要时刻关注学情，灵活运用教学预设，机智生成新的教学方案，才能从容应对，收放自如，使课堂出现“神来之笔”，使课堂教学富有灵性，彰显智慧。

课堂的调控能力和教师的教学语言，是教学艺术的核心因素。因此，教师的课堂评价语言也是不可忽略的。有人称教师的评价是一把“双刃剑”，教师在课堂上对学生作出的及时性的评价，对学生的学习起着制约、鞭策、引导、激励的多重作用。教师应取其有益于激发学生学习热情那一“刃”，用积极的教学评价促使学生获得学习进步的快乐，享受学习成功的喜悦，使教学评价成为引领学生在语文天地里尽情遨游的指路灯。

板书设计的评议，除了考量教师的粉笔字以外，还有一点不可小窥，那就是我们前面提到的，课堂板书是一种特殊的书面语言，它应是课文内容的精髓所在。好的有创意的板书，是可以帮助学生解读文本，体悟课文内在涵义的。

（四）“磨”教学反思

林崇德教授提出“优秀教师 = 教学过程 + 反思”。叶澜教授也认为：“一个教师写一辈子教案难以成为名师，但如果写 3 年反思则有可能成为名师。”教学反思是一种有益的思维活动和再学习方式，每一位优秀教师的成长都离不开教学反思。

从广义上说，修改教学预案是教学反思的书面表现形式之一，评议课堂也是教学反思的重要表现形式。我们这里所“磨”的，是课堂教学活动结束之后的教学反思。

执教公开课，人们总是习惯于课上过了，就尘埃落定、如释重负、马放南山了。好评如潮也好，议论纷纷也罢，都成定论了。甚至有教师因为课上得不太成功，非议不少，便决定以后再也不挑选这样的课文，不再执教这种类型的课了。日常的随堂课更是上过了，就丢开了。更有甚者，有教师如果连续几年执教同样的教材，就一直照搬原来的教学预案了。

如果说，预设教案和限时说课是课堂教学的“前奏”，那么，课后所进行的教学反思，应该是课堂教学的“续曲”。没有课堂教学反思，就没有课堂教学的进步，没有对自身教学行为的反思，就没有教师专业水平的提升。课堂教学从“尘埃落定”走向教育反思，是通过提高教师自我觉察水平来促进教学监控能力发展，提升教师专业素质的重要手段和途径，它有利于促进教师学会“且行且思”，并逐步形成专业成长的“内驱力”。

因此，应该把“磨”教学反思作为“磨课”过程中不可或缺的一环。要求教师从以下 3 个层面有所侧重地展开教学反思：第一，反思教学过程中教学策略和学科目标是否一致。第二，预设与生成是否有机融合，师生是否实现了互动双赢。第三，反思科学精神与人文精神是否同构共生，学生学习潜力是否得到充分发掘、学习能力与人格品质是否实现同生共长。

教学反思的呈现方式主要有如下几种。

1. “磨”随笔短论

随笔短论就是反思预案的“实”与“虚”，反思自身教学行为的“得”与“失”，反思课堂效果的“真”与“伪”；反思成功的课堂，也反思失败的课堂……把自己对教材内容的独到见解、对学科课堂的最新认识、对自身教学行为的审视做及时性的、建设性的记述。借此，丰富教师专业素养，锻炼教师专业能力。

2.“磨”案例点评

案例点评就是再现课堂教学的精彩片断或失误场景，深入探讨，透彻剖析，仔细琢磨，让思想在这里再次碰撞，让心灵在这里再次沟通，让情感在这里再次释放，让智慧在这里再次提升。从而培养和发展教师对教学实践的判断、思考和分析能力，有效缩短教学理论与教学实践的差距，从而形成比较系统的教育教学理论积淀。

3.“磨”教学故事

可以就“磨课”过程中对一个教学环节的探讨、一个教学事件的设计、一个教法或学法的预设与操作……真实地记录自己怎样抓住思维的灵光一闪、怎样“集腋成裘”，记录自己内心的感动和感悟、迷惘和遗憾，记录课堂教学前前后后的心路历程，记录如何在艰辛中享受创造成功的乐趣、在拼搏中品尝专业成长的真谛！

4.“磨”反思教案

反思教案着眼方案设计与课堂教学的整合，着眼课堂教学的简洁高效，反思自己的课堂教学实践，再次修改和完善教学方案。同时，使完善教案的过程成为教师“磨课”的新的历程，促使教师在撰写反思教案的过程中重新审视自我，再次凝聚智慧。如此循环往复，螺旋式上升，使教学反思的过程成为教师不断剖析自我、悦纳自我、激励自我、完善自我、成就自我的过程。

通过这样一次又一次的教学实践，一次又一次的教学反思，一次又一次的打破与重建，一次又一次地收获成功与成长，用“琢磨”凝聚教学技艺，用“打磨”提升教学品质，用“磨砺”积淀教学智慧和专业素养。

如果每位教师，特别刚步入教坛不久的青年教师，都具有“磨你千遍也不厌倦”的恒心毅力，都如此这般地亲历“磨课”、修炼“内功”，相信课堂教学一定会优质高效，精彩纷呈，教学名师将如雨后春笋一般层出不穷！

（五）“磨”的典型案例

《教学月刊》杂志社曾组织了一次“好课多磨·数学名师演绎课堂新经典活动”，著名特级教师朱乐平、金莹、丁杭樱、刘永宽、钟麒生等通过“老课新上”与“磨课心路”两个板块，让与会的近600位老师领略了他们在继承与创新、拿来与扬弃中的妙手高招。

中国小学数学学会学术委员、浙江省教科院教研员斯苗儿在活动前作了《好课多磨的价值和策略例谈》讲座，通过“课为什么要磨才能成为一节好课?”“课怎么磨才能成为一节好课?”“同上一节课的意义何在?”“磨课的基本路径是什么？关键是什么?”四个问题的阐述，指出了“磨课”对教师专业化成长的重大意义，通过生动细小的例子说明“磨课”是提升教师自身综合素质的重要途径，“磨课”要“磨目标、磨教材、磨环节、磨学生、磨细节”，“磨课”的4个策略以及“磨课”的基本思路“接纳——比较——质疑——完善——超越”，奠定了“磨课”的理论基础，提供了进行实际操作的支架。

虽曲尽人散，然余音缭绕，特级教师们的“磨课心路”与课中的精彩片段至今让人胸怀激荡。

1. 纵向比较：感悟理性的思考

这是名师曾经演绎的经典，时间的流逝并没有削减他们对课堂孜孜不倦地追求。凭着对课堂的热爱、对事业的追求，他们又来演唱曾经扬名的“歌曲”。然而，时代的车轮却不允许他们像歌词那样“涛声依旧”。名师磨课的历程，让我们深深地感受到了他们“独上高楼，望尽天涯路”的勤奋，体会了“为伊消得人憔悴”的求索，看到了今日“灯火阑珊处”的成功。让我们共同来欣赏他们课堂中的高招吧！

高招一：搜索简洁的学习材料

刘永宽《分数的意义》教学片段：

师指着课前与学生接触时写在黑板上的12个字：宁波市宁海实验小学刘永宽

师：“刘永宽”这3个字能用分数表示吗？

生：3/12，一共有12个字，“刘永宽”是12个字里面的3个字。

师：还有没有说得更好的？

……

师：你们现在能把一个整体平均分，用分数表示了，高兴吗？（生：高兴）

师：刘老师却不是很高兴，“刘永宽”这三个字大家一直是连着叫的，你们却把我分开了，当成了12份中的3份。如果是连着的，那应该用什么分数表示呢？为什么？

……

师：（指着课前与学生接触时写在黑板上的“65575698”）这是刘老师家的电话号码，你能表示出它的1/4吗？

感悟：

老师敢于拿自己的名字、电话号码来当学习材料，学生不但耳目一新，更是感到无比亲切。课堂中，学习情绪高涨，求知欲望增强，不知不觉中已主动克服了学习的困难。大家不禁为得到刘老师这份“简单”的学习材料而佩服不已。刘老师在“磨课心路”中感慨：“课真是好难磨呀！”是呀！要得到如此简洁而“亲切”的学习材料，真的是难呀！“公开课的材料要越来越简单，接近于平时的教学。”“简单的材料可来自于课堂，来自于学生，来自于老师自己。”（刘永宽语）原来，刘老师要告诉我们，磨一节“简单”的课是为了追求“真”

“实”的境界！正所谓“落花不是无情物，化作春泥更护花”。

高招二：关注学生的学习起点

钟麒生《平均分》教学片段：

师：你们平时分过东西吗？有没有听过这样的分法？（板书：平均分）

师：你认为平均分是怎么分的？

生1：8个苹果，2个人来分，每人4个，这样就叫平均分。

生2：两个数字都一样就是平均分。

……

感悟：

这是钟老师的第三稿教学设计，要帮助学生建立清晰的平均分概念，就必须弄清楚学生脑子中已经有的平均分经验，这就是关注教学的起点。钟老师经过潜心的磨课，发现学生对平均分的最初理解是“双数才可以平均分，平均分只能分成2份”。正是由于摸准了学生的学习起点，探索了相应的教学活动对学生产生的影响，课中钟老师的一系列设计达到了逐步“促进学生形成合理的‘数学结构’，沟通知识的内在联系，促进学生主动建构”的效果。这是“以学论教”的典范研究，又是“概念教学中如何让学生抽象思维能力得到提升”的典型示范。

高招三：追求教学的与众不同

朱乐平《同分母分数》教学片段：

师：想一想“2+3”一年级时你们是怎样算的？

生：手指头；摆小棒等。

师在数轴上演示“先数2，再数3”计算“2+3”的过程。（课件出示）

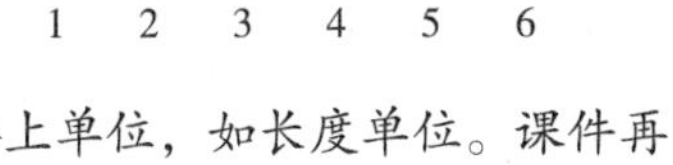

师指出：也可以添上单位，如长度单位。课件再出示0厘米，1厘米，2厘米……10厘米的数轴；0分米，1分米，2分米……10分米的数轴。

师：当然也可以添上分数单位。课件再出示 0/2，1/2，2/2……10/2 的数轴；0/4，1/4，2/4……10/4 的数轴。

先让学生研究两条带着长度单位的数轴：在上面的两行中每次挑出两个，组成一道加法算式。请你写出几个有代表性的算式，并计算出它们的结果。

通过同一行两个数相加与不同行的两个数相加的计算得出：单位不同不能直接相加减。先把单位化成相同，再按照同单位相加的方法计算。

然后让学生用同样的方法研究两条带着分数单位的数轴。

感悟：

朱老师在其磨课心路中指出，传统的同分母分数加减的教学缺少整体性，没有整体地指出分数加减法的研究思路。朱老师如此设计的教学思路，无疑是别开生面、独具一格、前无古人的，似乎是力求把分数的加减计算容纳到一个数学加减计算的基本原理之中，便于学生形成一个整体的知识结构，这是朱老师挑战传统、挑战自我的创新，也是一个学者带给教师的最有价值的思维方式——创新，首先要敢与别人不一样。

是啊，“教学有法，教无定法”，高招是举不胜举的，随着教学研究的深入，高招也将是层出不穷的，“招术”也是可变的。名师磨课的经历生动地说明了一个永恒的真理——思考、思考，再思考，思维的革命才是自身素质提高的关键！

同一首歌，不同的伴奏，却唱出了同样的追求：课堂也要与时俱进！

2. 横向比较：感悟教学的真谛

这次磨课活动中，还有两节同课异构课——由金莹（以下简称“金”）和丁杭樱（以下简称“丁”）执教的《1000 以内数的认识》。

两位著名的特级教师在同一个舞台唱同一首歌，这在目前国内的展示课中是鲜见的，光凭这样的安排就可以强烈地感受到这次活动的组织者与两位上课老师对学术的“真、善、美”的追求，让我们通过镜头去领略她们的风采吧！

精彩镜头一：简洁的引入，浓浓的数学味

金的引入：

师：出示三张数字卡片 9，0，1。你能摆出不同的三位数吗？（生到黑板上摆，师当记录员记录：901，109，910，190）

师：这四个数会读吗？与同桌一起说说。（然后指名学生读。）

师：“901”在读的时候，这个“0”能不读吗？“910”这个“0”要不要读出来？仔细观察“910”与“901”，有什么不同？

生：“0”与“1”反了一下。

师：这样说不规范，我们来看看，这个“1”在什么位上？（生：个位）表示——（生：1 个 1），后来跑到十位上，这个“1”表示什么？（生：1 个十）“190”这个“1”表示什么？

师：同一个数，在不同的位置上，表示的意义不同。把“1”变成“0”，现在你能摆出什么三位数？（生：900）900 是什么意思？

师：老师这里有 900 根小棒，猜一猜我会怎么捆扎这些小棒的？（生：100 根一捆）其中有一捆很特殊，我们拆开看看，数一数，想到了什么？（10 个十就是一百）

丁的引入：

师：今天我们学习什么？（学生齐读课题：1000 以内数的认识）

师：老师带来了3 堆小棒（出示），看到这 3 堆小棒，你想说什么？生：第一堆最少；第 3 堆最多；3 堆小棒都非常多；那些小棒数也数不清。

师：同学们都是从数量上来观察的，现在你猜猜哪一堆的小棒是 1000 根？

学生不同的猜法。

师：老师告诉你第 3 堆小棒是 1000 根，怎样验证这堆有 1000 根呢？

生：数一数。

师：你认为怎样数？

生：一百一百地数；5根5根地数；10根10根地数；用统计表来数等。

师：怎么没有人1根1根地数呢？（生：太慢了）

师：是呀！太费时了，如果1秒钟数一个数的话，从1数到1000大概要17分钟，我们上课时间是不允许的。那么10根10根地数，从10数到1000，需要多少次？

师在记数器上拨，学生从10数到1000。

感悟：

没有高山流水、五光十色的多媒体课件使人大饱眼福；也没有生活情境的刻意雕琢使人心潮起伏。丁老师单刀直入，这似乎与新课程所倡导的“格格不入”，然而，两位老师如此“数学化”的引入是一股清新的春风，对如今新课程课堂中时髦甚至过分的“现实情境引入”以极大的挑战！并给人以深层的理性思考——“关注教育的方向，不能忽略教育的本质”（丁语），数学教育，自然是以“数学”内容为核心。

其次，细细品味两位老师课堂中的反馈语言，如金语“这样说不规范”“同一个数，在不同的位置上，表示的意义不同”，丁语“同学们都是从数量上来观察的”，两位老师都似乎违反了新课程提倡的让学生“自主探索”。如今的新课程课堂，可以说，为了莫名其妙的“探究”，许多老师是“该出手时不出手”。然而，金、丁的课堂中，却强烈地感受到了两位老师对学生进行专业引领的深厚功力！“做有学问的数学老师”（方运加语），如此的处理，是需要有厚实的数学底蕴和对教师角色的正确定位与理性认识作为支撑的！

精彩镜头二：丁的教学片段——此时无声胜有声

师：第一堆小棒老师已经捆好了。课件出示小棒：5个百，9个十，6个一。

师：请你在记数器上把这些小棒的根数拨出来。

师：同样是596，既可以用小棒表示，也可以在记数器上，还可以写出来，说明它们有联系，那到底有什么联系呢？

师请两名学生上台，师分别指课件上的小棒百、十、个，两名学生分别在计数器与数字上指出来，并说出分别表示什么。

师：这三样事情都表示596，为什么？

生：因为596是由5个百、9个十、6个一组成的。

感悟：

没有惊天动地的语言，没有锦上添花、鬼哭神泣的加工，无声的语言，将数形结合思想渗透得如此巧妙！一切尽在不言中，这就是体验的教学——“随风潜入夜，润物细无声”，这就是智慧的教学——“野径云俱黑，江船火独明”。这种智慧比方法更丰富，比策略更艺术！“知识求多，更要求联”（丁语），正是有了对“联”的独具匠心的思考，才将课堂升华至艺术的境界！

精彩镜头三：金的教学片段——数感亦有形

师：1000根小棒有这么多。（师把小棒放在凳子上）如果小棒变粗了，变成吸管那样，这1000根吸管有多少呢？你用手比划一下。（一学生上讲台演示）

师：再让学生看100根吸管的多少，然后让学生调整自己刚才的估计，最后出示1000根吸管让学生检验自己的准确程度。

师：再想象一下，如果这1000根吸管变成了接力棒（师出示1根），那有多少呢？你想说什么？

得出：同样是1000的东西，由于材料的不同，所占的空间大小也不一样。

师：这个烧杯里放了1粒黄豆，那么1000粒黄豆这个烧杯里能放下吗？

学生猜后，师在烧杯里倒入100粒黄豆，现在你能发现什么？你是怎么发现的？（生回答略）

再把1000粒黄豆倒入烧杯，你又想说什么？

生：我估计烧杯里还能倒下500粒黄豆，因为上面空着的大概是下面1000粒的一半。

师：如果1000粒黄豆变成1000颗芝麻能放得下吗？如果变成1000颗鸡蛋能放得下吗？……但是有一个什么共同点？

生：不管材料有多大还是都小，都可以用数1000来表示。

感悟：

我们知道，数感是课标中强调培养的人的数学素养的6个核心概念之一，本节课中金老师特意安排了“数形结合，培养数感”的教学环节。教学中，学生脑、手、眼、口、耳共同参与了这一“做数学”的过程，教师还有机地渗透了估计的策略与方法，无形的数感让孩子们真真切切地得到体验。抽象的“数感”培养由于教师精巧而细腻的设计，学生学得如此的生动！

两节不同设计思路的《1000以内数的认识》，演绎了说不完的精彩！追根问源，金老师通过了像语文课一样的认真“审题”（金磨课心路语），丁把心中的那座山推倒获得双丰收的“慧”（丁语），“思”者决定“事”者，两节课都是抓住了数学的“根”———计数单位观念的建立、十进制计数法是学生学习数的认识的“根”，不同的设计、同样的精彩的关键是抓住了数的认识的本质。把数学的“根”留住，从数学的本质思考，这就是两位老师的磨课给我们提供的教学真谛！

同一首歌，不同的乐谱，却奏出了同样的和谐：数学还是那个数学！

二、好教师是怎样炼成的

教师是一个平凡的职业，教育是一项伟大的事业。在平凡岗位上的无名士卒如何才能成长为伟大事业的脊梁呢？无论是“捧着一颗心来、不带半根草去”的人民教育家陶行知，还是“六年磨一剑”创55%的学生上北大、清华奇迹的孙维刚老师，或是一生从教、有着“霞光永存”伟大感召力量的斯霞老师，他们都是在用一生修炼自己，用生命修炼自己，才成就了伟大出于平凡的不同凡响。

由此看来，好教师不是天生的，而是在长期的教师职业生涯中苦苦“修炼”而成的。从事教师这一职业，能够得到“名”的教师是很少的，而且往往自己付出很多却没有得到什么荣誉，这就需要教师修炼自己，不为“名”所动，为教育事业甘于辛勤耕耘，默默奉献，任劳任怨；从事教师职业，获“利”较少，教师整天忙忙碌碌，好多教师长期满负荷甚至超负荷工作，但获得的工资却似乎太少，这常常使教师“囊中羞涩”。这就需要教师修炼自己，不为“利”所动，甘于清贫，乐于奉献，勤于工作。教师职业是塑造人的灵魂的职业，与其他职业相比，教师职业更具有挑战性，遇到的困难会更多。从事教师职业会遇到许多困难、挫折和失败，这就需要教师修炼自己，不为“难”所困，勇于克服困难，勇于战胜挫折，勇敢面对失败。

现在许多学校提出一句口号，那就是“打造名师，争创名校”。打造名师真的有道理吗？名师是打造的吗？可想而知，只靠外界的力量打造，自己不努力，怎么也成为不了一个好教师。

好教师是“修炼”出来的！

“修炼”乃中华道家之用语，原指道家的修道、炼气、炼丹等活动，现指为实现某种理想信念或技术、技能目标而进行修养和锻炼的过程。所谓“修炼”的境界并不是靠强制力量或威逼利诱来达成，而是发自内心的身体力行。教师的修炼就是指教师把自己的专业成长作为一种自觉行动，不靠强制力量或威逼利诱来实现，而是发自教师内心的身体力行，为实现自己专业成长而进行修养和锻炼的过程。

（一）好教师修炼的阶梯

教师的人生是漫长的，但又是稍纵即逝的。一位教育专家反思自己的成长历程时说，3～5 年靠什么教学，更多的是教学技能；5～10 年呢，是教学经验；10～15 年呢，是教学艺术的积累和研究；15～20 年呢，应该是教学哲学来支撑吧；20 年以上呢，应该是教育信念。这些关键词的变化其实是追求目标的提升，这样教师的发展才会不断地提升。

1. 合格教师

新教师从学生身份，向“传道”转变，到站稳讲台，需要 2～3 年时间。新教师尽管入职了，但从事教师职业的基本能力，至少需要 3 年时间的磨炼。此阶段是要做一个合格的教师。合格教师至少体现在 4 个方面：第一，能带好一个班级，对班级管理有一个科学的认识，知道班级是学生生活的场所，而不仅仅是学习知识的殿堂。第二，在教学上，能有一个好的班级教学质量。教学中善于将复杂的、晦涩难懂的知识用简单的、通俗易懂的语言向学生解释清楚，学生的成绩能有质的提升，并乐意跟你学习。第三，每学期至少能上好一节公开课，娴熟地驾驭教材，并尝试运用新的教学方式。第四，每学期至少能写好一篇反思文章，通过反思，形成关注教育细节的习惯，走进学生的世界中去。

2. 特长教师

每个教师都有其优势教学所在，谁都想在工作中做出成绩，以证明自己的价值，赢得他人的尊重。当教育工作了五六年后，便走进了奋发期，教师则要注重特长的发展。不同的教师有不同的特长。有的擅长美术，有的擅长音乐，有的擅长朗读，有的擅长板书，有的擅长运用多媒体手段。每位教师只有充分了解自己的个性、特长、爱好等特点，并努力创造条件培养自己的特长。我们经常可以看到，有的教师用多媒体手段去教学，效果好；有的教师使用很朴素的教具来组织教学，效果好；还有的教师用美术来组织教学，效果也同样不错。充分发挥教师的特长，有利于教师用自身形象及人格魅力去感染学生，潜移默化地培养学生的综合素质，为学生学习活动提供有效的服务。

每个教师都是独一无二的，都有自己优势的生命体。一个人的短处是相对存在的，只要善于激活自己某一方面的长处，那么他就可能爆发出惊人的工作潜能。发现和积极培养具有独特风格的特长教师，有助于形成一个特长鲜明的教师群体。苏霍姆林斯基在这方面的做法值得借鉴：对青年教师，努力帮助他们分析工作中的长处和短处，积极创造条件提高他们的业务水平，为形成个人风格做准备；对中年教师，设法帮助他们找出各自的独特风格，不断加以总结和完善；对老教师，在总结他们教学经验的基础上，积极加以传播，以扩大他们的影响。

把各科教师的长处点点滴滴积累起来，经过长期的研究、筛选、优化、重新组成，就能成功培育和提炼出根植于学校教师的教育经验，形成并完善学校的办学特色。教师是学校的主力军，一所学校的特色，往往来自这个学校的特长教师，以及他们教育教学经验的积累与升华。若学校的管理者们能充分发挥教师的特长，尽量为每一个教师提供展现才能的舞台，让教师在这个岗位上，最大限度地发挥主观能动性，做一个最好的自己，那么何愁学校没有活力呢?

3. 特色教师

诚然，做“专家型教师”“学者型教师”应是教师的自觉追求。或许，做一个有特色的教师，是广大普通教师最切实可行的成长之路。工作了 10 年左右的教师，要关注自己特色的发展。因为特色教师的培养全掌控在自己的手里，它不像“名特优”教师受制于天时地利等主客观因素。特色教师就是教师能够结合自己的个性特长，以某种特长优势为突破口“定向发展”，逐渐形成自己的教学特色，使课堂教学进入一个个性化阶段。一名教师能否快速、有效地从特长教师走向特色教师，主要取决于其阅读的程度、反思的程度和实践磨炼的程度。

【案例启示】

城郊小巷的小饭馆，厨师有两样拿手的特色菜，因而食客盈门，生意红火。

一位农村妇女，因为女儿在美国，便想申请美国绿卡。申请表中有“技术专长”栏。她只读完小学，不懂英语。移民官问她：“你会什么?”她回答说：“我会剪纸画。”说着，她从包里拿出一把剪刀，轻巧地在一张彩色纸上游动，不到 3 分钟，就剪出了各式各样的动物图案，张张惟妙惟肖。移民官竖起大拇指，连声赞叹。她申请绿卡的事就这样搞定了。

点评：

即便是一些成功人士，申请美国绿卡，也不是一件容易的事儿，而这位普通的农村妇女却轻而易举地申请到了。为什么呢？道理很简单，因为她有一样拿得出手的绝活。

作为教师，同样需要有一样能拿得出手的绝活。每个人都不是完人，都不可能样样精通，但你得有一样拿得出手，拿得出手的那一样就是你的特色。每个人都各具特色，每个人都是独特的自己。教师要把能拿得出手的那一样展示出来，做个有特色的教师。如果你的班级管理好，你就在班级管理上修炼；如果你的课讲得好，那么你就在讲课上下功夫；如果你的文章写得好，那么你就在写作方面努力；如果你擅长教学研究，那么你就争取在教学研究上出成绩；如果你是美术老师，素描水平不如别人，那么你可以在国画方面超越别人；如果你是音乐老师，声乐水平不如别人，那么你可以在器乐方面高人一筹。“一个教师要成为特色教师，不是像小鸡长成老鸡，只要熬上年头就行了。”王敏勤先生如是说，“教师要不断总结自己的教学方法，并不断改进。要成为特色教师，就要给自己的教学方法起个名字，下个定义，说明操作步骤和效果，这样才便于推广。”

4. 品牌教师

当教师走进而立之年，专业也迈进了成熟期，有了一定的教育哲学思想，或有某种主张，或教学风格凸显，或有一套成型的教法。总之，那些被家长推崇、同行佩服、学生喜欢的好教师就是学校中的品牌教师。品牌教师，是一个师德高尚、业务精湛、具有人格魅力的人。品牌教师头上可能有某种光环，诸如学科带头人、优秀班主任、优秀教育工作者、特级教师称号等。他们是学校里最为宝贵的人力资源，是一所学校可持续发展的内生力。

企业产品靠“品牌”打市场，教育行业教师也应该树立自己的“品牌”，树立名师形象。现在中国制造在全世界的声誉不太理想，这是为什么？这好比烧开水，只烧到了 99℃，还差 1℃没有烧开，差的这 1℃就是需要创建高品质的品牌。同理，名师们仅有自己的教学主张还不够，还要有鲜明的教学风格，更要有自己的响亮品牌。

5. 魅力教师

教师的魅力，即教师在教学实践活动中对学生有强烈而持久的人际吸引力、精神感召力和智慧的启迪力。一句话，今天教学生，学生喜欢你的课；明天教学生，学生盼望你的课；一学期以后，学生还喜欢你的课；一学年以后，学生不仅喜欢你的课，还喜欢你所教学的科目，那你就是有魅力的教师。无论你是合格教师，或特长教师、特色教师，或品牌教师，都可以用你的人格、艺术、知识深深地吸引你的学生。

魅力教师，学生最看重什么?有的人说，在对待学生的态度上，那就是爱。支玉恒老师年近古稀，喝口水还向学生“请示”，一声声亲切真诚地“孩子们”，叫得每个学生心里热乎乎的。于永正老师亲切地摸着学生的双肩，那就是温暖，那就是爱。有的人说，教师的魅力体现在教师的“本事”上，那一手漂亮的板书，抑扬顿挫、声情并茂的朗读，深厚的文学素养，机智的课堂应变等等。总之，完善的人格力量是教师教学魅力的基础；广博的知识是教师教学魅力的根本；生动灵活的教学艺术是教师教学魅力的翅膀。说到这里，教师似乎更能看清自己，进而重塑自己，并有可能成长为一个理想的自己。在阅读一本又一本、一年又一年的“青少年”这部书中，走向幸福快乐的教育生活。

（二）好教师修炼的内容

教师要修炼什么呢？有人说是 3 项，有人说是 5 项，众多的说法是 12 项，最有影响的是华中师范大学郭元祥教授提出的 20 项。我们认为，无论说修炼多少项，恐怕都难以全面概括，教师要抓住最基本的、最主要的方面修炼。

1. 修炼专业气质——塑造自我师表形象

温家宝在一次讲话中指出，师范教育"要注重未来教师气质的培养"。气质是指人的相当稳定的个性特点。对教师来说，这是强调教师个人的修养和才华。教师气质其实是体现教育教学的个性，体现教书育人的魅力。它既包括教师的行为规范和职业操守，又包括教师的激情、才华和教育教学中有个性的手段，包括课堂上的灵感、幽默感和因材施教的不同案例。所以，教师要有气质。

人的素质中，一个极重要的元素就是气质，有怎样的气质就有怎样的个性、风格、气度。气质是人的内心和人格修养，一个人的言谈举止最能看出他的气质。有的人，虽然身份普通，但心地坦荡，行事磊落，举止从容；有的人，虽然位高名重，但言行猥琐，心地龌龊，总显得没气质，缺修养。

教师，是以心灵塑造心灵的工作，更应看重气质。

讲素质，讲人格魅力，首先讲的就是气质。教育教学活动，首先展示的也是教师的气质。对一个教师来说，气质是一种无形资产，是软实力。

谈起教师气质，人们的脑海里总是浮现"卓尔不群、温文尔雅、沉静涵养、冰清玉洁"等词语。在高度物质化的今天，这些"高贵"的词语好像与现实有了不小的距离，教师的美好气质似乎正在渐行渐远。

问学生喜欢什么样的老师，不懂事的小学生会说："我们语文老师好漂亮，她的歌唱得真好，我们喜欢她。""我们班背古诗比赛，张老师背得最多，我们喜欢他。""大扫除的时候，沈老师从不让我们擦玻璃，怕我们摔着，她自己擦，我们喜欢她。""我把老师的红墨水瓶打翻了，同学们都责怪我不小心，但老师没有批评我，还帮我擦手，我喜欢他。""郊游的时候，我把吃的东西弄丢了，老师把她的面包和牛奶给我吃，我喜欢她。”……中学生则会说：“我们语文老师好有才气！好帅气！”“我们的数学老师居然会写诗，并且还发表了！”“我们的政治老师出书了！”……

孩子们用最形象的语言，最真切的感受说出来的，其实还是老师的气质。

【现象点击】

某日，一学生走进教师的办公室，天真而诚恳地对英语老师说：“王老师，你的穿着太朴素了。你看我们的化学老师，打扮得多精神，即使讲课差点，我们也愿意上她的课，一看见她就来精神，心里就舒服。”

王老师一听，难过极了，心里头是又酸又气又难堪。自己辛辛苦苦地每天认真地备课、上课、看作业，也就没有时间每天照照镜子，打扮打扮，注意自己的修饰。自己以为这是一种敬业的牺牲精神，没想到学生却给了这么一个评语，真冤啊！可是，学生毕竟还小，说完，还笑眯眯地看着她，不以为过。王老师不好对学生的童言无忌发作，只能在学生走后感叹现在学生的思想与自己当年不一样了。自己当年以朴素为美，也这么要求学生，没想到现在却不合学生的胃口了。

点评：

现在的学生有朝气、有个性、有热情，对于教师的要求也是多方面的，对环境、视听各方面的变化也是非常敏感的。教师在课堂上的着装从视觉上影响着学生的精神状态，进而影响到课堂的效果。所以，教师应该随着时代的发展和进步，不断地从各方面提高自己的素养，以适应教育发展的要求。

一天，某校的领导要听历史课。该老师平时是一个不修边幅的人，且时逢冬季，人们普遍穿着深颜色的衣服，历史老师自己也是一身深灰的衣服穿了好长时间。可是，听课的那天，历史老师却让教室里的师生眼前一亮：只见他穿着一身浅灰色的西服，皮鞋也擦得锃亮，与教室里黑压压的一片形成强烈的反差，整个教室为之一亮，全体师生不由得精神一振，尤其是学生们的精神全都被调动起来了，全身心进入最佳状态。不难想象，这节课收到了非常好的效果。

一位女教师，身材不太高却总是穿一身很长的大褂，显得很不利落。有一天，经人提醒，把大褂换成了合体的短上衣，再系上一条亮丽的小丝巾，发型也整整齐齐，整个人都透着一股令人愉悦的精气神，给学生一种焕然一新的感觉，课堂效果也变得非常好。

无论你是否伟岸英俊，是否靓丽动人，只要你注重修炼自己的气质，你的形象就会价值倍增；只要你注重修炼自己的专业品质，你就会对学生具有百般的感动力、感化力、感召力。

教师气质的修炼与塑造就是召唤理想与信仰的回归，就是召唤价值与精神的回归，就是召唤思想与尊严的回归，就是召唤神性与诗意的回归，就是召唤思想与智慧的润泽。

2. 修炼专业情意——超越自我思想境界

教师的专业情意是指教师基于对自身所从事的专业的价值、意义深刻理解的基础上所形成的教师职业所必需的认知、情感和行为倾向。教师的专业情意是教师对教育教学专业的一种深厚的感情，是教师对教育事业的情感态度与价值观的融合，是教师职业道德的集中体现，也是教师专业持续发展的根本动力。

修炼专业情意是好教师的基础，也是好教师超越原有思想境界不断健全思想境界的有效途径。教师要从 4 个方面修炼自己的专业情意。

(1) 提升专业理想。教师的专业理想是教师成为一个成熟的教育教学专业工作者的向往和追求，它为教师提供奋斗目标，是推动教师专业发展并献身于教育工作的根本动力。教师的专业理想的核心是对学生的爱，包括诸如事业心、责任感和积极性等方面内容。教师要“志存高远”“淡泊名利”，要热爱自己的职业，要把干好教育事业当做毕生追求；要通过参加学习、培训和各种主题活动等，不断加强师德修养，不断提高自身的人文素养，努力做一个受学生爱戴、让人民满意的教师；要规划好自己的专业理想，为自己设定专业愿景，使自己有个期待，让愿景不断引领自己的专业发展。

⑵ 巩固专业情操。教师的专业情操是教师对教育教学工作带有理智性的价值评价的情感体验。它是构成教师价值观的基础，是构成教师个性的重要因素，也是教师专业情意发展成熟的标志。教师要学会“享受”职业的幸福，热爱自己的职业，要把这份情感内化为干好这份职业的激情，转化为一种主动发展、自主发展的内驱力，修德强能，德才兼修，教学相长，实现事业发展、自我发展“双丰收”，从而巩固和提高自己的专业情操。

⑶ 促进专业性向。教师的专业性向是教师成功从事教学工作所具备的人格特征，或者说适合教学工作的个性倾向。教师要站在“培养什么人、如何培养人”的高度，心无旁骛，力无二用，把激情燃烧在教书育人上，把精力集中在教书育人上，把智慧凝聚在教书育人上，把课堂当做是锻炼能力、提高素质的赛场，把学生认可、社会评价当做展示自我风采的平台，把能力体现在育人效果上，以自己的聪明才智，力争多出人才、快出人才，用实绩赢得学生和家长的尊敬、赢得社会的尊重。

⑷ 塑造专业自我。教师的专业自我是教师个体对自我从事教学工作的感受、接纳和肯定的心理倾向。教师要以积极的方式看待自己，能够准确地、现实地领悟到自己所处的环境，对自己具有深切的认同感、自我满足感、自我信赖感和自我价值感，从而有效地作为独特的个性“自我”来进行教育教学，提

高教育效果。

3. 修炼专业知识——优化自我知识结构

教师的专业知识是指教师拥有某学科及其相关学科的基本知识及修养。拥有这些专业知识是教师进行教育教学活动的基本素养。“要给学生一滴水，教师自己必须拥有一泉活水。”“问渠哪得清如许，为有源头活水来。”好教师必须要源源不断地获得活水，才能适应这个日新月异的时代，才能更好地胜任教育工作。为此，好教师要修炼专业知识，不断优化自我知识结构。

⑴ 博览通识性知识。教师的通识性知识是指教师所拥有的有利于开展有效的教育教学工作的普通文化知识，这种知识，无论是对于学生的全面成长，还是教师的专业发展，都起着十分重要的背景性作用，是师生成长之树的庞大根系。通识性知识是教师根基性的知识，这既是要与充满好奇心、随时会提各种问题的学生相处并激发他们的求知欲所必需的，也是随着时代、科学发展而不断学习、不断完善和发展而胜任教师角色所必需的。教师要通过广博的阅读来获得通识性知识，既要读时事政治，以此提高政治觉悟，又要读教育专著，以此夯实理论功底，还要读经济专著，以此激发教育智慧，更要读畅销书刊，以此体验时尚人生。

⑵ 精通本体性知识。教师的本体性知识是指教师所具有的特定的学科知识，如语文知识、数学知识等。教师的本体性知识是教学活动的基础，在教学活动中，一切是以本体性知识的传授为基础的，教学的最终绩效是用学生掌握的本体性知识的质量来衡量的。教师要对本学科的基础知识有广泛而准确的理解，熟练掌握本科学相关的技能、技巧；要对与该学科相关的知识有基本的了解，特别要做好相关学科知识的贯通；要了解该学科的发展历史和趋势，了解推动其发展的因素，了解该学科对社会、人类发展的价值，以及在人类生活实践中的多种表现状态；要掌握本学科所提供的独特的认识世界的视界、界限、

层次及思维的工具和方法，熟悉学科内科学家的创造发现过程和成功原因以及在他们身上展现出来的科学精神和人格力量。

⑶ 熟悉条件性知识。条件性知识是指教师知道在什么时候、为什么以及在何种条件下才能更好地运用原有知识、经验开展教学的一种知识类型。即在教学中，如何将本体性知识（学科知识）以学生易理解的方式表达、传授给学生。条件性知识是教师顺利进行教学的重要保障。教师要重视自己条件性知识的学习，时时关注教育科学和心理科学的发展。

⑷ 娴熟实践性知识。实践性知识是教师在开展有目的的教育教学活动过程中解决具体问题的知识，是教师教育教学经验的积累和提炼。实践性知识可分为可言说和不可言说两种形态，英国哲学家波兰尼把能言传的、可以用文字等来表述的知识叫明确知识；把不能言传的、不能系统表述的那部分知识叫做默会知识。由此，对明确知识教师要通过参加培训、自学、师徒结对等方式习得；而默会知识需要通过教师个体在长期实践活动中尤其是特定的实践领域中积极地感知、辨别、检讨和澄清，通过解构、重组和重构生成具有个体独特性的实践智慧。

4. 修炼专业能力——提升自我育人水平

能力就是做事的本事。教师的专业能力就是指教师为能完成教育教学职责所具有的专业本事。教师的专业能力是教师专业素质的核心，教师合理、优化的能力结构是教师能力素质的重要标志。为此，教师除了要修炼包括沟通能力、教学设计能力、教学监控能力等在内的基础性能力外，更重要的是要修炼有助于自己专业发展的4项发展性能力。

⑴ 合作研究能力。教师要有独立的批判和反思意识，要有意识地在教学过程中，用研究者的眼光去发现问题，去解决问题，要通过日常教学反思，“以小见大”，以敏锐的眼光去捕捉那些教学中的细微之处，尝试着创造性地运

用理论，并善于总结规律，进而上升到一定的理论高度；要有一种平等开放的意识，有不耻下问、乐于助人的情怀，与同事合作，共同发现问题和解决问题。

⑵ 课程开发能力。新课程背景下教师不能再是“教教材”的传声筒，而是“用教材教”的开发者、创新者，所以，教师必须通过对教材内容的认识、实践和反思，把教材内容按照学生实际需求加以组织、整合，实现教材内容的再创造，同时，利用校外的社会资源及丰富的自然资源，充实教育教学资源。

⑶ 教育创新能力。创新是教学的灵魂，也是教学的最高境界。一个教师有没有创新能力是区别“一般教师”与“优秀教师”的根本标志。优秀教师要多进行教育基本功的练习、多借鉴他人成功的教育经验，积极参与各种可促进自我发展的培训活动，多进行教育反思，积极参与各项教科研活动，不断地使自己的创新能力得到进一步提升。同时，还要不断接受教育新信息将其整合内化为自我新的教育观念，如多进行研究性学习、反思性学习、案例性学习、合作式学习等；要积极展示创新能力，因为只有在展现创新能力时，创新能力才得以运用，才得以在实践中不断加强，创新教育才能收到实效；要有“抢抓机遇，彰显潜能”的行为意识，要在机遇出现时展示自我潜能，在互动互惠的教学中挖掘自我潜能，创造性地使用教材，释放自我潜能，创造课堂教学新思路，凸显自我潜能，营造宽松和谐的环境，生发自我潜能。

⑷ 知识管理能力。所谓知识管理，就是一种知识收集、整理、分析和创造的处理过程。在这一过程中，原有的知识不断被修正，新的知识持续产生，新旧知识不断被保存、累积、转化和重新组合，并获得新的表现形态，使知识发挥了比分散状态下更高的效能。知识管理的最主要的目标乃是将个人或组织的内隐知识转化为外显知识，以及创造、利用和传播新的知识，使个人或组织能够采取迅速有效的决定和行动策略，以增加个人或组织的知识资产，提升个人或组织智慧，强化个人或组织的竞争力，以有效地达成行动目标。知识管理

能力是教师必备的能力之一。所以，教师要善于从当今大量的信息中提取自己所需要的知识，管理好自己的知识系统，不断更新自己已有的知识结构。

5. 修炼专业风格——形成自我教学风格

著名特级教师张化万说:“一个有品位的教师，应该有自己的教学风格。”

大凡杰出的艺术家都有自己独特的风格。如京剧中的“四大名旦”：梅兰芳的雍容富丽，程砚秋的深沉委婉，荀慧生的俏丽清新，尚小云的刚劲洒脱，莫不自成一体，各有风韵。教学亦是如此。一名优秀教师就应有自己的教学风格，教学风格是教学艺术的最高境界。对教学风格类型的把握，能使我们全面地认识教学艺术的本质与规律，从而创造性地进行教学。

教学风格是指教师在长期的课堂教学实践中逐渐形成的教育个性和特色，是在教学语言的运用、教学方法的选择、教学过程的安排及教学情趣、教学风度等方面所显示出的较为成熟、稳定的特点的综合。

教学风格是教师艺术特色的集中体现，是教学艺术高度成熟的标志。丰富多彩的教学风格，使课堂教学充满了生机与活力，推动着教学改革的深入发展。

教学风格也是教师在课堂教学活动中的一种较稳定的心理特征。一旦这种心理特征在教师身上形成并稳定下来，就会像人们的思维定势一样影响其行为，决定其行为模式。对这种模式化的行为进行改造、重塑是很困难的。因此，作为教师，特别是初登讲坛的青年教师，更要善于总结和检查自己的教学行为，养成良好的教学风格，防止由于“自由放任”导致行为偏差。

一个优秀的教师，其教学风格一旦形成，就具有一定的稳定性。教学风格相对稳定，体现了教师对教学艺术地执着追求和富有独立性的个性品质。

教学风格更多地体现出教师的专业化文化素养和个人素养，并直接影响其教育教学的质量。中小学阶段，学生模仿能力特强，教师的举止修养都会直接或间接地影响学生。独特而良好的教学风格不仅能吸引学生，还能对学生的学习以及个性人格和健康成长大有帮助。

教学风格彰显了名师的个性魅力，体现出名师深厚的文化底蕴、扎实的教学基本功、灵活的教学艺术；充分展示了名师的课堂激情、课堂智慧和课堂魅力。

【案例欣赏】

特级教师孙双金的赞美艺术

著名特级教师孙双金的教育教学艺术让人们深为叹服，尤其是他赞美的艺术，更是耐人品味："你提的问题连老师也没有想到，是个小思想家！""你与老师想到一块去了，也真是老师的知音啊！"

课前，孙双金总是和孩子们随意地聊天，让孩子们亮出嗓门说出自己的名字，这看似与课无关的开场，却一下子打开了学生的话匣子，拉近了与学生之间的距离，他那幽默的话语不时地把孩子们逗乐。教学中，他不断地鼓励大家："谁来说一说，说对了表扬，说错了也表扬，表扬你的勇气。"面对孩子错误的解释，他给予肯定的评价："因为你的错误，才使我们全班都能正确，失败乃成功之母。"面对孩子出色的回答，他更是毫不吝啬对学生的夸奖和赞美："真好，你有发现的眼睛。"当孩子不够自信而不敢举手时，他鼓励学生："举起手来就是英雄，就是高手！"学生在他的鼓励下，越来越多的小手高高地举了起来。整个教学过程，孙双金一会儿竖起大拇指，一会儿鼓掌，一会儿与学生握手，一会儿轻拍学生的肩膀，让每一个孩子都尝到被肯定的喜悦。所有这些，都是为了激发每个孩子内心最强烈的信念——我是最棒的！让每个孩子都能圆"我是好孩子"的梦，这何尝不是孩子们最大的幸福。

请看片段：

师：（板书：押解）谁能换个词来读？

生：解决

师：通吗？放到句子中读一读！

生：关押

师：关押还要送去沧州吗？

生：押送

师：对了！我们中国的文字就是这样，不理解的时候可以猜一猜，换个词。不过你也很了不起（对第一位学生说），如果没有你的“解决”，就没有后来的“押送”，你是成功的“母亲”啊！

这位学生心花怒放地坐下了。在两堂课里，孙老师都始终面带微笑，他幸福的神态，灵动的语言，感染着每一个孩子，让所有的孩子都觉得——上课，是一件多么幸福的事。

点评：

老师应该怎样赞美学生

首先，要真诚。有位哲人说过：“只有真实的赞美，才最能打动心灵。”教师必须做一个细致入微的人、热心的人，从内心对学生关心、爱护，做深入细致的调查，多理解学生的生活和学习，发现他们每一个细小的优点，从而实事求是、恰如其分地对他们加以表扬。

其次，要抓住闪光点及时赞美。较之优秀生，后进生更需要教师的赞美、鼓励。因为他们长期受歧视、遭冷落，一般都很心虚，对外界极为敏感，对他人心存戒备，看起来好像缺乏自尊心，实际上他们的内心深处极渴望老师的理解、信任，他们仍然十分在乎老师对自己的评价，尤其是身上毛病多的学生，有的教师对学生的批评也经常是挖苦、讽刺、揭伤疤，严重刺伤了他们的自尊心，增加了教育转化的难度，甚至造成严重的教育失误。所以教师是要对平时学习、行为不自觉或存在问题的学生多加观察，多多关心，便于及时表扬其进步。老师的赞扬，会让学生有一种被肯定、被发现的喜悦和快乐，这种心理上的满足会转化为他们学习中的强劲动力，支持他们更加努力奋斗，继续前进，对自己的要求精益求精。

再次，赞美要讲究方法。教师赞美学生，一定要把握“度”，既不能千金难买，也不能一钱不值，既不能人为地拔高、掺水、使假，又不能蜻蜓点水似的不着痕迹。教师赞美学生如果夸大其词、添枝加叶、硬要高拔，不仅起不到鼓励学生、启发学生学习兴趣之目的，还会引起学生的反感。这不仅要求真心诚意，而且还要因人因事、因时因地，采取不同的方法。只有这样，才能增大赞美的效果。

四是赞美要持久。孩子的培养不可能一蹴而就，这是一个漫长的过程。作为教师，应持之以恒，使孩子在赞美声中健康成长。

最后，要有一颗平常心。有的教师对孩子的期望值过高。当一些不切实际的目标达不到时，便采取极端的手段来对付孩子，“恨铁不成钢”时，教师根本就不可能去赞美孩子。

（三）好教师修炼的途径

成为好教师需要如何修炼呢？就途径来说，学习是源泉，利于更新思想，提升教育理念，实现自我超越；培训是捷径，利于获取指导，拓宽视野，建立共同愿景；实践是根基，利于转变行为，革新工作方式，改善心智模式；合作是外力，利于交往互动，开展深度会谈，整合团体智慧；研究是动力，利于系统思考，敏锐洞察渐变，推进整体改革。这是成为好教师的有效策略。

1. 学习：实现自我超越

学习是教师发展的原动力。未来的教师发展方向应当是成为学习型的人，应当具有现代教育理念，精通教学内容，掌握现代教育技术和方法，并以积极健康的人格魅力和高超的教学技艺指导学生学习。随着社会发展进程的加快，新课程改革步伐也会不断加快，教师要通过不断地学习来更新观念、充实知识、掌握方法，在客观审视现实的同时不断超越自我。具体地说：

(1) 确立现代化学习观。面对新课程，教师应树立全新的学习观，学会终生学习，适应未来教育的发展需要；学会创新学习，能够把知识转化成智慧，在实践中形成新的方法论、价值观；学会利用网络进行学习、交流和研究，快速完善自我、更新自我和超越自我，加快自身专业化发展的进程。

许多专家说，好教师是读书读出来的。读书多的未必能成为好教师，但不爱读书、不善读书的肯定成不了好教师。

现任北京大学附属中学副校长的程翔，是同龄人中成名最早的语文名师之一。他此前已有《语文教改探索集》《语文人生》等7本著作出版。程翔说："在几十年的教育生涯中，我每天下班后就坐在书房里，沉浸在书海之中，忘却了外界的一切。"

采用多元化的学习方式。通过自主学习，及时更新知识结构，保持专业知识的先进性；通过团队学习，发挥群体优势，从而相互促进，共同提高；通过探究学习，改进教学行为，革新教学策略和方法，朝着"教育专家"的目标发展。

特级教师薛法根，注重自主学习，同时也通过学校团队学习、探究学习，不断改进自己的教学行为，大胆革新小学语文教学策略和方法，创造出"组块教学、智慧语文"的小学语文教学特色，从而成为著名的小学语文特级教师。

⑵ 博学多才。教师应学习普通文化知识、专业学科知识、教学法知识和优秀教师的个人实践知识，学习语言表达技能、课堂教学组织技能和教育科研技能等，重点提高核心教学能力，掌握信息技术与课程整合的技术，既做“专才”又做“通才”，从而使自己能够胜任新课程教学。

2. 培训：建立共同愿景

教师的共同愿景是提高专业素质、实现专业发展。培训是教师实现专业发展的捷径。为此，学校应加强学习型组织建设，积极开展校本培训，把培训目标和教师专业发展的共同愿景紧密联系，使教师的切身利益与学校发展、培训目标的达成等休戚相关，鼓励教师追求卓越，促使他们争当“教育家”。

⑴ 通过培训加快角色转变。面对新课程，教师要确认自己新的身份，成为学习的组织者，认同学生的学习主体地位，尊重学生的主体性，为学生的自主学习创造条件；要由知识的传递者转变为学生学习的引导者，引导学生根据自己的兴趣自主探究，发现问题，解决问题；要做反思性实践者，在教学实践中发现自身不足，改进教学实践，提高教学水平；要争当课程开发者，不做课程的消极接受者、忠诚执行者，而要参与课程开发，获得专业发展的机会，加快专业成长步伐；要成为研究者，研究教育理论和教学实践，既探索理论转化为实践的可行途径，又力争把成功的教学经验上升为教学理论。

⑵ 通过培训加快转型步伐。随着我国经济体制、政治体制、文化体制、教育体制等改革的不断深入，社会主义市场经济体制的建立和不断完善，中小学教育管理也正在由粗放型向集约型发展。教育管理方式的转变必然要求中小学教师实现自身由传统型向现代型的转变，具体地说，就是要通过培训促使教师由教育型转向专业型，由经验型转向创新型，由修身立业型转向教书育人型，由教学封闭型转向开放型，由单一教学型转向教学、教研、科研型，由学科知识型转向综合知识型，由注重知识传授型转向素质培养型，由传统的个人

奋斗型转向现代的团队合作型。

⑶ 通过培训加快专业发展。新课程的实施要求广大教师提高自身的专业化水平。为此，要通过培训促使教师拓展专业知识，加深对课程知识、学生知识和教学知识新内涵的深刻理解，拓宽自身在人文、科技、环保等方面的知识，向学者型教师发展；促使教师提升专业技能，重点提高运用现代信息技术的能力，提高协调人际关系与沟通表达的能力，提高问题解决及行动研究的能力，提高创新思维与实践的能力，提高批判性反思与自我发展的能力；促使教师健全专业情意，确立为学生发展服务的观念，形成崇高的道德情操和远大的教育理想，规范职业道德和教育行为。

3. 实践：改善心智模式

心智模式是根深蒂固于心中的假设、成见，甚至图像、印象。在教育工作中，它影响着个人如何对待外界客观世界，如何采取行动，决定自己什么可以做或不可以做，什么时候做，到底怎样做。教师要适应新课程改革的需要，就必须在新课程教学实践中自觉审视自己的内心世界，在反思、研究、创新中不断修正自己的心智模式，善于悦纳学生，改善师生关系，促进学生全面发展，从而改善自己的心智模式。

⑴ 注重行动研究，反思教学实践。教师要为行动而研究，学习现代教育理论，用理论指导实践，使自己的教学活动找到科学理论的依据，提高教学实践的科学性；要在行动中研究、反思教学实践的全过程，在实际行动中发现问题、提出问题和解决问题，改善实践行为；要对行动进行研究，每次行动之后对整个行动进行反思，增强新课程改革的体验，总结教学实践的基本规律，提炼和升华教学经验，形成自己的典型案例和教育故事。

特级教师管建刚，近年来，他成功探索了“魔法作文”。他的“我的教育故事”系列是由“学教育、研究教育、主管教育第一人”的当代著名教育家、心理学家朱永新主编的“新教育文库”丛书的第一个系列，共5本，其专著是《走在教育的路上》《发生在教育在线的故事》《麻辣学生酷老师》《守望高三的日子》和《魔法作文营》。这些书籍正是管建刚老师在总结教学实践的基础上，提炼和升华自己的教学经验，形成自己的典型的作文教学案例和作文教学故事。

⑵ 改革课堂教学，提高实践技能。新课程教学与传统教学有着本质的区别。为了适应新课程实施的需要，教师应改革课堂教学目标及活动设计，探索促进学生全面发展的教学方法，把先进的教育理念转化为教学行为，增强学生的问题意识和情感体验，提高自身组织教学活动、调控教学过程的能力；改革课堂教学方式，创设支持学生学习的环境，实现教学内容呈现方式的多样化，引导学生自主学习、合作学习、探究学习、创新学习，促使学生真正成为学习的主人。改革课堂教学评价，关注学生差异，从学生的参与度、交往度和达成度等方面评价学生的学习，通过评价激发学生的学习兴趣；改革课堂教学技术，运用多媒体组织教学，让学生的思维“活”起来、大脑“动”起来，提高课堂教学效率，也提高教师运用信息技术的能力。

⑶ 追求实践智慧，富有教学机智。新课程教学具有动态生成性。在课堂教学的变化中，教师要具有实践智慧，在教学中能即兴创造，使课堂教学成为智慧探险的过程，引导学生开放性地吸纳知识，重点培养学生的创新精神和创新能力；能坚持回归生活、回归自然、回归社会的原则，创设贴近真实生活的教学情境，调动学生已有的生活体验，使课堂教学生活化、情境化、趣味化；能灵活机智地处理教学中的突发事件，追求实践智慧的生成和提升，使课堂教学成为充满生命活力和富有智慧挑战的过程。

4. 合作：整合团体智慧

团体智慧高于个人智慧。教师要实现专业发展就必须加强合作。而学校要实现共同愿景，就必须通过深度会谈来发挥团体智慧。在教师群体中让每个人自由交谈，在思想碰撞中发现别人的远见，发现有碍团体发展的消极因素，并发挥教师集体的智慧优势来加以解决。那么，学校如何组织教师进行深度会谈，加强教师间的合作与交流，整合团体智慧，促进教师专业发展呢?

(1) 加强集体备课。集体备课是学校中教师合作的最常见的方式。通过集体备课可以使教师取长补短，整合团体智慧，形成高质量、高水平的教案。为了防止集体备课流于形式，学校应要求教师做到以下几点：教师要在个人自备的基础上参加集体议课，在集体议课过程中交谈自己的观点、困惑和建议，也倾听别人的看法和思想，在议课中形成比较完善的教学思路；要与同事合作，共同探讨集体议课中出现的问题，设计科学的教学策略和教学方法；要对集体议课后所形成的参考教案进行个性化修改，形成符合自己和本班学生实际的教案。

⑵ 加强互动研讨。互动研讨是一种合作性的教研形式。通过互动研讨可以加强教师间的交往、沟通与合作，实现教学经验的共享和教师素质的共同提高。为此，要广泛深入地开展互动研讨活动，指引教师参与集体性听课活动，在集体讨论中把自己听课的收获、感悟和困惑都提出来，就大家共同关注的问题与其他教师一起探求解决的方案；要求教师在研讨中听取别人的看法和想法，分享别人的经验，分析别人的成功和不足之处，以取长补短；鼓励教师与专家进行交流、对话，共同分析教学研究中的重点、焦点问题，接受专家的先进思想和正确建议，以获得专业引领。

吴江市中小学从2006年起推行“课堂观察”，改革以往教研组传统的听课评课方法，即以教研组为单位，对教师的“课”进行多视角、多主题的观察，如，对教师的“课堂提问”、教师的“教学态度”、教师的“教学情感”、教师的“课堂评价”、学生的“学习投入状态”、学生的“学习情绪”等进行细致观察。课后观察者对上课教师进行互动交流。这种活动，有效地促进教师课堂教学水平及能力的提升。另外，不少学校还请教育专家及大师为教师作讲座报告，让教师与专家对话交流。这些方法显然对提高教师的专业水平起到极大的作用。

(3) 加强课题合作。课题合作是一种高层次的教师合作方式，要求教师齐心协力，共同攻关。这就意味着教师既要有较高的研究能力，又要具有较高的组织协调能力。为此，教师要参与重点科研项目的研究与实验，与同事、专家一起合作攻关，提高合作能力和协调能力；要承担有关新课程改革的研究课题的实验任务，和同事们一起探索新课程改革或课堂教学的科学思路和对策；要就新课程改革中的实际问题，和同事们共同研究解决；要加强与学生、家长、教育管理者的多边合作，有效地开展教育科研活动。

5. 研究：学会系统思考

系统思考是以系统动力学为理论基础的一种思考方式，它要求人们掌握问题整体运作的本质，以提升组织整体运作的群体智力。要确保新课程改革卓有成效，就要通过培训使教师学会系统思考，能够深入研究，从宏观整体的视角动态把握课堂教学的进程，及时汲取学生的反馈意见，密切关注、深刻洞察学生德智体美等各方面的渐变，用系统的、动态的、鼓励的眼光支持和促进学生的成长发展。

(1) 学会系统思考。要真正确保新课程教学深入扎实地开展，就应该从整个教育这一大的系统着眼，对教学体系进行思考和改革。为此，教师要学会系统思考，对教学进行整体改革，能从实施新课程、促进学生发展的宏观角度考虑问题，对研究所涉及的各种因素进行整体考虑，科学设计研究的程序和策略；要对研究的课题或问题设计科学的方案，从教育学、心理学、管理学甚至成功学、美学、哲学等视角考虑研究方案的科学性、可行性；要从目标设计、情境营造、活动组织策略选择、模式运用、评价实施等环节全面研究课堂教学的有效性。思考是研究的源泉，思考是实践的基础，教师只有经常地思考、不断地思考，才能研究教育教学的各个领域，才能实践教育教学的方略，才能解决教育教学中的困惑，才能创造出教育教学的奇迹。

(2) 学会教学研究。新课程不仅要求教师成为学科知识的专家，还要求教师成为学科教学的专家。教师要成为教学专家，就要从学生的实际情况出发，研究传统课堂教学的弊端，研究新课程实施给课堂教学带来的变化，研究学科教学理论，研究教学实践的改善等；探索新课程教学的基本规律，探索新课程课堂教学的有效策略，探索与新课程要求相适应的备课、授课、作业设置与批改等；要研究学生的认知差异，研究学生的学习方式、方法和基本策略，研究学生知情意行的和谐统一、协调发展；要在研究时关注学生内心世界的细微变化，关注学生在知识、能力等方面的点滴进步。在思考中研究、在研究中思考，是当今教师必备的能力，也是教师专业发展的基础。

(3) 学会教育科研。新课程倡导教师做“研究者”。教师只有通过教育科研，才能提高教学研究的层次，拓展研究领域的深广度，逐步成为一个真正的研究者。为此，教师要积极参与教育科研，掌握一般的研究程序和研究方法，重点对自己的教学实践进行研究，提高研究能力，形成研究习惯；要建立档案袋，积极研究资料，通过文献资料法、调查法、观察法等进行教育科学研究，对研究结果能够进行定性和定量分析；要能够整理研究成果，总结研究经验，撰写研究报告和研究论文，交流和推广自己的研究成果。提倡中小学教师确立学年研究课题，课题的切入点应放在学校教育教学上或放在课堂教学上，这样，针对性强且有效。

众多优秀教师乃至名教师的成功之路，离不开上述教师自身专业发展的有效途径，也是优秀教师专业成长的必由之路。

三、怎样打造课堂“名片”

基础教育改革的核心环节是课程改革，课程改革的核心环节是课堂教学改革，课程改革在完成方案研制进入实施阶段之后，课堂教学改革就成了重头戏、主战场。

课堂，教师们实在是太熟悉了，一个教师一生中一般要上 12000 多节课，天天在与课堂打交道。

课堂，教师们又太不熟悉了，虽然天天在研究课堂，到底教师应该如何教，学生应该如何学，从来就没有真正找到规律。

课堂，是教师生命最重要的舞台，一个懂得享受上课的人，课堂便自然会成为其享受幸福的重要舞台。

课堂，既是教师的舞台，又是教师的产品。一个幸福好教师首先会演好舞台上的角色，经营好自己的产品，营造一个充满生命活力的课堂，和学生一起痛苦、一起欢乐，教师就会少了许多教学的焦虑和烦恼。

一个好教师，最基础的能力体现为能否讲好课。所谓讲好课，并非只把要传授的知识讲清楚，更重要的是要达到启发心灵，使学生对课程产生兴趣的目的。一个成功的课堂是必然充满人文性、创造性、开放性，并充分调动学生学习的主动性、积极性。教师的一颦一笑都能牵动学生的注意力，一个故事、一个游戏都能让学生终生难忘。

好课堂就是教师的一张金灿灿、沉甸甸的名片。

（一）好课的标准是什么

在新课程改革的背景下，究竟什么样的课堂教学才算是好课呢？对此仁者见仁、智者见智。总的说来，一堂好课的标准是教得有效、学得愉快、考得满意。如何能接近这样的标准，是每一位老师都应该思考的问题。

教得有效是指要精教精学，不要浪费学生的时间；学得愉快指学习的过程应该是愉快的；考得满意是指注重结果。

一堂好课没有绝对的标准，但应该达到一些基本要求，具有如下共性。

1. “落实课”

课堂是学生求知、进取、成长的主要阵地。学生的很多时间都是在课堂里度过的。甚至可以说，课堂学习是学生在青少年时期最主要的生活和生命方式。所以，不论课程怎样改革，一节好课首先应该是让学生得到实惠的课，应该让学生实实在在获得有益的收获，能够促进学生各方面都有所发展。也就是说在课堂教学中，好课应该让学生有所收获，或者是获得了知识技能，或者是掌握了规律方法，或者是增进了交流体验，或者是拓展了思维，或者是触动了情感心灵，甚至是提升了人格，改变了世界观、人生观、价值观等等。

2.“科学课”

既然是好课，一定有触动师生心弦的精彩之处，一定能够给学生带来某些新知。既然如此，好课一定是符合教育教学规律的，一定是符合学生的认识规律和心智发展特点的，一定是符合学情、班情、校情甚至是国情的。总之，好课的本质应该是“科学课”。而那些课堂效果不是太完美的“课”，可以肯定地说，其教学行为的背后，一定有理念乃至理论方面的深层次原因，一定有悖于“情”、不合“理”的地方。

3.“情感课”

高效课堂所谓“知识的超市、生命的狂欢”——承载了学生的生命和精神成长。学生的生命是由无数个40分钟组合而成的。课堂上应该尊重学生的个性、尊重学生的差异、尊重学生平等表达的权利、尊重学生的选择，引导学生愉快地学习和进步。一个无法让学生快乐40分钟的教师就是对学生的生命不负责任。以人为本的教育就必须从爱和尊重生命开始。

4.“个性课”

人都是有个性差异的，由于性别、年龄、阅历、性格、习惯、知识结构、家庭环境、社会背景等方面的差异，教师和学生——这些课堂里的人也都是活生生各具个性的人。同时，由于学情、班情、校情不同，各地、各学校、各班级也都有自己的特殊性。因此好课具有时效性、地域性、差异性。好课应该是因“时”制宜的课、因“地”制宜的课、因“校”制宜的课、因“班”制宜的课、因“人”制宜的课。也就是说，好课还应该是彰显师生和学校、班级的个性和优势的课，应该是“个性课”。有特色的课应该说都是合乎“人情”、顺乎“天理”的好课，应该说都是教师、学生、环境和教材四者科学而有机地融合的好课。

5.“创新课”

在新课改的理论和实践背景下，好课还应该是“创新课”。教师要不断求新、求活，不断进行自我扬弃，从而不断完善自我、超越自我，不断实验和探索，提升教学艺术，提高教学质量。学无止境，教亦无止境，师生应该伴随着课堂一起成长。

6.“相长课”

课改其实就是改变教师的角色，也就是变教师的单纯性传授知识为鼓励学生直接与知识对话。课堂上学生或静读、静思、静练、静悟，教师静静地倾听；或师生互动、生生互动，动静结合；师生一起学习、一起收获、一起成长。好课就是需要让学生身动、心动（动脑）和神动，体验生命狂欢的乐趣。这样的课堂呈现出来的是生生合作、师生合作，兵教兵、兵教官。

当然，好的课堂教学具有动态和生成的特点，好课也不只是上述六“课”的简单糅合和叠加，平时的课堂教学也不可能都上成六“课”合一的精品课。但只要瞄准目标，不断学习，经常反思，积极进取，执着追求，将教学的某一方面发挥到极致，拥有六“课”中某一方面特质，就应该被视为好课。

（二）课堂拿什么吸引学生

正如一篇文章要有一个精彩的开头，一次演讲要有一句好的导语，一幕戏剧要有一出诱人的引子，一堂课也必须有一个引人入胜的开场。如何能在最短的时间内抓住学生的注意力不是一件容易的事情，但却是一件非常重要的事情。

1. 巧设悬念让学生跟你走

如果教师想给学生一个惊喜，如果想制造一个高潮，那么，在公布结果之前，最好让答案“藏而不露”，就像相声演员抖包袱一样，让学生揣测，引起好奇心。

如在教学“求代数式的值”这一内容时，一位老师设置了这样的情境：

“将你的年龄乘以 5 后加上 19，再把结果乘以 2 减去 38，将最后结果告诉我，我会在 1 秒钟内说出你的年龄。”

又如在教学平方公式时设计这样的情境：

(1) 你能在较短的时间内算出 $26\times24=$? $201\times199=$?

(2) 计算并观察下列每组算式：$4\times6=$? $12\times14=$? $11\times21=$?

(3) 你能举出一个类似的例子吗?

当上述问题都被解决时，学生们会认为老师是多么了不起，同时也会发出感叹，奥妙原来如此。

2. 给学生插上想象力的翅膀

爱因斯坦说：“想象力比知识更重要。因为知识是有限的，而想象力概括着世界的一切，推动着科学发展、进步，并且是知识的源泉”。

如在学习轴对称图形和中心对称图形之前的某一节课中，一位教师设计了这么一个片段：请同学们发挥自己的想象力，用两个三角形、两个圆、两条线段拼出一些美丽的图形，并给它取个合适的名字。

给了学生一定的作图和思考时间，没有任何的提示，结果远远超出教师的预料，让教师大吃一惊。学生们的画除了这节课所需的轴对称图形外，还有很多以后初中阶段要学习的图形，而且取的名字也很有创意。展示成果后，学生们都很兴奋，也为自己的创想而雀跃。

学生的想象力越丰富，对所学东西的理解就越有创见。因此，在教学中应充分利用一切可供想象的空间，挖掘发展想象力的因素，教会学生张开想象的翅膀，引导学生由单一思维向多向思维发展。

3. 让美丽的故事走向课堂

故事中蕴含的问题和哲理往往比书本上的理论更吸引人。听故事是不分年龄的，如果在讲课过程中穿插小故事，以此激发学生的好奇心和求知欲，教学效果会出奇的好。

在《认识事件的可能性》这节课中，一位教师穿插了“国王和大臣的故事”，并设计了这么几个问题：

⑴ 在法规中，大臣被处死是什么事件？

⑵ 在国王的阴谋中，大臣被处死是什么事件？

⑶ 在大臣的计策中，大臣被处死是什么事件？

在这个故事的讲述过程中，将不确定事件、必然事件、不可能事件 3 个重点巩固加深，效果可想而知。

4. 把现实的生活引入课堂

现实生活中美好的事物有很多，而与课本知识相联系的东西又有千千万万，教师为什么不利用这些东西来向学生展示知识的魅力呢？用希望、用蓝图、用现实中美好的东西来打动人，往往胜过空洞的理论说教。

如在学二次函数新课时，一位教师给学生们看了一段视频。嘿，上数学课还能看体育比赛视频，学生们一个个打起了精神。罗纳尔多的精彩射门，姚明的漂亮远投……学生沉迷于中。放完视频，教师马上问，“同学们，你们觉得刚才精彩片段中，足球和篮球的运动路线有什么共同之处吗？”“这个美丽的弧线就是我们马上要学习的二次函数的图象——抛物线。”紧接着，多媒体中再次播放抛物线在生活中的实际运用，如跳水、扔铅球等。啊，原来自己要学的知识用途是这么广！这使学生心中油然而生一种渴望，一种憧憬：学好了它，就可以拥有很多的美好。由此爆发的学习热情及取得的教学效果，并不是能单靠嘴说的“抛物线是很重要的，大家一定要下功夫学好”所能达到的。

5. 游戏与教学的接轨

喜欢游戏是人类的天性。游戏，包括电子游戏和网络游戏，吸引力非常强，如果把游戏带进学习当中，学生的学习过程就会如鱼得水，自由自在。

如在学有理数四则运算时，一位教师设计了一个小游戏，事先 4 人小组发好扑克牌，先算 24 点，这个难不倒学生，他们的积极性都很高，教室里“三八二十四，四六二十四”之声此起彼伏。3 分钟后，教师又作出规定，黑色的牌是正数，红色是负数，再算 24 点，有了刚才的铺垫，同学们自然而然地接了下去，所有学生融入游戏，既开心，又在不知不觉中增强了运算能力。

再如学代数式这节课中，列代数式是枯燥的。为调动积极性，一位教师设计了一个类似“幸运 52”的游戏，准备了十二生肖，每个生肖都藏着题目，如果能答上来，就有一份精美的礼品。学生们兴趣大增，跃跃欲试。一男生上来选择了猴子，背面显示了一道题，结果他抓耳挠腮，下面的同学便纷纷给他出主意，此时，所有同学都在设法解决此题，他实际上已经调动了所有学生的思维积极性。最后，男生终于有了正确的解题方法，得到了事先准备的礼物。之后，第二个，第三个……学生们纷纷要求作答。

6. 知识竞赛让课堂活起来

争强好胜是人类的天性，而比赛则能把人的这种天性表现得淋漓尽致。为了在比赛中展现出自己最好的一面，能比别人多抢几个问题，学生们就会在课堂上认真听讲，绝不漏掉任何一个知识点。这样一来，教师期望的课堂效果就达到了。在学了有理数之后，一位教师就尝试了一次有关有理数计算的简便方法和运算技巧方面的小组竞赛，时间不长，在课前 10 ~ 15 分钟，一直持续了 1 个星期。有竞争才有动力，有动力才会有学习热情。这比起单纯的满堂灌岂不省事省力许多?

以上几个细节，只是在新课标背景下一些教师亲身经历的几个教学片段，也是颇有收获的几个案例。只要是根据教材特点、学生实际以及授课总体思路，灵活选择的情境导入就是最佳途径，定能为整节课的成功奠定良好的基础。

（三）不受学生欢迎的十类教师

学生喜欢轻松愉快的课堂，愉快的课堂保护学生的学习兴趣，学习兴趣是保证一个人终生具有学习生命的基本元素。

但是，在以任务为目标的牵引力下，在强大的应试教育思想指导下，在如山似海的作业与考试中，我们的课堂恰好缺失的就是快乐学习的健康动力源。

于是，我们必须反视一下那些令学生“不快乐的课堂”中的老师是什么样子？

类型一：在缺少教育文化背景下的课堂上，老师只是把学生当做装载知识的容器，而不研究和注重学生的学习主体地位，抱残守缺，只重传授。其课堂态度和表现便是一个十足的“传道士”。

类型二：教师不去精心备课，而把课堂教学成绩的获得放在给学生布置大量不堪重负的作业上，并美其名曰“精讲多练”，可实际上因为没有精心备课便无法达到精讲的境界，或者说在骨子里就一个“懒”字在作怪。如果说好听一些，此谓“漫天撒网”，属于“渔翁”。

类型三：课堂上从来没有“恩赐”给学生笑脸，总是用严厉的要求和高压的态度强加于学生，居庙堂之高，行管教之事，以至于学生见到这样的老师就像老鼠见了猫一样，或者敬而远之。这样的老师，还自诩“严师”。

类型四：讲课时目中无人，目光发散，或眺望天花板，不和学生做感情交流，很少在课堂中设计与学生互动的环节。即便是提问时也会经常叫不出学生的名字，指指点点。这是把课堂教学当做任务来完成，缺少教育的人文情感所致。此类教师是把一个崇高的职业品质丢失，而退落为“打工者”。

类型五：课堂上面对成绩好的学生露出笑脸并反复提问，似乎只有学习好的学生才是学生，而对差生不理不睬，课堂中从不提问和过问。或者，在一些差生表现不好时给予批评，甚至挖苦讽刺，从来没有鼓励和帮助。这是因为成绩好的学生能给老师长脸，学习差的学生只能给老师添烦。这样的老师便是“偏心者”。

类型六：课堂上说话尖酸，出口伤人，不懂赏识教育的运用，不会使用艺术性的批评教育手法，甚至对调皮学生使用语言暴力或体罚等不当的惩戒手段。这属于既缺少教育方法，更缺少教育情怀的老师，被学生称之为“恶人”。

类型七：上课时面孔呆滞，语言啰嗦，课堂平平，没有重点，没有教学激情，课堂讲述也不清晰，以至于学生听课时索然无味，昏昏欲睡。这是典型的“催眠师”。

类型八：下课铃一响便夹起教案匆匆跑掉，不喜欢在课下和学生交流，不去讨论课堂中学生是否学懂学会。这样的老师或许是职业操守出了问题，或许是根本就不爱教育，不爱学生。这是“跑跑老师”。

类型九：如果学生们在考试后成绩不理想，老师说：“我都讲过了，是你们太笨了！”于是，把责任都推到了学生身上，只说学生不努力，不讲自己没教好。此谓“不负责任者”。

类型十：备课不备学生，讲课不看大纲，专讲偏题怪题，时不时地还炫耀自己，给学生制造学习压力和畏难情绪，让多数学生跟不上课堂教学而掉队。这是“恐惧型老师”。

（四）课堂该给学生留下什么

现在，我们的课堂总是追求尽善尽美（特别是公开课），老师们总是想把教材的内容挖掘透，挖掘完，这样就忽略了知识的后续发展，忽略了有限课堂的延伸。

【案例反思】

江苏省特级教师吴金根的一堂数学课——苏教版国标本四年级下册《找规律》。其中课的最后有这样一个教学片段：

师：现在快下课了，老师想跟你们3个学生握手告别，需要握几次手呢？

生：需要握3次手。

师：那么，我们4人依次握手告别呢，需要握几次手？

生1：我认为应握4次。

生2：我有不同意见，我认为是6次。

师：还有其他想法吗？到底需握几次手呢，我们来握一握。

4人分别站在上面进行握手，结果握了6次。

师：那么如果4人排成一排进行拍照，会有多少种不同的排法呢？

生1：有4种。

生2：有6种。

生3：有12种。

生4：有24种。

……

(这时，下课的铃声已经响起。随后就下课了。)

反思：

无疑，最后一个问题教师没有立即解决，而是留到了课后，是想给学生留一点遗憾，想给他们留一点继续探索的机会。是啊，数学家克来因曾极力提倡：留给学生自由活动的空间，他获得的就不仅仅是一个数学问题的解决、一种数学方法的掌握，而是一个人从整体意义上对数学活动的领悟。要让学生学好数学，仅仅依靠有限的课堂教学，仅仅依靠教师的知识传授是远远不够的，还应该想一些办法，像吴老师那样激励学生充分利用课外活动时间，把课堂教学和课外活动有机地结合起来，激发他们的探索欲望，鼓励他们积极探究，引导他们把课堂所学的知识和方法运用到生活实践中去，从而开阔学生的视野，扩大知识面，拓宽知识的广度和深度，并能体会到身边处处有数学，体会数学的价值。

吴老师在课堂教学的结尾处给学生留下了一点遗憾：即设置了空白，以“不全”求“全”，在有限中追求无限，即在一堂课的结尾注重浓郁的色彩和艺术的含蓄，给学生以想象和回味，收到“言已尽而意无穷”的效果。对于教师最后提出的问题，课上时间不足，不能及时解决，课后却留给了学生足够的思考时间，让他们静静地思考，使学生的思维处于激烈的撞击阶段，原有的数学经验、新的数学问题等在杂乱无序中历经思考而豁然贯穿为一体，经历顿悟，学生才会享受到柳暗花明的成功感觉，心智随之提升，这样就成功地延续了课堂教学。

课堂是学生成长的主阵地，它将为学生形成正确的人生观、世界观、价值观奠定基础。纵观现在的课堂教学，纯粹以传授知识为主，比如把语文课上成政治课、思想课，其结果是削弱了课堂教学固有的其他功能，对培养学生能力起不到应有的作用。知识、技能的学习是课堂教学的内容，思想教育也必须渗透在课堂教学中，但课堂教学的内涵却不止于此。那么，课堂教学，教师应给学生留下什么呢？

1. 给学生留下思维空间

画家画画，不会铺天盖地，布满画纸，而总会留点空白。“踏花归来马蹄香”，“蛙声十里出山泉”，不就是有名的留白之作吗？因“留白”，观画者便有了遐想的余地；作家作文，讲究含蓄，“纸有尽而意无穷”，目的是让读者从有尽文字中体会无尽之意；音乐家演奏，时而“千山咆涛”，时而“万马齐喑”，目的是让听众于无声处想音乐，达到无声胜有声的效果。同样，有经验的教师从来不会“满堂灌”，而是在细针密线、鞭辟入理的同时，给学生留一个思维的空间。

有的教师在课堂上是给了学生思考的空间，但是又急于得到结果，不给学生充分的时间去考虑，那么，这样的空间也是枉然。

思维缺席的课堂，永远都不可能是好的课堂。因此，课堂教学中，必须有“思维训练”的痕迹。思维训练也有一定的层次，教师应结合学生的年龄特点培养其思维习惯和思维品质。因此，每一位教师，都应该读点与“思维”有关的理论，以便在教学实践中指导学生有序、有效地演练“思维体操”。

2. 给学生留下好奇心

在新课程的理念下，广大教师更加注重课堂教学的效益。那么，课堂应给学生留下什么才能产生较高的效益呢？一位教育专家认为：“课堂应给学生留下好奇心。”

课堂教学是师生双边活动的过程，在课堂上教师是学生学习的引导者，不是学生学习的灌输者；教师是学生学习的促进者，不是学生学习的代理者，教师是学生学习的合作者，而不是知识的权威。

纵观世界科学的发展，四大发明是我们老祖先的光荣，而在近代以来荣获诺贝尔奖的大多数是外国人，中国人获诺贝尔奖的也只有几个华裔，也就是说在中国传统教育环境中成长起来的科学家至今还没有拿到令国人骄傲的诺贝尔奖。这其中的原因当然很多，但一个重大原因是因为我国长期以来的传统教育，师道尊严，学生盲目从师，极大地封杀了学生的好奇心，挫伤了学生学习的积极性，禁锢了学生思维，限制了学生创造潜能的发展。导致我们的学生只会纸上谈兵，考试得高分，工作低能力。要改变这种状况，最好是从课堂教学理念开始，彻底改变传统的教学方法和模式，把课堂还给学生，让学生在课堂上充分表现自己，让学生做课堂的主人，从而激发学生对知识的好奇心。有了对知识的好奇心，学生就会积极主动地学习，也就会有更高的学习效率和更好的学习效果。

伟大的生物学家达尔文从小就对各种各样的生物非常好奇，总想探个究竟。一有时间他总会观察和研究生物的生存、生活、生长及各种变化。经过长期不懈的努力，达尔文终于成为伟大的学者，提出了生物进化论的科学体系。科学地回答了人是从哪里来的等一系列重大问题，为世界科学的发展作出了杰出的贡献。

其实达尔文的父亲一心想让达尔文做一名医生或牧师。达尔文在英国的爱丁堡大学学过医师专业，后来又在剑桥大学学过神学，但达尔文为什么没有成为一名有名的医生或杰出的牧师，而最终成为伟大的生物学家呢？原因只有一个，这就是达尔文对千奇百怪的生物产生了极大的好奇心。这种好奇心驱使他不知疲倦地潜心研究生物科学，艰难地进行 5 年航海探险，苦苦地思考和实验。

我国古代伟大医学家李时珍的故事也能说明问题。李时珍出身医生世家，父亲和爷爷都是医生。但在封建社会，医生的社会地位十分低下，常常受官府和富豪的欺压。李时珍的父亲下决心要让李时珍努力学习四书五经考取功名，改换门庭。但李时珍从小受父亲的职业熏陶，对医学和各种草药的药性、药效非常好奇，非常爱研究各种草药的生长情况及药用功效。他翻山越岭，采集草药，潜心研究，走村串户向老农夫请教，去伪存真。最终成为一名伟大的医学家，写出了令国人自豪的医学巨著《本草纲目》。

爱迪生小时候人们都认为他是一个低能儿，但出于对创造发明的巨大好奇心，他以超出常人的毅力，大胆创新、大胆实验。千百次的试验，千百次的失败，是好奇心使他坚持试验，并逐步获得成功，他一生有电灯、电报、留声机、电影机、磁力析矿机、压碎机等2000多个发明，被人们誉为发明大王。

伟人的成长是如此，一般人也是这样。大家都有这样的体会，喜欢做的事情，都能做好，不会叫苦叫累。反之，不喜欢做的事，再简单，再轻松，也不愿意去做。学生的学习也是同样的道理，好奇心能驱使学生以极大热情不知疲倦地去学习。如果我们的课堂能给学生留下对知识的好奇心，我们一定能充分地调动每个学生的学习积极性和主动性，最大限度地发挥学生的潜能。那么，教学质量一定会有一个显著的提高。

3. 给学生留下更多问题

一节课，教学任务完成了，学生作业完成了，学生没有问题了，就算结束了，这是一种普遍、正常的现象。但我们必须反思：学生没有问题了，能在一定程度上说明学生学得不错，但反过来，学生没有问题未必是一件好事。课堂教学中，教师解决了一个又一个的问题，但是，解决问题只是教师讲授的一种途径和方法，真正要让学生成为一个有思考能力的人，必须引发学生再思考的兴趣、动力，即对刚学过的一课的思考，由此延伸到更为广阔的天地去，这就是课堂教学中教师应给学生留下的第三份礼物——给学生留下更多“?”。

乍一听，有点不可思议。教学的根本任务就是解决问题，为何还要让学生留下更多“?”，这些“?”并非学生学不好这节课的知识，而是指学生听了教师的讲授后，由此进行相关的联想、延伸和思考。由个别到一般的思考，由表象到本质的思考，由浅层次向深层次的思考等等。课堂教学之后，给学生留下更多“?”，引导学生“做一棵思考的芦苇”，对于学生今后的学习也具有不可估量的作用。

因此，在课堂教学中，教师在拟定“教学目标”时，要关注学生的成长，包括知识的成长、能力的成长、思维的成长、思想的成长，教学目标要多元化，针对学生的个性差异，设计出适合学生、能为学生成长助一臂之力的教案或学案。课堂要呈现开放性、包容性的特点，培养学生的创造性思维，培养“多疑”的学生，教师的语言要说到学生的心坎中去，能感其心、动其脑、撼其思想。

课堂教学，应该给学生留下什么呢？不是肤浅的表象，也不是片面的解读，而是基于学生成长之上的动态的、有效的、能让学生在若干年后仍然记忆犹新的为人和学习的品质。

四、最受追捧课堂用语

夸美纽斯曾经说过，教师的嘴就是源泉，从那里可以发出知识的溪流。孩子就像这溪流中饮水的小马。老师的每一句话，每一个动作，每一个表情，都会影响学生的方方面面。

教师的课堂语言不仅可以反映老师个人的文化素质和精神风貌，而且也是教育学生的一剂良药，更是学生成长的一种环境资源。在课堂中，有时教师一个信任的眼神，一句勉励的话语，就会像和煦的阳光，驱散学生心中自卑的乌云，照亮他们的闪光点，增强他们的自信心，成为他们向上的力量和源泉。教师要善于利用这些激励性评价，鼓舞学生的学习信心，激发学生的学习热情，营造师生互动、生生互动的愉快课堂氛围，促进所有学生进步。

（一）学生喜欢的课堂用语

1. 学生喜欢教师课堂用语的特征

“教师充满魅力的课堂用语，虽不是蜜，但可以粘住学生；虽不是磁，但可以吸引学生。”作为教师，要关注课堂用语，精心设计学生喜欢的课堂用语。那么哪些用语是受学生喜欢和欢迎的呢？

(1) 用商量的口气与学生交流。在新课堂中，教师要鼓励学生发表自己的见解，哪怕是不成熟甚至是错误的，都要鼓励学生发表，为此要创设一个平等、民主、和谐的氛围，以消除学生在课堂上的紧张感、压抑感。教师将自己与学生放在同一高度，以商量的口气和学生交流，很易被学生接受。如：

“你愿意对这个问题做一番探究吗？”

“你觉得他们说得怎么样？能谈谈你的看法吗？”

“能把你们组搜集的数据、信息、资料和其他同学一起分享吗？”

点评：

上面的话语具有商量的口气，是在邀请学生做交流，体现了教师对学生人格的尊重，能带给学生心理上的安全感和精神上的鼓舞，使学生的思维更加活跃，探索热情更加高涨，也更利于师生、生生交流。

(2) 以积极的态度肯定学生。在新课堂中，要充分调动学生学习的主动性、积极性，让学生成为课堂的主体，让课堂内洋溢着勃勃生机。为此教师要对学生小小的成功、点滴的进步给予肯定、鼓励，以强化学生获得成功的情绪体验，满足其成就感，进而激发学习动力，增强自信心。如：

“你的表述清晰流畅，不错！”

“研究就是错了再试的过程，老师相信你！”

“不要紧张，你想到什么就说什么。”

“不错，继续努力！”

点评：

灵活、生动、丰富的鼓励、肯定用语，能使学生如沐春风，能使学生的心灵在激励中得到舒展，让他们越来越有信心，越来越优秀。

⑶ 对学生的回答给出中肯评价。在新课堂中，学生回答或展示完问题，教师及时进行中肯的激励性评价是非常必要的，在充分肯定的基础上坦诚指出不足，分析引导，提出进一步的要求和改进的建议。寻找闪光点，挖掘潜能，有利于学生形成主动发展的积极性。

“嗯，你说得很不错，如果声音再大一点就更完美了。”

“你的陈述声音很洪亮，如果结合图象分析，同学们会听得更明白。”

“不错，如果还能吸收一下同组同学的意见，就会更加完善。”

点评：

这些恰如其分的表扬、充满关怀的批评、满怀希望的鼓励，能够在愉悦宽松的氛围中，给学生创造出一个认识自我、建立自信的空间，激发学生在尝试、探索的过程中具有更大的动力，更好地体验成功的快乐。

2. 学生喜欢的教师课堂常用语

实施新课程，光讲理论是不够的，还要研究些操作的问题。事实上，一个切实可行的方案，可以带给大家许多有益的启示。以下 10 句是学生喜欢的教师课堂常用语。

⑴ 上课！同学们，合作愉快！（上课开篇语）

变式：上课！同学们好，请坐！

⑵ 请同学们畅所欲言，大胆举手回答问题！（启发学生回答问题）

变式：①谁来回答问题，请举手！②谁来发表一下自己的意见？

⑶ 对这个问题大家还有不同看法吗？（启发学生深入探讨）

变式：①谁再来补充一下？②哦，还有谁有不同答案，请举手！③这位同学提出了这样一个问题，谁能回答这个问题？

(4) 虽然回答不够理想，但是思路很好，请坐下再思考一下。（启发学生克服困难继续探究）

变式：①还是有点错误，要努力呀！②回答有点欠缺，请坐下再想一想。

(5) 请××同学回答这个问题！（指定同学回答问题）

变式：请××同学给我们讲解一下，掌声有请！

(6) 请再考虑一下，这个问题你能解决，你能行！（鼓励学生树立信心）

(7) 回答不错，请同学们掌声鼓励！（对学生的精彩回答予以鼓励）

变式：①嗯，很好，请坐！②这个办法不错！③啊!真不错，很有见解！④让我们向这位同学学习！

(8) 你的建议不错，我再考虑一下。（对学生的学习建议予以重视）

(9) 再仔细想想，还有没有更简单的办法？

变式：①这一道题呀，我们这样看，是这样解；如果换一种思路，会怎么样？出现平行四边形了吧，我们再这样解。②看，在这儿加上一条辅助线！

(10) 考得不错，希望同学们再接再厉！（取得优秀成绩之后）

3. 最让学生感动的教师课堂用语及点评

(1) 最近怎么有些沉闷？老师需要你的热情！

点评：

老师的话语犹如阳光播洒到学生的心灵，使学生充分感受到老师时时刻刻在关注、关心着自己，并且愿意随时给自己提供帮助。学生感受到了老师的心和他的心紧贴在一起，再大的困难也能克服。

⑵ 把简单的事做好，就是不简单；把平凡的事做好，就是不平凡。

点评：

浅显通俗的语言极富哲理性，让学生懂得了从小事做起、打好基础的重要性，避免学生产生好高骛远的心态，正所谓："一屋不扫何以扫天下。"

⑶ 每个同学都很聪明，应该积极发表自己的见解！

点评：

老师使用激励性语言给予学生信心，巧妙地引导学生积极思考，激发学生展开新一轮挑战的决心，在潜移默化中增强了学生战胜困难的信心和恒心。

⑷ 努力改正缺点，你就可以做一个堂堂正正的人！

点评：

老师用"做一个堂堂正正的人"这种符合学生内心愿望的语句激励学生，反映了老师对学生的信任和尊重，能够使学生产生自信心和上进心，这样的鼓励性语言能够拉近师生间的距离。

⑸ 如果你能试着喜欢上那些弱项，一定能成功！

点评：

这样充满鼓励性的话语能够帮助学生消除偏科现象，激发学生对学习的兴趣，鼓励他们全面发展。在现在这样一个知识经济社会，教师要善于引导学生全面发展，成为综合素质较高的人才。

⑹ 你只要用心做，这些事根本难不倒你！

点评：

一句激励的话语能增强学生的自信心，给学生希望。告诉学生：没有做不好的事，自己的态度是关键。只要用心，有耐心、恒心，就一定能够成功。

(7) 勇敢点！不要怕，天塌下来，老师替你顶着！

点评：

学生面对困难、挫折难免会产生畏难情绪，这时教师的语言应该是“雪中炭”和“六月风”。上述语言让学生深切地感受到老师理解自己，并打算用行动来支持自己，能和老师并肩作战。这样，对任何困难就不再惧怕了。

(8) 你不是最聪明的，却是最有灵气的，相信你将来一定有所成就！

点评：

当教师怀有真挚情感给予学生公正、恰如其分的评价时，学生能更清醒地认识自己，用“最有灵气”来激励自己，按照老师的话不断努力。

(9) 你是一个很有想法的孩子，你的见解很有创意！

点评：

这句话肯定了学生的创新思维和发展潜力，教师善于培养学生的发散思维和创新精神，激励学生不断努力，成为高素质人才。

(10) 也许你在别人眼里有很多不足，但在我眼里，你是最棒的！

点评：

这是一句具有激励性的话语，它不仅肯定了学生的成功与进步，还鼓励学生再接再厉，增强学生继续努力的信心，拉近了师生距离。

(11) 你的潜力很大，对于你来说，只要好好挖掘，没有不可能的！

点评：

这是一句发展性的评价语，教师帮助学生认识他们在学习上已达到的程度和已具备的能力，鼓励学生继续努力，不断挖掘自身潜力，实现自身的可持续发展。

（12）一个人最大的美德是宽容，如果你懂得宽容，你就会有海一样的胸怀！

点评：

教师用形象的语言，从思想品德方面教育学生人生中需要宽容。在学生的人生观和世界观逐渐形成时期，学生易于受教师的思想观点影响。教师努力将中华传统美德及时地渗透到学生的内心，使学生成为品德高尚的人。

（13）也许你现在是贫困的，但老师相信，20年后，你是最富有的！

点评：

用正确的方法教育学生认识富有与贫穷。告诉学生，只要通过自己的努力，就可以实现自身命运的改变，变成一个物质和精神都富有的人！

（14）只要你肯努力，老师愿意成为助你成功的桥梁！

点评：

这样亲切的话语能够拉近学生与老师之间的距离，激励学生更努力地学习，在老师的帮助下不断地提高自己。

（15）你敢于向老师（教材）提出个人见解，非常了不起！

点评：

教师在课堂上对学生行为评价的话语，体现了对学生敢于发问的肯定。这是教师对学生发问行为本身的尊重，会在一定程度上激发学生的创新思维，使学生获得最大程度的发展。

(16) 你永远是最出色的学生，我相信你!

点评:

教师用“最出色”评定学生，是对学生能力的最高褒奖，更是学生获得进一步发展的能力激发源。教师的肯定与褒奖，自然会使学生勇于发表见解、大胆创新、进一步追求完美。

(17) 你的思维很独特! 能说说你的想法吗?

点评:

这是教师一种邀请式的做法。对学生行为给予了较高的评价，邀请式的做法体现了教师对学生人格和行为价值的尊重。这种做法会使学生在得到充分尊重的前提下，更易于和教师进行交流，发表自己的见解。

(18) 你提的问题很有参考价值，我们共同研究一下。

点评:

采用平等对话式的语气，对学生提出问题给予了肯定，体现了对学生的尊重和对学生所提出问题的关注，这样会进一步激发学生对问题深入思考的兴趣，使学生在课堂上获得高层次的发展。

(19) 只要肯动脑筋，你一定会变得更聪明!

点评:

学生的能力总是希望别人给予肯定，教师运用正面引导的话语，充分展现了学生获得良好发展的前景，同时又隐含着告诉学生取得成功的正确途径和方法——“肯动脑”。这样的话语会使学生向着积极的方向付出努力并且获得最大可能的发展。

(20) 说错了没关系，我会帮助你!

点评:

教师用平和的语气引导学生回答问题，消除了学生答错时可能产生的窘迫和紧张心理，这种做法易于营造一种和谐、轻松的课堂氛围，使得学生没有任何压力，在教师的指导下解决问题，获得良好的身心发展。

此外在学生调查的结果中还显示，老师的课堂用语中若配以肢体语言，例如“激励的眼神”“诚恳的点头”“竖起大拇指”“微笑着走近”等，声情并茂，更能感染一种情绪，交流一种感情，效果会更好。

（二）学生不喜欢的课堂用语

好的课堂用语是新课堂的催化剂，然而教师受多种因素的影响，或不够重视，或准备不足，或应答不当，导致课堂上仍有许多不受学生喜欢的语言，现罗列如下几种类型。

1. 抽象应付和单调做作

有的教师在课堂上以自我为中心，把学生当成接受知识的容器，恨不得霸占每一分钟时间，恨不得把要教的东西一股脑儿塞给学生。这样的教师课堂用语往往漠视学生、抽象应付、啰嗦单调、急躁随意、花哨做作。如:

抽象应付:“不好（不对，不可以，不行），你来回答。”“你们的回答基本正确，下面听老师讲解。”“搞清楚再发表意见，没想好就不要说。”

单调啰嗦:“对不对呀，是不是的，好不好啊，这个这个，那么……这样，啊……嗯……”

花哨做作:“鼓个掌行不行？”“好好好，再来一个！”“不会的同学站起来亮个相。”

2. 盛气凌人和妄下断言

有的教师高高在上，在课堂上盛气凌人，对学生持拒绝态度，喜欢妄下断言。这样的教师往往处事草率，漠视学生的感受，因而出现用语不文明、不分场合、小题大做、任意夸大等情况。如：

盛气凌人：“这么简单都不会，你是怎么学的啊！”“我根本不知道你在说什么？”“你让我很失望啊！”“为什么不回答？”

妄下断言：“你这个笨蛋！”“你们真是一群野兽！”“你不可能及格的。”

胡乱比较：“我以前教的学生比你强多了。”“别人可以做到，你看看……”“你会伤害到你的朋友的。”“大家千万不要像×××样，没记性的家伙。”

3. 责备羞辱和命令支使

对于批评教育，有些教师表面上声色俱厉，实际上不可能有积极效果。如：责备说教：“怎么搞的，不是提前预习了吗？”“下次再不能这样了。”

讽刺威胁：“你看你有人样吗？”“脑袋比花岗岩还硬。”“这么差，大家以后要少和他接触。”“看你以后考得怎么样？”

体罚命令：“站一节课！”“没做完不准回家吃饭！”“把课文抄10遍！”“坐下，坐下，别说了！”“别胡思乱想！”

此外，调查结果还显示，教师自恋的话（如：“一般人还没我这个水平，不是我自己夸自己啊！”“我的教学是非常有逻辑的。”）以及模棱两可、拖沓冗长、没有温度、脱离实际等各种未精心设计过、没有情感性的用语都是不受欢迎的。

产生这些现象的原因是传统教育观念还没有转变过来，以教师为中心，不尊重学生，对课堂用语的作用没有引起重视。不具体看课用语，看人用语，看情况用语，不精心准备用语，不善于凝练用语，做教学时间和教学任务的奴隶，把学生当成接受知识的奴才、学习的机器。过分追求课堂用语的新奇溢美。

解决这一问题的处方主要是改变观念，把课堂交给学生，尊重学生，关注每个学生的反应和个体发展，建立以生为本的课堂，关注课堂的每一个细节，注重课堂用语的凝练和发布用语的方式方法，使课堂用语成为课堂有效高效的推进器。

（三）课堂用语经典归类

教师课堂用语重在进行“引”与“导”，通过点拨、搭桥等方式让学生豁然开朗，得出结论，而不是和盘托出，灌输告知。一般可分为以下类型。

1. 导入语未曲先情

情感是教学中的灵魂，缺失情感的课堂是没有灵魂的课堂。特级教师于漪说过：“在课堂教学中，要培养、激发学生的兴趣，首先应抓住导入课文的环节，一开课就要把学生牢牢地吸引住。课的开始好比提琴家上弦，歌唱家定调，第一个音定准了，就为演奏和歌唱奠定了基础。上课也是如此，第一锤就应敲在学生的心灵上，像磁石一样把学生牢牢地吸引住。”然而，在日常课堂中，为了节省时间，往往就是简单地说一句：“今天，让我们一起来学习某课。”接着板书课题，出示问题，然后学生开始读书学习，枯燥冷漠。教师要把自己的情感融入到课堂中，设计精彩的导语，做到“转轴拨弦三两声，未成曲调先有情”。

2. 提问语一石千浪

目前课堂提问存在着模式化现象，如千篇一律地问：“这篇课文讲了一件什么事情？把最让你感动的地方用笔标出来。”似乎每一篇课文都能用这样的问题来引导学生。面对学生的回答，老师总是习惯用一些“对不对”“是不是”的提问把问题再一次推给学生。其结果是课堂气氛沉闷，形似一潭死水。如何在课堂上激活学生的思维，引导学生对文本进行深度探究，引发学生与学生、教师、文本之间展开真正意义上的对话，关键是教师设计提问语的智慧，注意提问语的梯度、广度、深度，达到“一石激起千层浪”的效果。

3. 启发语柳暗花明

如：

“集体力量是强大的，你们小组合作了吗？你能将这个原理应用于生活吗？你的探究目标制订好了吗？”

“自学结束，请带着疑问与同伴交流。”

“学习要善于观察，你从这道题中获取了哪些信息？”

“请把你的想法与同伴交流一下，好吗？”

“你说的办法很好，还有其他办法吗？看谁想出的解法多？”

4. 讲述语珠落玉盘

课堂上把学生的目光、情感、心灵吸引过来，不仅需要崭新的教学理念、博学的知识、匠心独运的教案设计，还要讲一口优美的语言。走进于永正、王崧舟、窦桂梅、薛法根等名师的课堂，都能被他们的语言所感染。他们或者激情澎湃、旁征博引、洋洋洒洒，或者才华横溢、妙语连珠、神采飞扬；忽而又如春雷震撼学生灵魂，忽而如春雨润泽学生的心田，忽而如冬阳温暖着学生的生命。他们的语言有一种“大珠小珠落玉盘”的妙境，他们的课堂变得春风荡漾，波澜起伏，富有诗意。

5. 评价语万树梨花开

德国著名教育家第斯德惠说："教学艺术的本质不在于传授的本领，而在于激励、唤醒、鼓舞。"教师在课堂的评价应是春风，能使"千树万树梨花开"。而在很多课堂上，我们经常可以听到这样的话："你真棒！""你的回答好精彩！""你很聪明！"……如一名同学读课文，读后教师说："读得不错，谁比他读得更好？"有一生再读，教师再说："读得不错，谁比他读得更好？"如此反复几次，学生先是一阵惊喜，而后是一脸的迷茫。

一千个读者心中有一千个哈姆雷特。所以课堂教学评价的宗旨，应"以生为本""以激励为主"，多元化地评价学生对文本的多元理解感悟。教师的评价语言应是春风，注意个性化评价，吹开千树万树梨花。

6. 赏识语如沐春风

如：

"说得太好了，老师佩服你，为你感到骄傲！"

"你的设计（方案、观点）富有想象力，极具创造性。"

"我非常欣赏你的想法，请说具体点，好吗？"

"某某同学的解题方法非常新颖，连老师都没想到，真厉害！"

"让我们一起为某某喝彩！同学们在学习过程中，也要敢于猜想，善于猜想，这样才能有所发现，有所创造！"

"听你的朗读是一种享受，你不但读出了声，而且读出了情，值得大家学习。"

7. 激励语战鼓咚咚

如：

“你真让人感动，老师喜欢你的敢想、敢说、敢问和敢辩，希望你继续保持下去。”

“这么难的题你能回答得这么完整，真是了不起！你是我们班的小爱因斯坦。”

“你预习的可真全面，自主学习的能力很强，课下把你的学习方法介绍给同学们，好不好？”

“哎呀，你的见识可真广，懂得这么多的知识，好像百度一样，同学们以后有问题就找你帮忙。”

“通过你的发言，老师觉得你不仅认真听了，而且积极动脑思考了，加油啊！”

8. 提醒语醍醐灌顶

如：

“这种证明方法大家都会，你做得很快，说明这个知识点你已经掌握了，请再仔细找找，证明过程中有没有不规范的地方？”

“老师真想在下节课看到你更出色的表现——更踊跃，更大胆，更自信！”

“你的声音真好听，能大声读一遍吗？那样，你会获得更热烈的掌声。”

“这道题，你不是不会，而是疏忽大意了，如果再耐心细致些就好了。”

“如果你能脱稿，并且面向同学来展示就更好了。”

9. 劝诫语春风化雨

如：

“你是聪明、可爱的孩子，可是你学习不稳定，为什么呢？你经常忘记老师布置的作业，老师多么希望你从小养成做事认真的习惯，对了，还要把上课做小动作的毛病改掉，好吗？老师相信你！”

“每次见到老师，你总是甜甜地问一声‘老师好’，老师非常喜欢你，但在课堂上，老师多想看到你高高地举起小手呀!不要把手放在角落里，好吗？要展示给别人看，相信自己！”

“爱读书，是一个好事情，值得表扬。可是，如果在错误的时间做着好事情，好比数学正负得负一样，产生的就是负作用了。”（针对课堂看课外书的情况）

“有个国外科学家说：真理偏爱有准备的人。中国人也常说：凡事预则立，不预则废。你们小组准备不充分，对独学、群学不到位，所以你们没有发现真理，没有挑战成功！”

“张旭喝了酒，写出的草书流传千古。可是，我们课堂上可没有酒喝，所以，请某某同学一定要将板书写工整了，否则，同学们会以为你喝酒了呢！”

“这个题目，你做得很快，但错误也产生得很快，这是同学们最易犯的共性错误，老师用红粉笔标出来，请大家把这个题目的错误抄在你们的错题集上，课后仔细推究一下。”

10. 鼓励语冬日阳光

如：

“来，请你谈谈这个问题。我从你的眼中看出来，你的心中一定是有了与其他同学不一样的看法。勇敢地站起来！”

“你很勇敢，第一个举起手来，说错不要紧，关键是敢于发表个人见解！”

“这个问题提得真好，谁愿意帮助他解决？”

“你的想法真有创意，你愿意进一步谈谈你的构思吗?”

“只有孜孜不倦地求索，才有源源不断的收获。只要你有一颗上进的心，胜利总会属于你。”

“老师知道你心里已经明白，但是嘴上说不出来，我把你的意思转述出来，然后再请你跟着说一遍，好不好?”

11. 反思语龙归深潭

如:

“通过探究，你有什么体会? 有什么启发? 有什么收获?”

“通过分析，你发现了什么规律?”

“你们小组，怎样让学习效率更高一些? 这道题，有没有更好的解法?”

“谁能给大家提出一个值得继续探究的问题?”

“这是个很有价值的问题，其中包含着许多丰富有趣的知识，有兴趣的同学课后可以到图书馆或通过网络自己去寻找资料，看谁的收获最多。”

“今天这节课同学们的表现让老师学到了许多东西，无论是阅读还是讨论，无论是思考还是写作，大家都在积极发挥自己的作用，把最阳光的一面展现给了老师和同学，谢谢大家。”

12. 过渡语雨后彩虹

如:

“今天同学们提出的问题已大大地超出了课文的范围，反映了大家学习的积极性及强烈的求知欲望，下面我们一起来看一下课后练习上的一道题目，老师觉得这道练习题很有挑战性，请同学们把它攻克。”

13. 结束语余音绕梁

在平日的课堂教学中，很多老师总是喜欢指着板书，用简明的语言或概括文本内容、主题或写作方法，最后用一句凝结文本中心思想的语言来结束上课，更有用简单的一句“这篇课文就学到这里”草草下课。《列子·汤问》：“昔，韩娥东之齐，匮粮，过雍门，鬻歌假食，既去而余音绕梁，三日不绝。”后世用“余音绕梁”形容美妙的歌声和音乐的魅力无穷，意犹未尽。一篇课文学完，如何实现课止文在？那就要教师精心设计结束语，实现余音绕梁，回味无穷。

（四）课堂表扬用语五宜五忌

表扬，是教育教学过程中一个非常重要的手段和方法，是教师的“必杀绝技”。但是，表扬是一把双刃剑，也并非能随心所欲、一招制“敌”的，用得好事半功倍，用不好事倍功半。教师必须熟谙驭“剑”之术，做一名驭“剑”高手。怎样表扬学生？表扬学生要注意什么？值得我们深思。

1. 表扬语宜明确忌笼统

许多老师在表扬学生时，都会说“你真棒”“你真懂事”“你真是个好孩子”……学生听了也高兴。可是仔细想一想，这样的表扬语还是值得商榷的。学生哪里“棒”？哪方面“懂事”？是个怎样的“好孩子”？这些都没有表达清楚。由于学生的年龄比较小，他们的分析判断力是有限的，特别是在听到表扬时，心中的兴奋早已经淹没了自己的思考，只要是表扬就已经让他们忘乎所以了，根本不去考虑自己为什么受到表扬。所以，在表扬学生的时候，不要笼统地表达，要清晰地传递自己的意思，我们不妨说：“你帮助同学打扫卫生，真是个乐于助人的好孩子。”“你主动向同学道歉，是个知错就改的好孩子。”……让学生明白，他为什么受到表扬，要比学生不明所以的“被表扬”有效得多。

2. 表扬语宜及时忌滞后

人都希望自己的努力能够及时得到肯定，学生更是这样。当学生一些好的行为没有及时被发现、被肯定时，他们努力的热情会骤然降温，不愿意再去积极主动地继续，也就很难得到及时地巩固强化。表扬学生，要在学生做了值得表扬的行为后及时进行。学生在课堂之初表现优异，而教师到了课堂小结再点评、再表扬，给学生带来的精神鼓励和心理愉悦已经为时太晚，大打折扣了。

3. 表扬语宜适量忌滥用

表扬是个好东西，但好东西多了也会贬值的。所谓物以稀为贵，表扬也是这样，用得多了，效果自然也要打折。有的老师爱用表扬，特别是在公开课上，表扬满天飞，是事儿不是事儿的就表扬一通，次数之多，范围之广，辞藻之华丽，让人叹为观止。其实，这样的表扬，很难说有什么实际的效果。老师要珍惜自己表扬的权力，表扬语不可滥用，过多地表扬，等于不表扬。

4. 表扬语宜客观忌浮夸

学生读课文，明明读得不是很好，老师也会说："××同学读得正确、通顺流畅、有感情……"把读课文最高的标准都加上了。鼓励学生的出发点是好的，但不能不看到其中的负面影响。一来是让学生认为这样读就是最好了，不再去努力；二来其他同学不服气，"明明读错了字，老师还说读得正确……"表扬学生要实事求是，有一说一，浮夸表扬要不得。

5. 表扬语宜广泛忌突出

"你是我们班作文写得最好的了！""你的想法最新颖！""你最爱动脑筋了！"……有的老师表扬语一出口，"最"字先露头，每一次表扬都好像在树立"班级之最"。殊不知，这样的表扬会伤了另外一些孩子的心。一些孩子会私下里想："在老师的眼里，我的作文不好了？""在老师的眼里，我的想法落后了?”“在老师的眼里，我不爱动脑筋了?”……心理学研究表明，突出地表扬一个人，就等于贬低了其他人。不要动不动就用“最”，可以换成“很”“非常”“十分”一类的用语。树立一个典型，打击一大片“群众”，这样的突出表扬须三思!

（五）课堂批评用语六忌六宜

1. 忌妄下断言，宜记叙描述

如果老师妄下断言，比如“你这个笨蛋”“你们真是一群野兽”“你疯了吗”“你会伤害到你的朋友的”“你真是一个残忍冷酷的小孩”等等，就会对学生造成侮辱和伤害。老师应该描述他所看见的、他所感受的以及他所期待的，通过运用“我”的语言来保护自己的学生，例如“我很生气”“这太让我生气了”等等，让孩子自己做出对自己的评价。

2. 忌翻算旧账，宜就事论事

有的教师在处理学生问题时总喜欢用定性思维来思考问题，喜欢把学生以前的事情都拉扯到一块，这样会使师生关系失去信任感，容易使学生产生逆反心理。教师对学生不能进行人身攻击，而应该就事论事，处理眼前的事情，让问题的处理更有效，让学生心服口服。

3. 忌小题大做，宜实事求是

有的教师批评学生，把偶然的失误总说成是一贯的，把个别学生吵架说成是破坏班级团结。这种小题大做、扣大帽子的批评方式，不能使犯错误的学生心悦诚服，也不会得到多数同学的支持。因此，批评时必须实事求是，有一说一，不要任意夸大。

4. 忌不分场合，宜个别教育

学生犯了错误，有的教师不分场合，便在全班公开点名批评。结果，被批评的学生中，有的学生再也抬不起头来，有的干脆破罐子破摔。批评的场合恰当与否，关系到批评效果的好坏。教师在公众场合最好只是委婉提醒，或用幽默的语言调侃点明问题即可，给学生创造认识和改正错误的良好环境。批评学生主要应该进行个别教育，根据学生犯错误的性质、程度、影响和学生的性格、脾气，选择适当的方法开展批评。

5. 忌厚此薄彼，宜该批就批

有的教师对优秀生，尤其是得力助手不愿批评，总觉得那只不过是意外，不需要太多的批评教育。而对待一般学生，特别是特质生，则毫不客气，甚至公开点名。不管是优秀生还是特质生，不管是班委还是一般学生，有了缺点错误都应受到批评。如果该批的不批，不该批的狠批，那就会使学生产生反感，降低教师的威信，造成班级的不团结。

6. 忌不问是非，宜鼓励交流

只要学生犯了错误，有的教师就不问青红皂白，简单处理，甚至还要叫过来大声斥责一顿了事。被批评的学生慑于教师的骄横，即使嘴上不敢申辩，或者表态以后不再犯同样的错误，但心里不服气，错误可能迁移。批评学生时应允许学生说原因，要使学生产生亲切感、信任感，愿意同你交流，这样才能找到问题的根源，帮助学生从思想深处认识错误、改正错误。

（六）课堂评价用语应具备的特点

课堂评价用语是课堂上教师对学生学习活动的口头评价，具有瞬时性、即兴性、针对性特点，它直接对学生的学习活动起导向、启发、总结作用，不但直接关系一堂课的成败，还反映出一名教师的文化底蕴和课堂艺术。课堂评价用语应该具备如下几个特点。

1. **相声的幽默**

于永正老师执教《小稻秧脱险记》

一学生读杂草的话："完了，我们都喘不过气来了。"（声音很大，有力又有气）

于老师："你没完。要么你的抗毒能力强，要么我的化学除草剂是假冒伪劣产品，我再喷洒一点。"（说完，于老师朝该生"嗤嗤"地"喷"了几下）

学生立刻领会，又读："完了……我们……都喘不过气来了。"（声音不大上气不接下气、断断续续地）

于老师："掌声鼓励，这才叫'有气无力'哦。"

于老师没有太多的课文分析和赘述，一句幽默的语言，一个幽默的喷洒动作，立刻起到了"无声胜有声"的作用。

2. **小说的形象**

孙剑锋老师执教《最大的麦穗》

一学生："我认为苏格拉底的弟子们很笨，他们太听老师的话了，只知道去摘一个最大的麦穗，结果两手空空。他们为什么不知道留下一穗呢？因为一大于零呀！"

孙老师："好一个一大于零！

（从课本里拿出一片银杏叶，走到他的面前）知道这是什么吗？"

生："银杏叶！"

师："这可不是一片普通的银杏叶，它是我从家乡百年的银杏树上采下的叶。我一直把它珍藏在书本中，如果有一天哪位同学的语言触动了我的思维，震撼了我的心灵，我就将这片叶赠给它。”（说完，他双手递过这片银杏叶）

学生激动地用双手捧起这片银杏叶！

孙老师的评价生动形象，奖赏的这片银杏叶更是学生始料未及的，也许是这个学生这辈子得到的最珍贵的奖励，在所有学生心目中的记忆一定也会永不磨灭，这正是教育追求的效果。

3. 戏剧的冲突

我的一次真实经历

（上课了，同学们纷纷走进教室，教室门口有一堆废纸，10 多个同学从废纸上跨过。小红走过来，开始捡拾，几位女生看见了，立刻过来帮她）

看见这一景象，我说：“同学们，今天我们调整课时，上作文课，题目叫《一次特殊的考试》。”许多学生愕然，大呼：“为什么？”

“请你们看教室门口。”（小红和几位女生正把废纸往纸篓里放）

“噢！”恍然大悟的学生立刻“刷刷刷”地写作起来。

“水不激不跃，人不激不奋。”日常的写作，许多学生往往习以为常，麻木应付，就需要老师用行动或语言创造一点戏剧性的冲突，把学习活动引向高潮。

4. 诗歌的激情

“你的眼睛真亮，发现这么多问题！”“三个臭皮匠顶个诸葛亮，通过合作学习，瞧！困难的题目被你们征服了吧！”“上课就应该像 × × 一样专心听讲，会听讲的孩子才是会学习的孩子！”……

这是课堂上司空见惯的具有诗歌样的语言，它的鼓励性特点足以激发起学生的学习热情，帮助学生消除自卑心理，增强自信心。

总之，教师的课堂语言应该多样化，应该想方设法起到激励、唤醒、鼓励的作用。

附：教师精彩课堂用语50句

1. 询问听的用语

(1) 谢谢大家听得这么专心。

(2) 大家对这些内容这么感兴趣，真让我高兴。

(3) 你们专注听讲的表情，使我快乐，给我鼓励。

(4) 我从你们的姿态上感觉到，你们听明白了。

(5) 我不知道我这样说是否合适。

(6) 不知我说清楚了没有，说明白了没有。

(7) 我的解释不知是否令你们满意，课后让我们大家再去找有关的书来读读。

(8) 你们的眼神告诉我，你们还是没有听明白，想不想让我再讲一遍?

(9) 会“听”也是会学习的表现。我希望大家认真听好我下面要说的一段话。

(10) 从听课的情况反映出，我们是一个素质良好的集体。

2. 表达说的用语

(1) 谢谢你，你说的很正确，很清楚。

(2) 虽然你说的不完全正确，但我还是要感谢你的勇气。

(3) 你很有创见，这非常可贵。请再响亮地说一遍。

(4) ××说得还不完全，请哪一位再补充。

(5) 老师知道你心里已经明白，但是嘴上说不出，我把你的意思转述出来，然后再请你学说一遍。

(6) 说，是用嘴来写，无论是一句话，还是一段话，首先要说清楚，想好了再说，把自己要说的话在心里整理一下就能说清楚。

(7) 对！说得很好，我很高兴你有这样的认识，很高兴你能说得这么好！

(8) 我们今天的讨论很热烈，参与的人数也多，说得很有质量，我为你们感到骄傲。

(9) 说话，是把自己心里的想法表达出来，与别人交流。说时要想想，别人听得明白吗？

(10) 说话，是与别人交流，所以要注意仪态，身要正，不扭动，眼要正视对方。对！就是这样！人在小时候容易纠正不良习惯，经常注意哦。

3. 叙述读的用语

(1) “读”是我们学习语文最基本的方法之一，古人说，读书时应该做到“眼到，口到，心到”。我看，你们今天达到了这个要求。

(2) 大家自由读书的这段时间里，教室里只听见朗朗书声，大家专注的神情让我感受到什么叫“求知若渴”，我很感动。

(3) 经过这么一读，这一段文字的意思就明白了，不需要再说明什么了。

⑷ 请你们读一下，将你的感受从声音中表现出来。

⑸ 读得很好，听得出你是将自己的理解读出来了。特别是这一句，请再读一遍。

⑹ 读的要求应该分出层次。首先是通读，将句子读顺口，不认识的字借助工具书读准字音。对于这一点，同学们的认识是清楚的，态度是重视的，做得很好。

⑺ 听你们的朗读是一种享受，你们不但读出了声，而且读出了情，我很感谢你们。

⑻ 默读时，贵在边读边思考。现在我们将默读的思考心得交流一下。

⑼ 默读，要讲究速度。现在我请大家在10分钟内看完这段文字，并请思考……

⑽ “读书百遍，其义自见”，我请同学们再把这部分内容多读几遍，弄懂它的意思。

4. 形容问的用语

⑴ “学贵有疑”，问题是思考的产物，你们的问题提得很好，很有质量，这是善于思考的结果。

⑵ 你提的问题很有价值，看来你读书时是用心思考了的。

⑶ 这里有同学提出了这样一个问题，请大家看看是否有答案。

⑷ 你们现在真能问，能问在点子上，能抓住要点来提问。

⑸ 同学们的思想变得很敏锐，这些问题提得很好。

(6) 这个问题提得很有意思，让我试着回答，也不一定准确。

(7) 今天我们提问已大大地超出了课文的范围，反映了我们同学学习的积极性及强烈的求知欲望。

(8) 有些问题我们可先问自己，自己有能力解决的，就不必向别人提出，让我们试试看，刚才新提出的问题，哪些是自己有答案的？

(9) 有一个问题，是我要求教大家的，谁能帮我解决。

(10) 我从同学们的提问中，看到的是思维的火花，非常灿烂，与其说是我在教你们，不如说是你们在教我，你们的学习能力确实在提高。

5. 讲述写的用语

(1) 同学们养成了良好的学习习惯，作业本很干净，书写也端正。我很高兴，感谢大家。

(2) 请同学们看（用手扬起几本作业本）我今天要表扬这么多同学，让我来介绍他们的名字。这些同学的作业字迹工正，行距整齐，很少有错别字，文句通顺，进步很大。

(3) 同学们写下了自己的所见、所闻、所思，我也写了一点，现在我念给大家听，希望大家能喜欢。

(4) 写文章的目的是与别人交流，将自己的感情和思想用文字表达出来，让别人了解。我们的作文也应该有读者，有读者群。我建议大家互相交流。看完后将自己的体会，用一两句话写下来，目的是互相鼓励。

(5) 优秀的作文是全班的财富，应该让大家来共享，请大家出出主意，如何使这些财富充分地发挥作用，让每一位同学得益，特别请这些财富的创造者出出主意。

(6) 用自己的笔写自己心里的话，这一点很重要。我们班××同学做得比较好，他的作文虽然也有缺点，却给人一种真诚的感受。

(7)“有纳才能吐”，有积累才能够表达。我们有些同学作文中的词语是丰富的，看得出他们课外有较大的阅读量。

(8) ××同学从生活中找写作材料的本领很大，即使一件不起眼的小事，他也能留心观察，作为原始材料积累起来，他的写作材料总是那么新鲜、独到。

(9) 刚刚过了××节，同学们一定还有深刻的印象，就“××节”为题，写一篇作文，好吗?

(10) 文章写完了，自己应该小声读两遍，注意有没有词句的毛病和写错、写漏的字。

五、最受欢迎教师类型

两个教师，一个幽默大胆，一个传统智慧。

一个是跳艳舞的明星教师，开着奔驰去上课，花2万元买一件国外的名牌大衣；一个是穿中山装的资深教师，哼着豫剧去上课，生活俭朴，却一直默默资助贫困生。

当前卫遇上传统，谁会更受学生青睐？你最喜欢什么样的老师？100个学生有100种答案。前不久，湖南卫视《8090》节目请了两位风格迥异的教师同台较量。一位是衣着时尚前卫、授课诙谐幽默、开奔驰的长沙新东方英语老师周思成；另一位则是身着中山装、严肃正统的知名中学英语老师毛晓武。

节目上，周思成完全颠覆了教师的传统形象，跳热舞来吸引学生的眼球。一对情侣在课堂上接吻，他走到他们面前问道："请问，我可以加入你们吗?" wow怎么发音？他现场模仿起了曾轶可的《狮子座》。虽然行为很雷，现场观众的反响却很好。相比之下，毛老师严肃而传统的表现显得很单薄，连毛老师自己也称"在这个节目现场，我成了弱势群体"。

毛老师传统的教师形象如今真的落伍了吗？当两位老师同时开课，你会选择谁？大部分学生都选择了“周思成”。87.1%的学生喜欢上课诙谐幽默的老师；74%的学生认为老师与学生应该保持一种生活中的朋友关系；90%多的学生希望老师穿着要适合自己或者时尚休闲，只有5%的学生希望老师穿职业装。

郴州市三中七年级的张同学说，自己遇到的老师都是千篇一律的。如果能有一位老师能像周思成那样眉飞色舞、手舞足蹈地传授，自己学习功课的热情定会大大提高。

“90后”的网友米粒说，毛老师教的东西多，可是互动少，学生很难被吸引。如果我是他的学生，听到一半就睡着了。

长沙南方职业学院大二学生熊昊说，自己心目中最理想的老师，不一定要那么“疯癫”，但要能够和学生打成一片，是学生的伙伴。像毛老师那样的老师，总觉得距离很远，难以接近。

虽然学生的选择一边倒，可大多数家长对“周老师”跳艳舞、追名牌、娘娘腔等行为还是难以接受，一些家长甚至担心孩子跟着这样的老师会学坏。

家住长沙市浏正街附近的颜先生说，自己的孩子今年上二年级，价值观还没有完全形成，如果有这么一位奢侈的教师成了孩子模仿的对象，对于工薪阶层的他来说，是难以接受的。况且，课堂花里胡哨并不代表孩子能学会更多的知识。他希望老师能综合二者的优点，能既重视知识的传授，又能以活泼的课堂氛围培养孩子的学习兴趣、激发孩子的想象力，那样就完美了。

网友海牛是一名老师，他也赞成把传统与前卫相结合。“要了解当红明星、歌曲、电影等，还要经常使用QQ、微信和微博，这样学生才会觉得老师容易接触。如果不占用上课时间给学生跳跳舞，活跃气氛是可以的。”他认为，只要学生喜欢上你的课，学得又轻松，你就是好教师。

不少老师表示，虽然周思成的做法并不是每个人都能接受，但确实能给老师们带来启示。即要想学生学好课程，老师们应该去了解学生所需要的、感兴趣的东西，把这些融入课堂当中。

（一）学生喜欢什么样的老师

美国著名教育家保罗·韦地博士花了40年时间，收集9万名学生写的信，概括出了成为受学生欢迎的好教师应具备的以下12种素质。

(1) 友善的态度：她的课堂犹如一个大家庭。

(2) 尊重课堂上每一个人：她从不会戏弄你。

(3) 耐性：她不会放弃要求。

(4) 兴趣广泛：她带我们到课外去。

(5) 良好的仪表：她的语调和笑容令人愉快。

(6) 公正：她对人没有偏差。

(7) 幽默感：她每天都会带来欢乐。

(8) 良好的品质：她从不乱发脾气。

(9) 对个人的关注：她会帮助我认识自己。

(10) 伸缩性：她有错会改。

(11) 宽容：她装作不知道我的愚蠢。

(12) 颇有方法：忽然间我顺利念完了我的课本。

这些素质从教师的为人、个性到教育教学方法等都进行了全面的涵盖。老师的职业是教书育人，因此，学识在从业生涯中应该不可缺少。

通过对甲学校的调查，结果显示 90%的学生把尊重学生放在了首位，位居第二的是学识渊博，这个占到了 75%，而希望老师有幽默感排名第三。通过对乙学校 100 名学生进行问卷调查，学生不约而同地把尊重学生放在了第一位，第二位是幽默感，第三位是学识。在对丙学校 100 名学生进行问卷调查时，学生们仍然把尊重学生放在了首当其冲的位置，紧跟其后的是宽容，幽默感和学识、公正并列第三位。只有少数学生把友善、耐心和公正放在了首位，但学识的地位一直稳居前三名，坚不可摧。

在走访学生中，尊重学生、具有幽默感和学识渊博成为学生共同认可的好教师三大优良品质。而公正、耐心、教育方法得当、良好的品性成为学生公认的第二法宝，最后宽容、友善、兴趣广泛、良好的仪表和对个人的关注也备受学生关注。

学情调查中学生把尊重放在了首位，是因为平等的师生关系不仅有利于学生学习成绩的提高，也让学生有良好的心态面对老师。而老师在课堂上训斥学生会让他们感到非常伤自尊。

幽默感位居第二是因为紧张枯燥的学习产生较大的压力，具有幽默感的老师能把枯燥的课本讲得有声有色，这样学生在轻松愉快的氛围中对学习的兴趣、积极性将会被大大调动起来。同学们都特别喜欢上的课，其成绩整体绝不会差。

至于学识为何没有排在第一的位置，反而屈居第三位，也许有些人觉得有些纳闷，对求知欲很旺盛的学生来说，真正学识渊博、肚子里有墨水的老师才是学生心目中的理想人选。如果仅仅是照本宣科，生搬硬套，这种授课方式也会受到学生的质疑。

（二）学生对老师言行的要求

1. 受学生欢迎的教师用语

(1) 只要肯下工夫，就一定能学好。

(2) 请你自觉遵守学校的纪律。

(3) 同学，请大胆说出你的见解，不要在乎别人说什么。

(4) 你很个性，希望你发扬长处，克服不足。

(5) 谁都可能会有错误，只要改正了，仍然是好学生。

(6) 勇于承认错误，并认真改正，值得同学们学习。

(7) 谢谢同学们对老师的信任与支持。

(8) 期待下次你表现得更好。

(9) 我相信我的每一个学生都能成才。

(10) 我可以对你提点意见吗?

2. 受学生讳忌的教师用语

(1)“你给我从教室里滚出去”“神经病”“不要脸，混蛋”等伤害学生自尊心的话。

(2) 公开说有关学生隐私的话。

(3)“二百五”“垃圾作业”“我看你是真没希望了”“讲了多少遍还不会，真是个榆木疙瘩”等打击学生自信心的话。

(4) 说过多与课堂无关的话。

(5) 说和学生单挑的话。

(6)“站到一边去。”

(7)“你想待就待，不想待就走人，待这还不是个摆设。”

(8)“你的耳朵长哪儿去了，刚讲过的都不会。”

(9)“你们智力也太低下了。”

(10)“咋了，是不是嘴哑了，是不是手断了。”

(11)“你妈咋教育你的，没有家教，素质太差。”

(12)“四肢发达，头脑简单。”

(13)“我教过这么多年的书，没见过你这样的。”

(14)“你是最差的一个。”

(15)“你给我站起来。”

(16)“明天让家长写一份保证书，再犯错误，干脆别上学啦。”

(17)“看见你，我就烦。”

(18)“就是你拖我们班后腿。”

3. 不受学生欢迎的教师行为

(1) 上课浮躁、说题外话、唱独角戏，不管学生是否接受。

(2) 对学生暴力，将学生赶出教室，不辨是非指责学生。

(3) 带情绪上课。

(4) 讽刺、挖苦、侮辱学生。

(5) 不平等对待学生。

(6) 对学生了解太少、埋怨太多，丧失对学生的信心。

(7) 工作态度不端正，精神不振作，敷衍了事。

(8) 无公德意识，在校园内高声讲话、说笑，乱扔垃圾。

(9) 在人背后说三道四，人前一套、背后一套，耍两面派。

(10) 打击学生自信心。

(11) 上课接听手机、抽烟。

(12) 许诺的事不按时兑现。

(13) 优、差生另眼看待。

(14) 因一个学生犯错就停课。

(15) 用方言讲课。

（三）学生对教师的渴盼是什么

身为教师，要获得人生的幸福，必须首先成为一个成功的教师，这是不言而喻的，而善待学生是教师事业成功的前提，更是学生的期盼。

苏联著名教育家苏霍姆林斯基说："每个孩子都是一个完全特殊的、独一无二的世界。”每个学生都是一个丰富多彩、千差万别的个性世界。作为教师，要善于发现每个学生的不同个性，精心呵护这些生命，走进他们独特的个性世界，对他们加以引导和帮助，给以悦纳和确认，予以延伸和发展，让每一个学生都享受到爱的阳光雨露，在温暖、滋润的环境中茁壮成长。而不应事事单一，处处划一，时时统一，实行简单的一个法子、一个模样、一个答案，导致千教一法、千人一面、千篇一律。而“千篇一律就等于毁灭”。教师要像慈母一样关爱每一个孩子，无论是品学兼优的好学生或是令人头疼的后进生，均应一视同仁，公平厚爱。阳光属于每一个孩子，无论他们是贫穷还是富有，是聪明还是智障；无论他们是相貌平平甚至丑陋，还是没有特长甚至平庸。每一个学生都应该平等、自由、充分地参与教育的全过程，都应该在教育过程中享受到学习的幸福和快乐。

没有学生的合作，教师的工作绝对不会有成效。可以这样说：教师工作的成功在很大程度上取决于教师调度学生与自己合作的兴趣与能力。善待学生就是善待自己，使教师感受到学生的学习快乐与成长幸福才是最幸福的教师。

怎样善待学生，如何用爱心打开学生的心灵之窗，从而开启教育成功之门呢？教师出生的中国工程院院士徐匡迪先生在《今天我们怎样做教师》一文中，对这个问题曾做过精彩的阐述：

首先，了解学生、读懂学生。了解他们的爱好和才能，了解他们的个性特点，了解他们的精神境界。对一个好教师而言，只有了解了每一个学生的特点，才能引导他们成为有个性、有志向、有智慧的完整的人。教育是人学，是对人类灵魂的引导与塑造。苏霍姆林斯基说得好：不了解孩子，不了解他的智力发展，不了解他的思想、兴趣、爱好、才能、禀赋、倾向，就谈不上教育。

其次，公平对待每一位学生，把所有学生视为自己的子女、弟妹。据有关教师人格特征的调查，在学生眼中，“公正客观”被视为教师最重要的品质之一。他们最希望教师对所有学生一视同仁，不厚此薄彼；他们最不满意教师凭个人好恶偏爱、偏袒某些学生或冷落、歧视某些学生。公平，这是孩子信赖教师的基础。

其三，尊重学生的人格和创造精神。与学生平等相处，不盛气凌人，用信任和关切激发他们的求知欲和创造欲。在教育的过程中，教师是主导，学生是主体，教与学互为关联，互为依存，所谓“教学相长”“弟子不必不如师”。一名好教师会将学生放在平等的地位，信任所有学生，视他们为自己的好朋友和共同探求真理的好伙伴。

“孩子那灿烂天真的笑脸是天底下最美丽迷人的图画，教室里传出的朗朗读书声是世界上最美妙动听的音乐。只要一听到上课的铃声，就精神振奋，所有的疲劳都不翼而飞；只要一走上讲台，就激情荡漾，浑身都洋溢着蓬勃的生气。”一位名师这样描述自己的教育幸福生活。

每一个孩子都是天使，每一个孩子都是希望。

于丹老师讲过这样一个故事：曾经有个学生，送给她一个礼物，是学生自己绣的十字绣。里面绣着一个很优雅的女人，弯着腰拿着一根针，底下有一个脏兮兮的小孩，举着胳膊，女人抓着小孩的胳膊。开始她不知道这是什么意思，后来看到了这个学生给她写的字条。她说，其实每个孩子都是掉到地上的天使，他们来到地上是因为翅膀断了，在他们还没有忘记天空的时候，他们一直在寻找为他们缝补翅膀的人。这就需要成人世界里没有人嘲笑这些孩子的青涩、莽撞、唐突，能够包容他们，能够爱他们，能够鼓励他们，为他们缝起翅膀，重新飞翔天空。老师就是给天使缝补翅膀的人。这是对老师这个角色又一个新的解释。

教师，是每一个学生生命中最初的灯火，在为学生点亮心灯的同时，自己胸膛中早已是心灯如月，灿烂如阳光，这怎能不滋生出幸福与荣耀情愫呢？这又有什么职业能够取代呢？

学生的成长是教师最大的快乐，教育的意义就是学生的成长和进步。特别是看着学生一天天成长变化，更有一种由衷的喜悦，这是教师辛勤劳动的最好回报，也是教师全部付出的价值所在。虽然大部分教师可能一辈子默默无闻，一辈子也成不了教育家，成不了作家、科学家、工程师、演员……也可能终生得不到什么值得炫耀的荣誉或奖章，但他们可能有引以为荣的已成为作家、演员、科学家、工程师的学生，甚至有功勋卓著、成绩斐然、受人佩服的弟子。当然，更多的是已经自立为人、立足于社会的普通劳动者。想想，人生中还有什么能比拥有这些更快乐的呢？

老教育家吕型伟讲了这么一件事：有一年他到北京，想见一下几个学生。结果来了很多学生，有部长、有教授、有将军等。吕型伟先生感慨："谁能一个电话，招来 100 多人？教师是天底下最幸福的人。"

六、关注生命，让学生健康成长

【案例沉思】

小鱼在乎

在一个暴风雨后的早晨，一名男子来到海边散步。他发现在海边沙滩的浅水洼里，有许多被昨夜的暴风雨卷上岸来的小鱼。小鱼困在浅水洼里，回不了大海了——虽然大海近在咫尺。用不了多久，浅水洼里的水就会被沙粒吸干，被太阳蒸干，这些小鱼都会被晒干而死的。

朝前走着。他忽然看见前面有一个小男孩，走得很慢，而且不停地在每一个水洼旁弯下腰去——他在捡水洼里的小鱼，并且用力把它们扔回大海。这个男人忍不住走过去，好心劝道："孩子，这水洼里有几百几千条小鱼，你救不过来的。"

"我知道。"小男孩头也不抬地回答。

"哦？那你为什么还在扔？谁在乎呢？"

"这条小鱼在乎！"男孩儿一边回答，一边拾起一条小鱼扔进大海。"这条在乎，这条也在乎！还有这一条，这一条，这一条……”

这是一位美国教师在我国某医学院演讲时讲述的一个故事。

生命诚可贵。小鱼在乎，何况学生乎？泰戈尔说过：“教育的目的应当是向人传送生命的气息。”是的，教育之“育”应该从尊重生命开始，使人性向善，使人胸襟开阔，使人唤起自身身上美好的“善根”。说到底，也就是让我们的老师和学生拥有“这条鱼在乎”的美丽心境。

在这样的背景之下，我们要思考的问题实在太多，教育应该如何正视生命，关注生命？如何关爱生命，善待生命？如何发展生命，放飞生命……

人的生命是神圣的，人的生命因其唯一性和不可逆转性更显得弥足珍贵。生命的意义由于个体的存在和发展得以彰显，生命的价值在奉献社会和服务他人中得以实现。据相关媒体报道：目前中国每年约有 1.6 万名中小学生非正常死亡，平均每天有 40 多人，相当于每天消失一个班。中国每年还有 10 万人丧生于车轮之下，每年自杀人数也在 28 万人之多。尤其是在偏远的农村，地理环境差，交通不便利，有时上学放学时车辆的超载令人恐慌。或者由于对生命的无知，在游戏中、活动中意外死亡。

如此惊人的一个数据，如此众多的非正常死亡的事实告诉我们：关注生命教育迫在眉睫，在全社会必须开展生命教育，特别是加强对学生的生命教育，引导青少年学生健康成长。

人的一生在历史的长河中显得那么短暂，生命却因短暂而弥足珍贵。漠视生命，轻言放弃生命，这是何等可怕的现象啊！面对这一宗宗事件，感到触目惊心的同时，不由得令人去追问，去深思。什么是生命？人到底为什么而活？对学生来说生命的意义和价值到底又了解多少？如何让他们领略生命的伟大和美丽，进而去欣赏、去敬畏、去珍惜？可见，对学生进行珍爱生命的教育已经刻不容缓。

（一）生命教育问题的提出

所谓“生命教育”，顾名思义就是有关生命的教育，就是尊重生命主体，为其创设生动活泼、充实丰富的环境和条件，以促进生命主体全面和谐、主动、健康发展的教育。生命教育是一种旨在帮助孩子认识生命、珍惜生命、敬畏生命、热爱生命、提高生存技能，提升生命质量的教育活动，目的是培养具有科学精神和人文素养的一代新人，使青少年增强对生活的信心和社会责任感，树立正确的生命观，促使其善待生命、完善人格、健康成长。生命教育既要教育珍惜自己的生命，又要教育珍惜他人的生命，要善于关爱他人、尊重他人。让孩子们从小就理解生命的意义，珍惜生命，保护生命，建构积极向上的人生观，走出生命的误区，创造生命的价值与辉煌，并能够正视死亡现象，预防非正常死亡事件的发生。

生命教育是一项涉及学校、家庭和社会方方面面的系统工程，需要各方面的共同努力，增强教育的科学性、系统性、针对性和有效性。就学校而言，实施“生命教育”，要按照孩子的身心发展特点和教育规律来进行。对从小学到大学的“生命教育”内容进行整体规划，使“认识生命、珍惜生命、尊重生命、热爱生命”的教育内容在各个认知阶段有机衔接、循序渐进、全面系统。

【案例探讨】

教育究竟为了什么

一位纳粹集中营的幸存者，当上了美国一所中学的校长。每当一位新教师来到学校，他就会交给那位教师一封信，信中写道：“亲爱的老师，我亲眼看到人类不应该见到的情景：毒气室由学有专长的工程师建造；儿童被学识渊博的医生毒死；幼儿被训练有素的护士杀害。看到这一切，我怀疑：教育究竟是为了什么？我的请求是：请你帮助学生成长为有人性的人。只有使我们的孩子在成长为有人性的人的情况下，读写算的能力才有价值。”

一位日本教育家说，我们要培养学生“面对一丛野菊花而怦然心动的情怀”，这种情怀就是在乎沙滩上每一条小鱼的生命的男孩所拥有的情怀。是的，如果我们视小鱼如草芥，给鲜花以蹂躏，即使其道德评分再高，也失去了人的生命价值。对人的尊重，对宇宙的敬畏，最基本的就是尊重生命的存在，知晓生命的不可重复性。人不应无端地剥夺生命，即使是非常低级的生命。当一个人充满了对小草、小鱼生命的关怀时，对于高级的生命、对于人的生命，他能不尊重吗？

教育要真正把学生放在主体地位，真正实现教育民主，首要的是关注生命。尽管由于教育体制的制约，由于应试教育的束缚，当前教育离真正意义上的关注生命还有很大的距离——“路漫漫其修远兮”，但是，只要每一位老师都能从我做起，把学生视为一个个独特的生命体，关注学生，关爱学生，努力为学生的发展创造有利的条件。那么，树木多了，就会成长为林，有了森林，就会影响气候，那样学校就一定能够成为实现学生生命价值的绿洲。

让每一个学生都有机会焕发生命的活力，都有可能焕发生命的活力，这是教育的伟大，也是教育的崇高。

（二）开展生命教育的途径

生命教育不是知识的堆积，而是一种“唤醒”。教育本身就意味着：一棵树摇动另一棵树，一朵云推动另一朵云，一个灵魂唤醒另一个灵魂。如果一种教育未能触及人的灵魂，未能引起人的灵魂深处的激荡，它就不能称为教育。

教育过程“尊重意愿、满足需要、培养兴趣”，凸显“自主、自信”的主体精神，唤醒儿童自我发展的内在动力。教师要做的工作，不是一味的束缚、灌输，更多的是唤醒、激发，把个体内在的天赋本性引导出来，多给他们一些属于自己的时间和空间，使之有思维的自由、心灵的自由。学校作为教育的主要阵地可以从以下几个方面对学生实施生命教育。

1. 课程渗透，形成生命文化

让“生命教育”与课程教学有机渗透，课程化地实施“生命教育”。这是“生命教育”的主渠道。如在思想品德课程教学中，教师可进行结合“我从哪里来”“珍惜生命”等相关主题，进行有机渗透。科学课课程中结合生命单元使学生认识到人是生物界中的一员，人和动物、植物都享有生存的权利；意识到人是自然的一部分，要与其他生物和谐共处；意识到要为自己及其他生物保持一个健康的生存环境，养成爱惜生命、爱小动物、爱护花草树木的好品质。语文教师在语文课程中结合“走，我们去植树”“这条小鱼在乎”等有关主题渗透“生命教育”的精神内涵。还可把“生命教育”渗透进课程评价，“结合自己的生活实际，写一句热爱生活的宣传标语”，形成“生命教育”文化。

通过与各课程教学的结合，通过与孩子学习生活的有机融合，将“生命教育”的文化精神渗透到孩子们生活的每一个方面。课程渗透让生命教育有了植根的土壤，课程渗透让学生在具体的鲜活的学习实践活动中学会珍惜生命，热爱生命。

2. 活动体验，感受生命珍贵

引导学生体验今天的幸福生活来之不易，父母为家庭付出的辛勤劳动，从而珍惜自己的幸福生活，主动为父母做力所能及的事。

可开展“一天体验”（体验残疾人生活）活动：

⑴ 手、足有残疾的人生活有什么不便。

⑵ 手脚健全会创造出怎样更美的生活。

⑶ 双眼失明的盲人会有哪些不便。

⑷ 我们应当怎样帮助身有残疾的人。

可开展“交通知识我知道”活动：

⑴ 路上的交通标志你认识多少。（画一画，说一说）

⑵ 如果你是司机，应当怎样看标志牌开车。（演一演，试一试）

⑶ 当小交通宣传员，应当给自己身边的人宣传什么？

可开展“我是勇敢的小学生”活动：

⑴ 当陌生人要求送你回家时你会怎样？

⑵ 当你独自一人在家，有陌生人来访，或告知你说是你父母单位的，要你开门时你会怎样？

⑶ 当你被人威胁，让你给钱或物时你会怎样？

⑷ 当你发现有人落水而你又不太会游泳时你会下水救人吗？你会想出什么办法？

3. 学会感恩，分享生命快乐

因为孩子的生命有无限多的可能，不能妄想把他们塑造成我们想象中那样完美的人。生命教育的本质应该是和孩子一同去感受生命中的各种感觉，并且享受生命所带来的一连串的惊喜和悸动，它更注重的是一种内在的感受和体验。

感恩是一种处世哲学，是一种生活态度，是一种人生智慧。怀着一颗感恩的心生活，就会时时发现生活的美丽，感受生命的快乐。

【案例启示】

一次，在学术报告会结束后，一位年轻的女记者捷足走上讲坛，面对在轮椅上生活了30多年的科学巨匠——霍金，深深景仰之余，又不无悲悯地问："霍金先生，卢伽雷病已将你永远固定在轮椅上，你不认为命运让你失去太多了吗?"面对这样尖锐的问题，霍金的脸庞却依然充满恬静的微笑，他用还能活动的手指艰难地敲击键盘，宽大的屏幕上显示了这样一段文字："我的手指还能活动；我的大脑还能思考；我有终生的理想，有我爱的和爱我的亲人和朋友；对了，我还有一颗感恩的心……"

敬仰霍金，因为他的智慧；推崇霍金，更因他直面痛苦时的坚强、乐观和勇气。拥有感恩之心，是生活中珍贵的财富。某教师带领学生阅读这篇感人的文章后，适时引导学生回顾自己的生活，罗列幸福的清单，并写一写生活的体验："我拥有……"。于是，学生们发现了生活的真谛：父母的养育、老师的教育、长辈的关怀、同学的友情、邻里的帮助……生命在幸福中找到了存在的意义，在感恩中感悟了存在的价值。

当生活失意时，更应该教育学生学会用心感恩生活，找出幸福的理由，罗列生命的精彩和生命存在的意义，以己之长比人之短，调整自己的奋斗目标，调整自己的心态，平和积极地对待生活。

（三）做一个有生命感的教育者

生命教育应该包括感恩教育、生存教育、健康教育、法制教育、友情教育、责任教育等很多方面。一位热爱学生、热爱生活、热爱生命的教师，同时也是一位有生命感的教师。如何做一位有生命感的教师呢？

一是对生命的敬畏。对生命的敬畏，并不排斥舍生取义、舍己救人；相反，基于对生命的敬畏而毅然作出的献身，正是“社会人”对生命本质最伟大的诠释。其实，自爱也是一种社会责任感。古人云：“身体发肤受之父母，不敢毁伤。”因此，不极端，不抛弃，也该是受教育者对生命敬畏的本质体现。

教育的对象是活生生的生命体，教师对生命的态度，应该热爱。我们在教育教学过程中，要能正视“问题学生”，不论有多大的问题他还是人，是人就可以被感化。因此，要从每一个细节去关心学生，对学生保持一种生命观，以满怀虔诚之心，感受生命的恩赐与光华，感受生命蓬勃的生长力量，聆听那纯粹的声音，成长的声音，喜悦的声音。

在关爱学生生命成长的同时，教师也要注重自己的生命，要“把生命放在生命里”，要能够发现自我生命和学生生命的联系，要能将生命通过教育之树进行嫁接，在同一棵树上绽放花朵，彼此分享生命成长的幸福和尊严，做一个有“生命感”的教育者。

二是对个性的尊重。尊重生命，就要学会宽容，尊重个性。须知，一颗流星、一点流萤在广袤的夜空，都是亮丽的风景，都让人感受到“这一个”的独一无二和与众不同，因此，不要耻笑别人，也不要怕被人耻笑。盲从、莽从，都将是生命的耗损——对于大千世界，“你”的存在很重要啊！

三是对创造的追求。“头脑不是一个要被填满的容器，而是一把需要点燃的火把。”这是古希腊哲人留下的一句箴言。21 世纪的教育，将是“更深刻、更和谐的人的发展”。因此，教育不能太心急、太功利。只有“为之计深远”，教育才能催化出创造，才能让生命的火花璀璨闪现。

四是对今天的珍惜。时间就是生命，生命本身就是时间的载体，它的成长也需要时间。在教育工作中，生命何时开花、何时结果，这是有周期性的，或者可以说是有定数的。因此，我们教育者所要做的就是守候。事实上，敬业也是对生命的敬畏，也是生命价值社会性的体现。古人云："朝闻道，夕死可矣。"如果连"本职"都不予重视，连"今天"都不懂得珍惜，那么，教育还有什么"高调"（崇高的理念）可唱的呢？教育不能没有理想，但教育更需关注生命。

（四）教师的生命教学相长

马斯洛的需要理论告诉我们，人的需要分为生理的需要、安全的需要、社会的需要、尊重的需要、自我实现的需要。其中，自我实现的需要是最高层次的需要。

教育无疑要关注学生的生命，但仅仅这样，是不够，也是不全面的。老师在关注学生生命的同时，也要关注自己。"教师是人类灵魂的工程师""教师是蜡烛"，这样的说法教师通常是习惯性地加以接受。教师也是一个个活生生的人，有思想，有感情，有各种需要，渴望自身价值的实现是他们的第一需要。

这里就涉及一个问题：教师在促使学生发展的同时，自己也必须同步发展。一种比较先进的教育理念正越来越为人们所接受，那就是"教师发展学校"。中国古代早就有教学相长的教学思想。就是教与学相互促进，教师在成长的同时，学生可以获得更好的成长。

在学校中，学生要发展，老师也要发展。在课堂这个舞台上，在校园这个舞台上，老师和学生都是主体。学校一方面是学生发展的摇篮，另一方面也是老师发展的摇篮，所以教师关注生命，一方面关注学生，另一方面也要关注自己，关注自己作为人的生命价值的实现。

七、关注学情，让学生个个成才

“顺应学情，是教育的生命线。”“三为主”的高效课堂，旨在“让每一个学生都学得好”。这就要求教师必须了解每一个学生，学会去关注学情。了解学生，不只是对学生的相貌打扮、学习成绩的了解，更重要的是对学情的了解。

那么，什么是学情呢？“学情”指学生的实际特点，主要指学生的实际发展水平、学习情况、学习需要、思维能力、年龄心理特征、个性差异、情绪变化、情商高低等，这些都反映出学生个性心理特征。因此，在教学中我们就要考虑学生的实际情况和心理因素，教学方法的选择应在立足全体学生的前提下关注个体差异。

（一）关注学情是教育成功的前提

我国古代教育家和思想家都十分关注对学生情绪的调节和培养。孔子提出“治人之情”，墨子提出要以“兼爱”调节人际关系。儒家倡导的“正心、诚意、修身、齐家、治国、平天下”的修身路线，“正心”就包括了情绪的修养在内。

陶行知先生也曾告诫教师们，“教的法子要根据学的法子。”一言以蔽之，关注学情是教学活动的内在要求。要想上好一节课，不认真研究教育对象，特别是教育对象与教学内容之间的关系，显然是不行的。

被周恩来总理喻为“国宝”教师的霍懋征曾说：“我们的教育不可能使每个学生都能成为专家、学者、部长、司长，但我们应该把学生培养成对社会有用的好工人、好农民、好公民。对学生一视同仁，没有教不好的学生，不放弃一个学生。”

只有关注每一个学生学习和成长的全过程，全面了解学生的真实情况，真切地关注学生的真实需求，根据学生的学习动态及其发展变化，灵活地选用教学方法，针对学生各个发展阶段实施差异化教育，进而调整教学的宏观思路和具体策略，教学活动才会具有针对性和实效性，教学目标才有可能得到落实，让所有学生都成功学习、成功做事、成功成才，为学生终生发展奠基。

不仅如此，在现代社会的学校教育中，关注学情更是科学施教的重要保证。近现代教育教学理论的一个重大突破便是认识到“儿童”的存在，认识到学生个体的特殊性。从某种意义上讲，每一个学生都意味着一种学情。

如果教师没有尽全力去了解和掌握学生的学习动态，没有针对学情进行必要的分析和研究，如何保证形成有效的教学策略及具体方法呢？如果教师不能切实地关注学情，不能做到“对症下药”，甚至无视学情及其发展变化，只是一味机械地套用教学预案，那么，教学活动极有可能落得事倍功半，甚至适得其反的结果。我们口口声声说的“尊重学生”“发扬学生的主体性”等等，又如何能在课堂教学中落到实处呢？舍弃学情，不关注学情，教学便没有了“抓手”，由此，再多再好的理念和口号也只能是隔靴搔痒，甚至沦为无的放矢。

从这个意义上说，关注学情就是关注学生的发展，关注教学的实效。新时期以来，提出要改变学生的学习方式，要让学生掌握学习的自主权，但这并不是让教师袖手旁观或是任其自然。相反，这是对教师提出了更高的要求。毋庸置疑，学情是客观的，只要有教学、有学生，就有学情问题。与此同时，学情又是不断变化的。在教学活动中，时间过了，内容换了，难度改了，甚至天气变了，都会对学情产生影响。因此，每一个教学内容，每一个教学环节，学生的每一次学习活动，教师都应做到心中有数。关注了学情，掌握了学情，教师才有“引”的方向，才有“导”的重点。另一方面，学情的多样和多变，并不意味着我们无法了解和把握学情。教师可以走到学生中间，去倾听、观察、访问，可以察言观色，可以举一反三，可以旁敲侧击，还可以检视他们的学习效果。总之，教师应通过各种方式来了解学生的学习状态，进而通过各种手段和方法去改变学情，使之调整到最为适宜教学活动展开的状态。

学情以及学情调查的范围极为广泛，日常教学中，怎么可能像文章中提到的那样，每节课之前都发问卷或是搞访谈呢？时间和精力都不容许啊！事实上，学情调查就在我们身边，关注学情的理念可以渗透在教学过程的每一个环节中。一位合格的教师，必然是时刻都在把握学生的具体情况，洞悉学生的真实需要。试想，一面是一群频频点头、面带微笑、听得十分入神的学生，一面是一群目光呆滞、神情木然甚至鼾声如雷的学生，相信每一位教师都知道要有所不同的“作为”——对待前者必然大加赞赏“乘胜追击”，对待后者也不可能听之任之不管不问——这，其实就是关注学情。

尊重学生的个体差异，用智慧的眼睛发现学生的特长，用艺术和体育开启学生的智慧，用爱心挖掘学生的潜能，致力于让每一个学生成才、成功、成长。

【案例反思】

“小学数学教育网”上网友讲的一个寓意深刻的故事：一位老教师到农贸市场去买菜，遇到当年他教的一名成绩不好的学生，正在卖鸡蛋的学生热情地邀请老师去吃饭，老师说：“卖鸡蛋这样的工作你不觉得难为情吗？”学生说：“这和当年您教育我的情形相比，算不了什么……”

反思：

这个故事主要讽刺老师对待差生的教学行为，是值得教师反思的，正如学生比赛胜了也不敢“声张”，是啊！我们真的应该给差生更多的阳光，不仅让他们可以经受挫折，还能正常地沐浴灿烂的阳光，拥有健全的人格。

从另一个层面看，学生得益最大的竟然是老师的“关照”。他在无数次的挫折和打击面前变得坚强，而这种品质将使他终身都会享用它的“利息”。

（二）关注学情是学生成才的法宝

一粒细沙看透一个世界，一朵花儿就是一座天堂。教育的事业是爱的事业。要想做一名合格的老师，首先要有一颗真诚的爱心，只有对学生丹心一片，学生才能吐露衷肠，跟你心心相印。要把你全部的爱心情感都倾注于学生身上，教学才会有效果，你的学生才会“亲其师，乐其友，而信其道”。热爱学生，就是要为每一个学生着想，教师不能偏心，对成绩好的学生热情，对成绩差的冷淡，这样会伤害学生的心灵，是教育工作中的大忌。

关注学情需要老师的耐心与爱心，做到真正走进学生，了解学生的心声。对学生需求什么，缺少什么要做到心中有数，教与学才能更好地结合。有的老师布置作业不求质量求数量，导致学生作业量过大，完不成当天的作业，有的被迫抄答案、抄别人的作业应付老师检查；有的老师对学生关爱少，冷漠多，久而久之学生自卑、厌学的心理也会出现。这些都是不可取的。

让每一只鸟都歌唱，让每一朵花都开放，这是教育工作者都渴望的，教师应当把爱心分配给每个学生，在自己心目中应当有每个学生的欢乐和苦恼。一个班级里学生有优有差，问题学生的存在具有必然性、客观性和普遍性，需要积极面对，因为差生不是一成不变的，关键是能否打开他们的心灵之门，激发起他们的成才欲望，促使他们正确认识自我，克服自卑心理和消极情绪，激发潜能，解决自身存在的问题，从而由差向好转化。我们要用发展的眼光看差生。

美国做了一次心理学试验。开学伊始，一群心理学家、神经科专家、教育家、科学家、学者来到一所学校，检测一个新班学生的智商及学习发展潜力。工作两天之后，专家给任科教师留下了一份有 20 名优生的名单。专家告诉老师，这 20 名学生智商超常，有学习发展潜力，将来可能获诺贝尔大奖。希望老师多关心这些未来的人才。1 年之后，专家们惊奇地发现，名单上的学生都成了班里乃至学校的优秀学生。专家后来告诉老师，这 20 名学生根本不是什么智力超常的学生，而是班里最差的学生。

为什么会出现如此大的反差呢？心理学家坦然解释，教师从专家手里接过的名单，具有权威性，教师的大脑就留下了深刻的印象，这些学生是国家的栋梁之才，我要好好对待他们。教师的一言一行、一举一动都倾注着爱，在爱的作用下，这些学生树立了自信，学习更加自觉，也就渐渐赶上并超过别的学生成为优等生。这项实验证明差生是可以转化的。

教师要相信每一个学生都能成才。

这个例子也说明了教育心理学中的一个现象，即“皮格马利翁效应”，就是老师的期望感所产生的教育效应。皮格马利翁是希腊神话中的塞浦路斯国王，他对一座雕像产生了爱慕之情，他的执着终于使这座雕像变成了真人。心理学家发现，教师对学生抱有热切的期望，由此在神情上、言谈中潜移默化地给予学生更多的鼓励和指导，学生也因此更加努力学习，最终取得教师所期待的进步。

（三）关注课堂学情的 8 个切入点

1. 关注学生探究新知的情境

创设学习新知的情境，提供给学生刺激的外部条件，让生动的探究新知的情境能够激发学生的情感生成，激发强烈的求知欲，培养学生的探究精神。通过对民主与自主化的探究，与师生的高效互动，使课堂在师生愉快的情感交流中，在紧张而愉快的探究中焕发出生命的光彩。

2. 关注学生知识建构过程

知识建构就是通过学生已有的经验、方式和信念，在作为认识主体的学生与作为认识客体的知识之间的互动中，以主动、积极的建构方式获得。学生获得知识的过程，实际上是一种意义发现的过程，意义赋予的过程，也是一种意义创造的过程。

课前，教师要在备课时根据已掌握的学生的知识经验、学习习惯、心理规律等学情，结合教学内容，对学生在课堂上可能的表现作一个预先推测。了解学生对所教内容哪些地方会感兴趣？学习本课哪些地方会存在困难、感到困惑？学生会对哪些内容理解不透彻？学生学习中遇到疑惑会不会去主动讨论解决？小组展示与班级展示的时候会不会大胆表现自我？……然后，针对这些了解相应地对教学方法和教学策略进行调整，对导学案进行适当的修补。

教学过程中，教师应该时时刻刻关注“学情”，洞察每个学生的表现。他们的表情动作，言行举止，他们是否在倾听、是否在学、是否在快乐地学等课堂行为都要尽收于教师的眼底。努力把每一个学生的学习积极性都调动起来参与到学习活动中。

如果教师没有尽全力去了解和掌握学生的学习动态，没有针对学情进行必要的分析和研究，不能切实地了解学生，关注学情，不能做到“对症下药”，甚至无视学情，只是生搬硬套地滥用导学案，那么，这样的高效课堂往往只能落到适得其反的结果。我们口口声声的说“以学生为主”“让每一个学生都学得好”“五步三查”等等，又如何能在高效课堂教学中落到实处呢？不了解学生，不关注学情，教学便没有了目标，再多再好的理念和口号也只能是空喊，落不到实处。

3. 关注获取新知的合作形式

师生合作、生生合作、个体与群体的合作，师生与社会现实的共振，是教学环境交互作用的重要变量，没有和谐的人际关系与合作，就无法实现和谐的参与互动。鼓励学生与学生之间、学生与社会个体之间的相互交流，从而形成一个师生、生生、个体与群体、群体与群体之间连锁参与的互动局面。以语文课堂的读书为例，为了让更多学生参与读书，同时提高读书的效率，应鼓励学生开展同桌互读、四人小组合作读，教师加强巡视指导，而后在检查学生个别读的情况时要求学生积极参与评价，使得相同的时间内能有更多的人得到锻炼；调动起不同类型学生主动参与学习的积极性和能动性。从学生的座位安排来看，正如合作学习强调的分组原则一般，为异质小组，每组通过一名能力较强的组长的带动，有效安排组内成员的活动。加强生生互动，促进群体之间的交流与沟通，实现互动延伸；电脑的运用拓展了教学视野，增加了知识容量。人机对话则使课堂学习步入了一个崭新的时代，这也是一种新兴的合作方式。

4. 关注学生活动的空间和时间

长期以来教师大多采用“满堂灌”的教学方法，讲解的时间太长，学生参与的时间太短，或根本没有活动的空间和时间，学生没有选择的机会，缺乏选择的能力。因此，教师要改变课堂教学的行为，给学生更多的活动空间和时间，让学生真正参与到活动的全过程中。

5. 关注学生探究新知的三个维度

促进学生的心理发展是教学的基本目的。学生积极的情感、态度和价值观是学科教学中对学生心理教育发展的基本内容，也是学生创新学习方式养成的催化剂。关注学生对探究的兴趣和好奇心，体会各科知识与现实生活的密切联系和应用价值，培养学生善于观察、善于思考、积极探究和创新的意识和能力，是促进学生进步的保证。

6. 关注学生活动中的角色定位

新课程强调，教师是学生学习的合作者、引导者和参与者，教学过程是师生交往、共同发展的互动过程。交往意味着人人参与，意味着平等对话，教师将由居高临下的权威转向“平等中的首席”。在新课程中，传统意义上的教师教和学生学，将不断让位于师生互教互学，彼此形成一个真正的“学习共同体”，教学过程不只是忠实地执行课程计划（方案）的过程，而且是师生共同开发课程、丰富课程的过程，课程变成一种动态的、发展的，教学真正成为师生富有个性化的创造过程。多走进学生、多了解学生、多关注学情，高效课堂一定能结出硕果。

7. 关注探究材料的时代价值

就是要为孩子终生发展着想，所提供的材料要结合学生实际，还要关注时代的发展。为学生提供具有时代价值的和现实意义的学习材料，使之学有所用，学有所获，学有所长。

8. 关注评价学生的多元性

新课改的一个重要任务就是改变“评价过分强调甄别与选拔的功能”，使评价与考试能够促进学生的发展。我们除了对学业内容即基础知识与技能进行评价与考试之外，还要对非学业内容即学习的愿望、与他人交流与合作、独立自主和自信、学习习惯和学习方法等内容进行评价。改变单一评价主体，建立多元评价，发挥学生的个性特征，建立自选开放的考试形式。

（四）关注学情必须关注学生的情商

个人的成功不仅取决于智商，更在一定程度上取决于情商。开展情商教育不仅是可行的，也是必要的。所以，在教书育人过程中，要改革传统的思路，因材施教，在提高自身素质的同时，更要发挥学科特色注重对学生情商的培养，促使学生成才。

1. 情绪智商的正式提出及其内涵

近些年来，随着社会市场竞争的加剧和对人才价值认识的提高，智力开发越来越受到人们的重视，这是十分可喜的现象。不过，与此同时，不少家长出于“望子成龙”的迫切心愿以至走进了一个误区，即过于看重自己子女的智力商数（IQ）的作用，把它视为衡量他们智慧水平的唯一标准，似乎智商高低可以完全决定一个人将来的前途命运和能否取得成功。事实表明，这是有失偏颇的。

1991年，美国耶鲁大学的心理学家彼得·萨洛维和新罕布什大学的科学家约翰·迈耶的研究就已经发现，有些人智商一般，然而具有宽容、乐观、自信、坚毅、自我约束、待人友善、不怕挫折等素质，从而赢得别人的好感和尊敬，被誉为“有性格”或者“有个性”的人。恰恰是这些素质，对于青少年的成长与将来的成功，显得尤为重要。遗憾的是，如此重要的内容，却并没有在智商中反映出来。为了弥补这一缺陷，更全面、科学地测定人的智力，萨洛维和迈耶提出了一个智慧新标准——情商，即情绪智商。它用来描述人们了解、表达和控制情绪，通过情绪控制来提高人类生活质量、接近或产生感情以促进思维的能力，是人进行自我情绪管理和准确分析他人情绪并与之建立和谐关系的一种综合能力。情商作为一种能力包括5个方面的内容：对自己的认知、管理和激励能力；人际交往能力；适应能力；自我解压的能力；保持乐观和快乐的能力。

2. 情商与智商的关系

智商和情商两者并不矛盾，从流行的个人成功的公式中就可以看出二者的关系，“成功的心理基础 = 智力 × 情绪能力 × 行为能力”。这个式子的完整性及说服力还有可以商榷的地方。不过从中可以看出，情绪智力与传统智力，具有同样的价值。问题在于如何将它们协调起来。值得庆幸的是，情绪智商与传统的智商不同，它虽然也有先天的成分，却可以在更大程度上通过后天的努力来达到。

3. 情商教育的积极意义

美国心理学家、提出多元智能理论的加德纳教授说：“芸芸众生，命运之神往往青睐的人就是生活中的强者。他们不是命中注定就有惊人的成就，而是靠后天的努力。这当中情绪智商是命运天平中关键的砝码。情绪智商较高的人一般能把握住生活中的机遇，最终取得成功。”《教育蕴藏其中》中指出：“教育应当促进每个人的全面发展，即身心、智力、敏感性、审美意识、个人责任感、精神价值等方面的发展。”早在20世纪30—40年代，美国国家教育委员会曾多次指出，应把学生作为一个完整的人来教育和培养，包括学生的智力发展、情感组成、身体状况、社会人际关系、职业观念、技能水平、道德伦理、价值观念、从业能力、美学欣赏力等。

总而言之，应注重将学生作为一个完整的人去发展，而不仅仅是对其进行智力训练。所以，对于青少年来说，加强情商教育，提高情商水平是具有很积极、很现实的意义的。

八、关注习惯，让学生奠基人生

著名心理学家威廉詹姆士说：“播下一个行为，你将收获一个习惯；播下一个习惯，你将收获一个性格；播下一个性格，你将收获一个命运。”事实上，每个人的成功与失败的最大分别，来自不同的习惯，一个好的习惯可以说是人生成功的重要元素之一，养成了好习惯，就等于获得了开启成功之门的钥匙。

好习惯就如生命中的伴侣，事业上的得力助手，它时时刻刻跟随你、帮助你，给你希望，给你动力，成就你的光彩人生；坏习惯则是生命中的负担，事业的拆台者，它无声无息地拖累你、伤害你，让你的人生灰暗、事业成空。

【案例启示】

在印度和泰国，驯象人用一条铁链将小象绑在水泥柱或钢柱上，无论小象怎么挣扎都无法挣脱。小象渐渐地习惯了不挣扎，直到长成了大象，可以轻而易举地挣脱链子时，也不挣扎。小象是被链子绑住，而大象则是被习惯绑住。

启示：

习惯是逐渐养成而不易改变的行为。习惯不是造就你就是毁掉你。

既然习惯对人生的影响如此之重要，本着对学生的终身发展负责，身为教育工作者就不能不对中小学生正在形成中的习惯高度关注。

（一）好习惯成就好人生

“少成若天性，习惯如自然。”在对孩子的教育中，培养习惯是核心，也是过程。因为，行为会养成习惯，习惯会造成性格，性格会缔造命运！所有的好孩子，都是与好习惯相伴的。小时候养成的习惯会像人的天性一样自然坚固地影响孩子的一生。我们要教育孩子，从小养成良好的行为习惯，永远做习惯的主人！

1. 好习惯铸造好品格

教育犹如海上行船，必须按正确的航线行驶，否则，船越大越有触礁沉没的危险。人的品质，决定了人的发展方向。教育的一个核心任务就是培养孩子成为一个真正的人。但人格的培养问题通常很难落实到具体操作上来。不过，研究者发现，习惯与人格相辅相成，习惯影响人格，人格更会影响习惯。正派、诚实、责任心、爱心、合作精神、讲究效率等品格都可以通过习惯培养来铸造。

教育的核心就是培养健康人格。健康人格有 5 个习惯：拥有爱心、认真负责、尊重他人、自主学习、自我管理。习惯对于一个人的影响是非常深远的，一个有良好习惯的人，就是一座金矿。有这种人格魅力的人，一定可以为社会创造更多的财富。

当一个人养成了良好的习惯，他的人格魅力便会自然得到提升。习惯就像我们身上的指南针，指引着我们的行动。爱因斯坦有句名言：“一个人取得的成绩往往取决于性格上的伟大”。而构成性格的，正是日常生活中的一个个好习惯。好习惯养成得越多，个人的能力就越强。养成好的习惯，就如同为梦想插上了翅膀，它将为人生的成功打下坚实的基础。

好习惯受益终身，坏习惯贻害终身。俄国教育家乌申斯基说过：“如果你有了好的习惯，你一辈子都享受不完它的利息；如果你有了坏的习惯，你一辈子都偿还不了它的债务。”

2. 好习惯收获好学业

良好学习习惯形成的过程，是严格训练、反复强化的结果。现代控制论创始人、美国著名数学家维纳，在回忆父亲对他早期学习习惯进行严格训练时说：“代数对我来说没有什么困难，可父亲的教学方法，使我精神不得安宁，每个错误都必须纠正。他对我无意中犯的错误，第一次是警告，是一声尖锐而响亮的‘什么’，如果我不马上纠正，他会严厉地训斥我一顿，令我‘再做一遍’。我曾遇到不止一个能干的人，可是他们到后来一事无成。因为这些人学习松懈，得不到严格纪律的约束。我从父亲那里得到的正是这种严厉的纪律训练。”父亲严格的训练，终于使维纳养成了良好的学习习惯，以后成为誉满全球的科学巨人。

培根说过：“习惯是一种顽强而巨大的力量，它可以主宰人生。”英国科学家牛顿研究问题非常专注，做实验时常忘记了周围的一切。美国小说家杰克逊平时注重积累，在自己的房间里贴上一些卡片，上面全是单词和名言，通过天长日久的刻苦学习，最终收获了精彩。

所有学业优秀的孩子，都是和好习惯相伴的。当一个孩子养成了良好的阅读和学习习惯，好成绩和高分数的取得，应该是水到渠成的。

【案例反思】

太空第一人——加加林的故事

1961 年 4 月 12 日，苏联宇航员加加林乘坐 4.75 吨重的“东方 1 号”航天飞船进入太空遨游了 89 分钟，成为世界上第一位进入太空的宇航员。他为什么能够从 20 多名宇航员中脱颖而出？原来，在挑选第一个上太空的人选时，有这么一个插曲。20 多名宇航员去参观他们要乘坐的飞船，进舱门的时候，只有加加林一个人把鞋脱下来，只穿袜子进入座舱。加加林觉得：“这么贵重的一个舱，怎么能穿着鞋进去呢?”就是这个习惯性小动作，让主设计师罗廖夫非常感动。他想：这个 27 岁的青年既懂规矩，又如此珍爱他为之倾注心血的飞船，只有把这飞船交给一个如此爱惜它的人，才能够放心。

反思：

就是这个细小的举动一下子赢得了罗廖夫的好感，在他的极力推荐下，加加林脱颖而出。加加林通过一个不经意的细节，表现了他珍爱他人劳动成果的修养和素质，也使他成为遨游太空的第一人。

3. 好习惯成就好人生

1998 年，世界巨富比尔·盖茨和巴菲特应邀到华盛顿大学演讲，当学生们问“你们怎么变得比上帝还要富有”时，巴菲特的回答是：“非常简单，原因不在于智商。为什么聪明人会做一些阻碍自己发挥全部功效的事情呢？原因在于习惯、性格和心态。”比尔·盖茨听后也表示十分赞同。由此可见，很多成功人士都非常看重习惯的作用和影响。

【名人感悟】

一位老学者的感恩

1988年，75位诺贝尔奖获得者在巴黎聚会，以“21世纪的希望和威胁”为主题，就人类面临的重大问题进行讨论。

在会议期间，有人问一位诺贝尔奖获得者：“您在哪所大学、哪个实验室学到了您认为最主要的东西呢?”

这位白发苍苍的老人回答：“是在幼儿园。”提问者愣住了，又问：“您在幼儿园学到些什么呢?”科学家耐心地回答：“把自己的东西分一半给小伙伴们；不是自己的东西不要拿；东西要放整齐；吃饭前要洗手；做错了事情要表示歉意；午饭后要休息；要仔细观察周围的大自然。从根本上说，我学到的全部东西就是这些。”

感悟：

3岁决定一生，良好的行为习惯要从小培养，少年儿童成长中的每一天都是习惯培养的好时机。

看过电视剧《康熙王朝》的人都知道，康熙从小酷爱读书，无论是天寒地冻，还是春暖花开，无论是在马车里，还是在战场上，他都在阅读，历史的、天文的、经典的、西方的，无所不读。正是这种良好的阅读和思考的习惯，让他开创了康熙盛世，成了千古明君。

一位哲学家说过，所谓优秀，只是一种习惯。著名的科学家培根说：“习惯是一种巨大的力量，我们将特别注重行为习惯、学习习惯的培养。”习惯奠定人生发展的基础，使学生终生受益。

【案例启示】

父子俩住山上，每天都要赶牛车下山卖柴。山路崎岖，弯道特多，老父亲较有经验，坐镇驾车；儿子眼力较好，总是在要转弯时提醒父亲：“爹，转弯啦！”

有一次父亲因病没有下山，儿子一人驾车。到了弯道，牛怎么也不肯转弯，儿子用尽各种方法，下车又推又拉，用青草引诱，牛仍然一动不动。

到底是什么问题？儿子百思不得其解。最后，他想到一个办法：左右看看无人后，贴近牛的耳朵大声叫道：“爹，转弯啦！”

于是，牛应声而动。

启示：

牛用条件反射的方式活着，而人则以习惯生活。一个成功的人知道如何培养好的习惯来代替坏的习惯，当好的习惯积累多了，自然会有一个好的人生。好习惯不仅会使我们在学习生活中不断进步，更会为我们日后在社会上生存奠定基础，因为社会、国家、世界越来越需要人才，而一个拥有良好习惯的人则更容易成才，从而推动社会进步。希望教师从现在开始，将一个个好习惯的种子埋下，用恒心去浇灌，去成就学生生命的精彩！

（二）影响孩子一生的 12 种好习惯

第 1 种习惯——诚信。诚信是人性一切优点的基础，世界上才华横溢的人并不罕见，但只有诚信的人才值得信赖。诚信是立身之本，是一个人最宝贵的财产，它能让孩子保持正直、挺直脊梁、光明磊落地做人。

名言：生命不可能从谎言中开出灿烂的鲜花。

——海涅

第2种习惯——礼貌。良好的礼仪习惯不仅能给人生带来快乐，而且能够帮助一个人走向成功。一个从小有教养的孩子日后成功的概率要远远大于缺乏教养的孩子。从小培养文明礼仪将使孩子受益终身。

名言：礼貌经常可以替代最高贵的感情。

——梅里美

第3种习惯——感恩。感恩是每个人都应该有的基本道德准则，是做人起码的修养。“知恩不报非君子”，不会感恩或者不愿意感恩的人是缺乏情感的，是不受欢迎的。因此，父母要培养孩子感恩他人的习惯，这样，孩子才能成为一个人人欢迎、人人喜爱的人。

名言：鸦有反哺之义，羊知跪乳之恩。

——中国古谚

第4种习惯——自信。一个自信的孩子往往处世乐观进取，做事主动积极，乐于接受挑战；而一个自卑的孩子不敢面对新事物，不敢主动与人交往，势必失去了很多学习和锻炼的机会，使自身的发展受限。

名言：如果你真的相信自己，并且深信自己一定能实现梦想，你就真的能够步入坦途，而别人也会更需要你。

——戴尔

第5种习惯——宽容。宽容是一种美德，宽容了别人，等于善待了自己。宽容是成就事业的基石、化解矛盾的良药、利己利人的法宝。宽容对于孩子来说不仅是一种待人准则，而且是一种保护心理健康的好习惯。学会宽容是孩子的必修课。

名言：如果没有宽恕之心，生命会被无休止的仇恨和报复所支配。

——阿萨吉奥利

第6种习惯——专注。专注是人最重要的意志品质之一，对于孩子来说，从小培养做事专注的习惯，将会对他的一生产生重大影响。儿童只有先养成一种专心的习惯，日后才可能对自己的事业全身心投入，而不被其他事情所干扰，否则，朝三暮四，将一事无成。

名言：一生做好一件事，上帝给你的时间足够了。

——佚名

第7种习惯——理财。父母要有意识地培养孩子自主理财的能力。实际上，理财教育只是一种工具和手段。教育的目的并不是让孩子学会攒钱，而是要让他成为一个能干的、健全的人。从长远来看，培养理财能力将有利于及早养成孩子的独立生存能力，使他们拥有可靠的立身之本。

名言：我只是这笔财富的看管人，我需要找到最合适的方式来使用它。

——比尔·盖茨

第8种习惯——责任心。责任感是人们安身立命的基础，缺乏责任感的孩子只会坐享其成，缺少前进的动力。遇事依赖别人的孩子是不可能成才的。要培养孩子的责任感，从小让他们负起自己该负的责任。

名言：人所能负的责任，我必能负；人所不能负的责任，我亦能负。如此，才能磨炼自己。

——林肯

第 9 种习惯——珍惜时间。珍惜时间就是珍惜生命。孩子能否安排好自己的时间，与他的学习效率有很大的关系。如果父母在早期教育中让孩子养成了良好的时间观念，就等于给了孩子知识、力量和美好的开端。因为善于利用时间的孩子，以后往往是最能出成绩的人。

名言：善于利用时间的人，永远找得到充裕的时间。

——歌德

第 10 种习惯——计划做事。对于孩子来说，做事有计划是非常重要的。它可以帮助孩子有条不紊地处理应该处理的事情而不会手忙脚乱。在走向成功的道路上，做事没有条理、没有计划的孩子将会比其他人走得更辛苦。

名言：永远不要把你今天可以做的事留到明天做，延宕是偷光阴的贼。

——狄更斯

第 11 种习惯——自主选择。许多孩子都缺乏自主选择的能力。他们遇到需要作出抉择的事总习惯于找父母拿主意。学会自主选择是一项很重要的能力，如果希望自己的孩子将来有所作为，就要从小培养他们的自主选择意识和能力。

名言：慎重地选择你所喜欢的，执着地追求你所选择的。

——佚名

第 12 种习惯——与人合作。人是社会的动物，现代社会，一个人很难独立完成一个复杂的系统工程，孩子将来走向社会无论做什么工作，都要与人合作，一个孤芳自赏、自我封闭的孩子是不可能主动寻求合作的，也是不可能担当大任的。因此，父母可以通过小游戏教会孩子如何与人合作。

名言：与人竞争不如与人合作。

——奥斯特洛夫斯基

（三）帮助学生形成好习惯的途径

1. 学生好习惯的形成需要父母好习惯的熏陶

孩子是父母的影子。家长的思想感情、处事哲理、人生观点、道德境界、品德修养甚至言谈举止、音容笑貌都会给孩子留下深刻的印象，对孩子有着熏陶诱导和潜移默化的影响。因此，希望孩子有善于学习、诚实守信的好品质、好习惯，这就要求家长言教、身教，并且做到身教重于言教。我国古代伟大的教育家孔子说："其身正，不令而行；其身不正，虽令不从。"孩子总是无形中把家长看作学习、模仿的对象。家长的一言一行、一举一动，往往被孩子看在眼里，记在心里，模仿在行动上。所以，父母教育孩子，必须从小事做起，从自我做起，率先垂范，做出表率。要孩子刻苦学习，自己就必须学而不厌，提升自我；要孩子认真劳动，自己必须热爱劳动；要孩子讲文明礼貌，自己必须谈吐文雅，远离粗俗。同时，父母通过生活教育，现身说法，还要让孩子养成良好的规则意识。如今的世界，规则无处不在，无时不有。让孩子从小具备规则意识是拥有成功人生的基础。生活的教育素材比比皆是，只要做家长的做有心人、细心人，就一定能让孩子从小具备良好的公德意识，将来做一个优秀的好公民。

著名医学科学家史蒂芬·葛雷面对记者提问："为什么你会比一般人更有创

造力，是什么因素让你超乎凡人时”他回答，这都与他小时候母亲给他的经验有关。有一次他尝试着从冰箱里拿一瓶牛奶，他失手把瓶子掉在地上，牛奶溅得满地都是，他的母亲到厨房来后，并没有对他大呼小叫、教训他或惩罚他，她说：“哇，你制造的混乱还真棒！我几乎没有看到过这么大的奶水坑。反正损害已经造成了，在我们清理它以前你要不要在牛奶中玩几分钟？”

他的确这么做了。几分钟后，他的母亲说：“你知道，每次当你制造这样的混乱时，最好你还是记得把它清理干净，让物归原处。你想这么做吗？我们可以用一块海绵、一条毛巾或一把拖把。你喜欢哪一种？”他选了海绵，于是他们一起清理打翻在地的牛奶。他的母亲又说：“你在用两只小手拿大牛奶瓶上已经做了个失败的实验。让我们到后院去把瓶子装满水，看看你是否可以拿得稳它。”小男孩学到了，如果他用双手抓住瓶子上端接近瓶嘴的地方，他就可以拿住它不会掉。这堂课真棒！

幸福与快乐，不是父母给予的，而是孩子自己感受到的。快乐是一种体验，体验是任何人也代替不了的。让孩子从小体验快乐，成为一个乐观主义者，比形式上的任何成功都更重要。一位成功的母亲在总结教育女儿的经验时说：“虽然女儿的爸爸长期在外工作，一个星期甚至几个星期才能回来一次，我一个人既要忙工作，又要带女儿和做家务，从早到晚一刻不停，但我从不把苦和累挂在嘴上，相反我喜欢微笑，乐观地看待一切，并且变着法子给生活增添乐趣。每个周末我们都给女儿设置一个场景，体验一种感情，哪怕是在家里打扫卫生，也引导女儿参与其中，认识它的意义，所以，女儿的每一种感觉都发自内心，源于生活，每一篇周记都像一个精彩的故事，每一天的成长都写满健康和快乐！”

2. 学生好习惯的养成需要教师好习惯的引领

第一，教师要有好的工作习惯。好的工作习惯就是勤奋钻研，精心备好课，准时上下课，对学生热心、关心、细心、耐心，公平对待每个学生，认真上好课，坚持写教后反思和教学日记，及时认真批改好学生的作业，认真辅导学生等工作好习惯。

第二，教师要有好的学习习惯。作为一名教师，要养成不断学习、终生学习的习惯。要注意学习知识的深、广、新、专。深，是指精读教育理论著作，理清其来龙去脉，并能利用理论来指导实践；广，是指要多看各方面的书，要看得杂，就连学生喜欢看的书，教师也应该去读一读；新，是指要多看各类教育书报杂志，捕捉教育研究的前沿信息，掌握教改动态，了解教学热点；专，是指多看与自己本专业相关的书刊，提高自己的专业水平，在微观上调控工作实践。教师只有多方面学习知识，才能成为学生学习的组织者、指导者和参与者。

第三，教师要有好的思考习惯。作为一名教师，要经常对自己的课堂教学进行思考，要对教学改革进行思考，要对课题研究进行思考。

第四，教师要有好的写作习惯。要经常写教学笔记。对每堂课的教学成功之处和失误的地方，要及时记录下来，对教材有什么反思，或有不同的观点及更新的见解，要写成教学笔记或教学心得，逐步积累，建立自己的“资料库”。要经常摘抄资料。对各种教学报刊上新的观点、名家名句进行剪贴、归纳整理，录入个人电脑，形成自己的“信息源”。

要坚持写教育日记。把每天的教育教学、工作、生活以日记的形式写下来，日积月累，汇成“蓄水池”。

只要坚持每天写作，那么教育素材将越来越丰富，到写作时就不会出现“巧妇难为无米之炊”的尴尬局面，相反，还会笔下生辉，精彩的文章像源头活水一样汩汩而出。

第五，教师要有好的文书习惯。每节课教师要用语言去启迪学生的智慧，引发学生进入作者“心境”，这样不仅陶冶其情操，提高其觉悟，而且也提高其表达能力。教师的一言一行都是学生的楷模，所以，教师说话应该口齿清楚，用词正确，条理分明，生动活泼并尽可能讲普通话。教师的书写，字迹是否工整，字体是否秀丽，姿势是否正确，不仅对学生是个示范，也会影响教师的威信，所以教师不管是板书还是批改作业，都要力求书写工整端正，做学生的表率。再次，教师要有认真批改学生作业并及时讲评的习惯。要不断提高对学生作业指导的目的性和连续性。

第六，教师要有好的育人习惯。作为一名教师，不仅要教书还要育人。“育人”就是要深入学生生活，了解学生内心世界，挖掘学生心中那些真、善、美的需要。所以，教师应该经常深入到学生中去，和学生谈天谈地，让学生感觉老师就像朋友一样，可以无话不说，亲密无间。师生会生活在一种相互理解、尊重、关怀、信任的和谐气氛中，对教师的工作和学生的学习都有极大的促进作用。

3. 学生好习惯的形成需要课堂好习惯内化

课堂教学是学生养成好习惯的主要途径之一。“小”到执笔姿势、坐立姿势，“大”到做人的道理等，学生很多都是从课堂上学到的，尤其是随着新课程改革的不断深入，学生的自主学习、独立探索的能力得到进一步加强，学生的主体实践参与得到了更大程度上的发挥。课堂内教师抓住养成教育知识点，通过课堂讲解、示范、实践等生动活泼的教学方式，遵循知、情、意、行的认知规律，把系统知识的传授和行为习惯的养成有机融合，做到备课有目标，课后有教学效果反思。每一学科都充分发挥学科育人资源和优势，对学生进行全面的养成教育，巧妙地把学生预习习惯、书写习惯、记忆习惯、阅读习惯、听讲习惯、记录习惯、整理错题集习惯等常规学习习惯，培养内化为良好的学习习惯。

4. 学生好习惯的形成需要关注学生的细节

老子曾说："天下难事，必做于易；天下大事，必做于细。"这句话精辟地指出，要做一番事业，必须从简单的事情做起，从细微之处入手。俗话说："嫩枝易弯也易直。"这就说明了加强中小学生养成教育的重要性。尤其是低年级的孩子年龄小，知识少，各种行为习惯正处于形成之中，可塑性大，可变性强。教师要关注学生方方面面的细节，培养学生的行为习惯。

关注48个生活、学习等细节，养成良好习惯。

日常生活好习惯细节

(1) 早睡早起精神足——培养早睡早起的习惯

(2) 衣着整洁每一天——培养讲究卫生的习惯

(3) 早晚刷牙要细致——培养爱护牙齿的习惯

(4) 不用脏手揉眼睛——培养保护眼睛的习惯

(5) 每天锻炼1小时——培养锻炼身体的习惯

(6) 做事迅速不拖拉——培养讲求效率的习惯

(7) 用过东西归原处——培养物归原处的习惯

(8) 珍惜粮食不剩饭——培养勤俭节约的习惯

(9) 街头零食不乱买——培养健康饮食的习惯

(10) 零钱使用有规划——培养合理消费的习惯

(11) 衣食住行不攀比——培养不爱虚荣的习惯

学习好习惯细节

(12) 认真写字不潦草——培养正确书写的习惯

(13) 完成作业不马虎——培养认真细致的习惯

(14) 课前预习有准备——培养课前预习的习惯

(15) 课后复习要及时——培养课后复习的习惯

(16) 敢于提问和发言——培养上课发言的习惯

(17) 观察事物要细心——培养善于观察的习惯

(18) 善于动脑勤思考——培养善于思考的习惯

(19) 每天坚持写日记——培养勤写日记的习惯

(20) 学习方法常总结——培养发现规律的习惯

(21) 阅读好书不能少——培养经常阅读的习惯

品行好习惯细节

(22) 多为父母做些事——培养孝敬父母的习惯

(23) 礼貌用语挂嘴边——培养文明礼貌的习惯

(24) 尊重别人不轻视——培养尊重他人的习惯

(25) 不讲假话和大话——培养诚实谦虚的习惯

(26) 说了就要努力做——培养守时守信的习惯

(27) 不乱动别人东西——培养自尊自重的习惯

(28) 爱护身边动植物——培养亲近自然的习惯

(29) 公共场所不喧哗——培养遵守秩序的习惯

(30) 爱护桌椅公用品——培养爱护公物的习惯

(31) 喜欢东西不独享——培养与人分享的习惯

(32) 做错事情敢承担——培养知错就改的习惯

(33) 乐于关心帮助人——培养富有爱心的习惯

(34) 志愿活动常常做——培养有责任感的习惯

健康心理好习惯细节

(35) 与人交往会沟通——培养善于交往的习惯

(36) 赞扬别人有优点——培养取长补短的习惯

(37) 面对困难敢尝试——培养自信坚强的习惯

(38) 做事情要有始终——培养善始善终的习惯

(39) 调节压力不焦虑——培养乐观向上的习惯

(40) 自我克制不任性——培养控制情绪的习惯

(41) 喜欢明星不盲从——培养行为理性的习惯

自我保护好习惯细节

(42) 穿越马路要看清——培养遵守交通的习惯

(43) 懂得安全用火电——培养远离危险的习惯

(44) 不和陌生人搭话——培养防止受骗的习惯

(45) 健康上网不成瘾——培养健康上网的习惯

(46) 影视作品选择看——培养辨别是非的习惯

(47) 不沾烟酒和毒品——培养珍爱生命的习惯

(48) 会用法律护权益——培养维护权益的习惯

俗话说："冰冻三尺非一日之寒。"孩子身上的不良习惯并非一日形成，要改正它也绝非易事，所以，教师要用一颗宽容的理解的心去等待孩子改正错误，并与学生的家长配合教育。要懂得孩子改正缺点的规律：在前进中反复，在反复中前进。当学生初步形成了课堂学习习惯后，老师要充当"婆婆嘴"，反复抓，抓反复。

教师不仅要正确认识孩子成长过程中的各种问题，并且要充满热情和信心地鼓励孩子一次次战胜自己，并引导孩子从自己"犯错周期"的逐步延长或错误程度的逐渐减轻过程中看到自己点点滴滴的进步，体验进步的快乐，正确认识自己，进而增强继续进步的信心，直到最后完全改正错误，形成良好的习惯。这些办法都要坚持由浅入深，循序渐进，持之以恒。

【成功案例】

“邋遢大王”不邋遢了

——湖北省荆州市太晖小学“永恒的21天”学生良好习惯养成研究实验

课题研究小组成员：杨辉艳

俗话说：“习惯之始如蛛丝，习惯之后如绳索。”培养孩子的自理能力与良好的卫生习惯，首先要有充分的耐心，从小事做起，发现进步及时表扬。其次，家庭环境是学生行为习惯养成的主要因素，因此要和家长取得联系，争取家庭的配合。习惯的养成是一个长期的过程，经过21天的坚守、90天的巩固就可以彻底改掉一个坏习惯，所以需要坚持不懈地努力，一定要对孩子有信心。

个案：

五年级一班学生许志鹏（以下简称鹏鹏），一天到晚总是忙忙乱乱的，做事毛手毛脚，慌慌张张，丢三落四，每天上课总要把一些学习用具散乱地堆放在桌子上；书写习惯也不好，完全凭借个人兴趣；个人卫生习惯也较差，抽屉里、书包里总是乱糟糟的，加上他又有鼻炎，抽屉里常常放着大量的卫生纸，喷鼻涕时声音特响。因此许多同学都不喜欢和他坐同桌。甚至同学们私底下说他像动画片里的“邋遢大王”。因此他自己也非常苦恼。

原因分析：鹏鹏的爸爸妈妈平时工作繁忙，他多由爷爷奶奶代照生活，两位老人都非常疼爱这个小孙子，什么事都不让他干。长期的包办代替，让孩子逐渐丧失了自理能力，导致卫生习惯很差，不会整理个人物品，缺乏条理性，书写习惯时好时坏，缺乏自控性，这些都给他的学习带来了一些不良影响。

养成措施：

(1) 进行一次家访。针对鹏鹏身上出现的突出问题，进行一次家访。向孩子的爸爸妈妈、爷爷奶奶汇报鹏鹏在学校的表现，争取家长的理解和支持。建议家长慢慢地放手让孩子自己做一些力所能及的事情，并及时为他治疗鼻炎。比如自己收拾书包，每天睡觉前准备好第二天要带的物品，在学校喷鼻涕时注意他人感受，卫生纸及时扔垃圾桶，作业始终要保持整洁美观等。希望家长一定要对孩子有信心，积极配合学校工作，在21天里以太晖小学《永恒的21天》好习惯本为纽带，彻底让鹏鹏改掉这些坏习惯，成为一个全新的自我。

⑵ 和孩子谈一次心。我和鹏鹏谈一次话，先给予他闪光点肯定，平时他学校成绩不错，上课特爱举手发言，而且语言表达能力极强，常常迎来同学们的掌声。接着通过讲故事的方法指出他做得不好的地方，使他意识到不讲卫生不但影响身体健康，而且也会失去很多交朋友的机会。没有良好的书写习惯造成成绩不稳定，培养他良好的书写习惯。从培养良好的卫生、书写习惯入手，多关心他的生活，耐心纠正鹏鹏的不良行为，不能急于求成，要时时关心、时时指点，有进步就表扬鼓励，告诫他养成良好习惯的巨大作用，只要经过21天的努力及坚持，就一定可以成功。

⑶ 制订一个计划。老师利用晨会、队会或个别教育的时间，教育学生一个人不管做什么事，都应有一个周密的计划，先做什么，后做什么，事前做哪些准备、如何开始等，也可以教会学生在做事之前用一小纸条，写上自己要用的物品及时间安排，如做到晚上整理书包、早上出门前思考等，都会产生事半功倍的效果。我引导鹏鹏和他制订好了“21天的好习惯养成计划”，并让他认真地填写在了《永恒的21天》习惯本上。

⑷ 给他一份责任。放手让其独立，培养责任感。经过帮助和引导后，我让鹏鹏做1周的晨检工作。每天我把要检查的内容写在小纸条上，如剪指甲、衣着整洁、卫生纸放在书包里层、桌子上只放该放的学习用具等，其实也就是提醒鹏鹏自己做到这些。尽管鹏鹏有几次自己也做得不够好，但是我认为自己的教训是

最好的教训，自己亲身体验的经验是最好的经验。他逐渐改正了这些坏习惯。

(5) 给一个激励评价。为帮助鹏鹏树立自信心，及时鼓励他的每一次良好表现，有进步时就给予肯定，让他尝到学习成功的甜头。在《永恒的 21 天》习惯本上，适当的时候，我会用一些鼓励性的语言，如："试试你一定行！""你的书包整理得很好！""你做得很好很认真，同学们都应向你学习。"等等，对他进行鼓励与肯定，表现突出时，就在全班大肆表扬他，帮他树立信心。功夫不负有心人，通过训练，他慢慢变得由"你能行"为"我能行"。

(6) 找一个伙伴。纠正中要坚持老师关心与学生帮助相结合。除老师关心外，教师也要让周围的同学关心帮助他，为他找一个成长的伙伴，当他有不良行为时及时提醒他，当他有困难时及时帮助辅导他，使他真正体验到融入班集体的乐趣。在老师和同学的积极配合下，当他的个人卫生状况有改善时，老师都要及时肯定，并且循序渐进对学生提出更高一点的要求。

实验结果：

经过 21 天的努力，鹏鹏的卫生习惯、书写习惯和自理能力都有了很大的改善和提高，他每天都能带齐作业和学习用品，衣服穿得整齐干净，晨检工作也做得认真负责，作业还上了班级"优秀作业展"。爷爷奶奶也高兴地说："鹏鹏长大了，会干很多事情，再也不用家长那么操心了。""邋遢大王"再也不邋遢了，老师和同学们都由衷地夸鹏鹏是个品学兼优的好学生！

5. 学生好习惯的形成贵在持之以恒

著名的教育家叶圣陶曾说过："什么是教育？简单一句话，就是养成良好的习惯。"叶圣陶认为，教育的目的就是培养习惯。他说："我们在学校里受教育，目的在养成习惯，增强能力。我们离开了学校，仍然要从多方面受教育，并且要自我教育，其目的还是在养成习惯，增强能力。习惯越自然越好，能力越增强越好。"

我国教育家陈鹤琴先生也说：“习惯养得好，终生受其益，习惯养不好，终生受其累。”事实上，习惯是一种惯性，也是一种能量的储蓄，只有养成了良好的习惯，才能发挥出巨大的潜能。

但是，习惯养成绝非一日之功。美国心理学家研究表明：习惯的养成，是由被动到主动再到自动的过程。一个动作重复 21 天，才能形成初步的习惯，坚持 90 天，才能形成成熟的、稳定的习惯。习惯出效果，教育效果产生于最有耐性的坚持和无数次的反复之后。

古希腊大哲学家苏格拉底有一个广为流传的“每天甩手 300 下”的故事：有一天，他让孩子们学一件最简单的事，每个人都尽量把胳膊往前甩，然后再尽量往后甩，每天甩 300 下。第二天检查，全班几十名同学都做到了；1 周后，全班有 90%的同学坚持了；1 年后，就只有一个同学坚持了，这个孩子就是成为古希腊另一位伟大哲学家的柏拉图。所以，把简单的事情做好，就是不简单；把平凡的事情做好，就是不平凡。

养成教育是管一辈子的教育的良好习惯。智育是良好的思维习惯，德育是细小的行为习惯，素质教育更加体现在人的细小的行为上。大量事实证明，习惯是一种顽强的力量，可以主宰人的一生。孩子的一切都从习惯培养开始。

习惯是伟大行动的指南针。因为习惯于失败后的崛起，爱迪生用电灯照亮了世界；因为习惯于被否定后的努力，达·芬奇用色彩震撼了人类；因为习惯于追究“不知道”背后的秘密，牛顿用万有引力解释了地球存在的意义。

养成良好习惯之日，才是真正受益之时。在学校教育中，要重点培养孩子学习的好习惯、礼貌的好习惯、做人的好习惯、阅读的好习惯、卫生的好习惯、饮食的好习惯、运动的好习惯、劳动的好习惯、安全的好习惯等等。

习惯的培养是门科学。让孩子从一些低级的、束缚自己的不良行为习惯中解放出来。习惯的培养要小步子，快节奏，勤反馈，多实践，努力创造良好的健康校园，让孩子身心舒展思维活跃，随时获得关爱和帮助的生活。

习惯在不知不觉的成长中，长年累月的影响着学生的品德，暴露着学生的本性，左右着学生的成败。因此，在生活中，不妨试着去养成学生一些好的习惯。比如：习惯于主动打扫卫生，形成热爱劳动的习惯；习惯于说声“谢谢”“你好”“对不起”，形成以礼待人的好习惯；习惯于每天坚持锻炼，形成健美的体魄；同学交往中习惯于理解、宽容，便能化干戈为玉帛；习惯于去用心观察，才能形成好的观察能力；习惯于提前预习，课后复习，才能形成高效的学习方法……教育就是培养习惯，好的习惯是靠一点一点地积累起来。“积土成山，风雨兴焉，积水成渊，蛟龙生焉”。因为有好习惯很多看起来难解的问题也会渐渐变得容易。习惯就在这些小事中被放大，产生意想不到的力量，最终成就成功的人生。

（四）关注学生心灵的紧迫性和必要性

1. 是校正学生心理偏差的需要

现代科技把现代社会引入飞速发展的快车道，同时也把竞争、浮躁引入现代社会。功利浮躁的社会造成功利浮躁的教育。据《中国教育报》介绍：在我们这个地球上，每年大约有 100 万人死于自杀，平均每 40 秒就有一人自杀身亡。在中国同样让人感到揪心，大约每两分钟就有 1 人自杀，8 人自杀未遂。尤其令人震惊和关注的是，近两年青少年自杀呈明显的低龄化趋势。

近年来社会上各类青少年犯罪、离家出走甚至是自杀事件不时发生，暴露出青少年心理承受能力弱、自我疏导调控能力差等心理弱点，对教育工作者敲响了关注青少年的心灵、关注青少年学生的心理健康的警钟。如人际交往方面表现为感情冷漠，不愿和他人交往，甘于自我封闭，对人、对事都很冷漠；独立意识与合作意识弱，往往只用“好人”或“坏人”的单一思维去评价他人，辨别是非、美丑、善恶的能力较差等。有些学生缺乏最起码的交往能力，如事事处处以“我”为中心，对人苛求，好嫉妒，爱猜忌别人；拉帮结伙，攻击他人；胆小羞怯，不善与人沟通等等。这些不当方式都会给他们的日常生活及未来发展带来不利影响。

中科院心理所研究员、博士生导师王继胜从 1999 年开始，对全国高考状元进行跟踪调查，并对北京市 3 万名中学生进行了心理测试。通过调查发现，20 个影响高考的因素当中，排在第一位的是考生考试中的心理状态，第二位是考生考试前的心理状态，第三位是学习方法，第四位是学习基础。而备受家长注意的记忆力仅仅排在了第十七位。教育专家认为孩子的心理压力越小，让他自由发挥的空间就越大，在关键的时候就越能独立地处理一些问题，在关键的时候也就更能超水平发挥了。

2. 是引导青少年平稳度过“心理断乳期”的需要

现代社会的孩子都比较有个性，甚至有些叛逆。正好处在“心理断乳期”的中学生来说，最明显的是他们渴望独立，青春期的孩子碰上步入更年期的长辈，缺乏相互理解和沟通，这样很容易导致家庭不和睦，给孩子造成心灵上的伤害。

现在的中小学生大多是独生子女，因为生活环境的局限，独生子女渴望得到同龄人的理解和支持，因为同龄人一般生活内容相似、知识水平相当、有共同的爱好和兴趣。另外，时代的发展，生活水平的提高使中学生接触社会的机会增多，他们会通过各种各样的途径和方式广泛接触社会，交际的圈子呈一种拓展的趋势。这会给他们的健康成长带来许多好处，却也存在着“隐患”。由于科技的进步，网络在中学生的生活中已经占有很重要的地位，一些孩子由于在现实生活中找不到自己所要求的好友，转而向虚幻世界去寻求，这样他们往往将现实与虚幻的网络混为一谈，在现实世界中得不到友情的满足，而对陌生的网友推心置腹，这种情况是很危险的。所以正确处理好伙伴关系是很重要的人生一课。

师生关系是一种很微妙的感情关系，它可以亲如父母，也可以情同好友，从而使它带有别的交往方式所不具备的威严性、权威性、直接性，进一步说应该是一种超越代沟的朋友式关系，是平等民主的关系。如果教师能够认识到这一点并且善于利用，是完全可以开展好教育工作的。例如，对男女学生的交往，老师不妨试着以朋友的角色出发去解决，效果一定会好一些的。

【案例启示】

从前有一位国王，他有一个极为疼爱的儿子。因为他父王的疼爱与权力，这位王子可以得到一切他所向往的东西，然而他仍常常眉头紧锁，面容戚戚。

有一天，一位大魔法师走进王宫，对国王说，他有方法可以使王子快乐，能把王子的戚容变成笑容。国王听了大为高兴，对魔法师说："如果你能办到这件事，你要求的任何赏赐，我都可以答应。"

于是魔法师将王子领入一间密室中，用一种白色的东西在一张纸上涂了一些字迹。他把那张纸交给王子，让王子走入一间暗室，然后燃起蜡烛，注视着纸上呈现出的东西。做完这些魔法师就离开了。

这位年轻的王子遵命而行，在烛光的映照下，他看见白纸上面浮现出绿色的光芒，变成一行文字，这一行字是："每天为别人做一件善事"。王子遵照了魔法师的劝告，很快就成为了本国最快乐的少年。

启示：

一个人的生命，只有有助于他人，才能称得上喜悦与幸福。我们必须有所

“给予”，才能有所获取，生命才有意义。

3. 是消除家庭教育盲区的需要

当今中小学生大都是独生子女，父母的溺爱，加上爷爷奶奶、外公外婆的过分宠爱，使他们中不少人养成了娇生惯养、自私任性的性格，且依赖思想特别严重。忽视孩子心理健康是当前家长普遍存在的一个误区。他们错误地认为孩子不会有心理问题，尤其是小学生不懂事就更不会有心理问题。家长关注孩子更多、更重要的是身体、学习。评价一个孩子好坏，看待一个孩子成长进步，往往集中在一个焦点上，那就是学习成绩、分数。总觉得这两样实实在在，看得见、摸得着，有用。而往往认为心理健康是虚的，是可有可无的，可做可不做。究竟应该做些什么，从什么地方入手也是一无所知。

事实上心理疾病近年来有明显低龄化的趋向，根据数据显示，我国有20%的儿童有抑郁症状，其中4%的儿童被诊断为临床重症抑郁。重症抑郁最大的潜在危险是自杀行为，这便是现在青少年自杀事件不断发生的重要原因之一。这些问题不及时解决，将会对学生的健康成长产生不良影响，严重的会使这些学生出现行为障碍或人格缺陷。而家长在此时若缺乏正确的引导，缺乏与孩子的沟通、交流，那他们在心理上往往容易产生盲目的自满、自卑、厌烦等反常现象；在行为举止上出现暴躁、偏激、易怒等不良情绪。

教师培育、守护学生心灵须记的10句话：

为痛苦时的学生说句安慰话；为孤独时的学生说句温暖话；

为胆怯时的学生说句壮胆话；为受困时的学生说句热心话；

为偏激时的学生说句冷静话；为懒惰时的学生说句鞭策话；

为迷茫时的学生说句开导话；为沮丧时的学生说句鼓励话；

为受委屈的学生说句公道话；为自卑时的学生说句自信话！

学生培养、形成健康美好心灵须记的 7 条建议：

(1) 多学习心理健康知识——阅读有关心理卫生的书籍，选修心理健康课程，听有关心理健康知识讲座，参加学生相关社团活动。

(2) 多寻求心理帮助——利用咨询热线和咨询信箱多参与心理咨询活动，让专家和老师聆听你的心声，释放你的压力。

(3) 多读好书——不能掌握生命的长度，但我们可以挖掘生命的深度；不能控制生命的外延，但我们可以丰富生命的内涵。好的书籍如同一缕阳光，助你化黑暗为光明。

(4) 多听好歌——优美的旋律，健康的歌词，绕过我们心灵深处的角落，沉淀心中的繁杂，净化我们的心灵。

(5) 多与人交流——菁菁校园，青葱岁月，不论年龄、不论男女，让彼此畅叙衷肠，分担痛苦，分享快乐。

(6) 多给心灵一分关注——人生旅途，漫漫长路，需要我们从心开始，不断地审视自我，塑造健康美丽的心灵。

(7) 多给生命一点珍爱——生命是一个黑白的问号，需要我们用青春将它填成绚丽的彩色。把握生命，为生命拼搏，让我们的生命不会有遗憾。

(五) 关注学生心灵，让学生幸福生活的途径

孩子心灵的成长和孩子身体的成长一样，需要均衡的营养。身体的成长在正常的情况下，只要吃五谷杂粮，有足够的热量、蛋白质，孩子的身体会慢慢地长大。而孩子心理的成长同样需要营养，这个营养却常常被忽视了，有的甚

至就根本没有给予孩子。孩子心理成长需要十大营养：关爱、自由、尊严、个性、宽容、自信、和谐、关注、欣赏、信任。

教师注定一辈子平平凡凡、默默无闻，但教师关注的是一个个鲜活的生命，是青少年的心灵，是宇宙万物最神圣、最神秘、最具活力的对象……培养青少年求真向善趋美的心灵，引导青少年的生命健康茁壮地成长，这既是教师的责任，更是教师的幸福。

——著名教育名家张万祥

关注学生心灵，让学生在关爱中生活

著名教育家夏丏尊说过："教育之没有情感，没有爱，如同池塘没有水一样，就不能称其为池塘，也就没有教育。"现代人本主义心理学告诉我们"爱"与"被爱"就如同饮食起居一样，是人类的天性，对于成长中的少年儿童更是必不可少的"营养素"。

所有的技巧都抵不过爱学生，这是教育的真谛。无论是优生，还是差生，都是自己的学生，教师要有博大宽容的胸怀，不能有私心、偏心，要以心换心，一视同仁，平等而真诚地对待学生。教师对学生的爱包含了严厉的父爱、慈祥的母爱，体现了要求与理解，是学生划向胜利彼岸的船桨，是"教书育人"取得成功的最基本而又最关键的条件。老师在给学生爱的同时，还要说服家长不可粗暴对待孩子，要学会鼓励和欣赏孩子，表扬他们的点滴进步，要看到他们的闪光点，并适当放大，让他们体会成功的欢快。

感情是最具感染性的东西，老师一定要关爱暂时后进的学生，让学生感受到老师的一片真诚，并在老师细心的"爱"下树立克服缺点的信心，避免学生不良心理的产生，对暂时后进的学生，重在启发感悟，拨动心弦。

巴特尔说："教师的爱是滴滴甘露，即使枯萎的心灵也能使之苏醒；教师的爱是融融春风，即使冰冻了的感情也会使之消融。”教师要始终保持纯洁高尚的心灵、炽热温暖的心灵、坚毅不屈的心灵。教师要走进学生的心灵，用自己心灵的力量去温暖学生，教育学生，影响学生，使学生的心灵成为一叶不沉的方舟，航行在波澜起伏的大海上，闪烁着智慧的光芒！

【童话典故】

“态度岛”的传说

很久以前，生命中所有的态度，都住在一个美丽的岛上，因而称之为“态度岛”。这些具备个性的态度，包括希望、憎恨、怜悯、妒忌、愤怒、自负、爱等等，他们在岛上一同生活，建造自己的天堂。

有一天，他们发现身处的小岛正在沉入大海。

“各位，小岛正不断下沉，”心向其他态度宣布，“我和创造商量过了，我们要修船去找新的居所。在那里我会将土地卖给你们，然后在组织的带领下重建家园。我们必须离开此地。”

最先离开的是冲动和轻率，跟着是悲观，然后是消极。侵略和固执则为应如何做而大吵大闹。挫折和冷漠不久亦走了，他们觉得命该如此，对其他同伴争论应走应留感到厌倦。被动不想卷入如何挽救这个岛的争论，也跟着走了。态度们一个跟一个地随着船离开了岛，最后只有爱留了下来。爱对小岛的感情很坚定，他决定留守至最后一刻。当其他同伴纷纷离开时，爱则在岛上回忆着在这里的快乐日子。

小岛快要消失了，没有一个态度尝试挽救它，爱只有依依不舍地离开。他没有准备船只，只有向其他经过的船呼救。最先经过的是财富，他的船精雕细琢，是所有船中最大最快亦能航行得最远的。爱向财富喊道：“财富，你能帮我离开这里吗?”

财富说:“爱呀，我不能载你，因为我的船载了很多金银珠宝，载不动你。”跟着来的是自负。“自负，请你救我!”爱企盼着。“我也很想救你，”自负说:“但你全身湿透，会弄脏我的船的。”跟着他亦消失在大海中。

然后爱看到希望，“希望，请救救我!”希望说:“我希望你明白，我现在只希望这只船可以撑到对岸，对不起。”小岛一寸一寸地下沉了。爱爬到岛上最高的山尖，等待其他船经过，但山尖现在只剩下一个小丘了。爱看到悲伤驶近自己，便对他恳求:“悲伤呀，让我上你这条船吧!”

悲伤对他说:“噢，我太悲伤了，想自己一个人静静地过。”跟着来的是高兴，但他因为能够离开此地而太高兴了，根本听不到爱的呼救。恐惧驶近了，但他担心若被其他态度见到自己接载了爱，会被他们指指点点，最后亦没有伸出手。

爱向妥协求救，但妥协告诉爱要接受现实，与小岛一同沉入海底。爱向愤怒求救，但愤怒认为爱落到这样的田地是咎由自取，对其愚笨感到愤怒。一艘一艘的船驶近又驶远，爱却仍然未能离开，他的心亦跟着岛屿往下沉……

水已经浸到爱的胸膛了。突然有一个声音说:“爱，上来吧，我载你走。”爱大喜过望，立即跳进这艘肯救他的船。这艘船看起来十分老旧，饱经风雨的洗礼，但船身仍然坚固结实。爱因为太高兴，竟忘了问救他的老者是谁。

后来，爱向博学问道:“是谁救了我?”博学说:“是时间救了你。”“时间?”爱问:“时间为何救我?”博学说:“爱，你是所有态度中最伟大的，其他态度都不及你。你能忍受一切，你能承担一切，只要给你时间，你能治愈一切创伤。你知道的，只有时间能了解什么是伟大的爱。”

点评：

没有爱的财富，令人变得贪婪；没有爱的自负，令人与人之间的关系变得肤浅；没有爱的悲伤，令人变得以自我为中心；没有爱的快乐，令人失去怜悯；没有爱的恐惧，令人失去勇气和埋没良心；没有爱的妥协，令人对未来失去期望和信心；没有爱的愤怒，令人失去宽恕之心，而没有宽恕之心，无人能获得心灵的治愈。

你对身边之人的爱愈能经受时间的考验，他们便会愈喜欢你。记着，直至物换星移，也许你才会真正明白爱为何物。人与人相处时，总不免会有其他态度，例如愤怒、妥协、自负、悲伤等，但记着要以爱对待所有的人。只要时间容许，爱能真正改变生命。

第三部分

DISANBUFEN

XINGFU
ZAI XUEXI ZHONG ZHUIQIU

幸福，在学习中追求

一篇美文感悟时光，一个故事醒悟生命，一句哲理领悟价值，一本图书品悟人生。

全国著名特级教师窦桂梅说:“读书就是最高级的精神美容，读书就是最长远的备课，是最好的教学准备。”

“底蕴是书堆起来的。书读得多，不一定底蕴就深厚；但是，不读书、少读书，是一定没有底蕴的。”小学语文教学大师王崧舟如是说。

一个好教师也好，一个名师也好，无不皆是乐学于书中，乐研于书中，乐思于书中，乐成于书中。

书籍是人类宝贵的精神财富。热爱读书的人，知识不会老化；善于读书的人，才思不会枯竭。

作为教师只有读书，才能有源头活水，滋润学生的心田；只有读书，才能不断生成新的信息，以适应新课改。

学习是人类生存和发展的重要途径，终生学习是当代教师自身发展和适应职业的必由之路。“严谨笃学，与时俱进，活到老，学到老”是新世纪教师应有的终生学习观。所以，我们提出——学习是一个幸福好教师的源泉。

学以立身，习以养德。与书为友，天长地久。

一、学习力，当代教师的生存力

【案例启示】

王金战，中国教育界的一个领军人物，全国十大名牌教师之一。

他从山东省青岛市走到北京市的人大附中，由数学教师到副校长。2003年他带的一个班49名学生，37人被清华、北大录取，10人被耶鲁、牛津、剑桥等外国名校全额奖学金录取。

王金战到人大附中后，又跟随北京名师孙维刚听课1年。

他讲数学开始的一个月从不讲具体内容，而是讲数学的美和用途，结果学生学习数学兴趣大增，都迫不及待地要求赶快学数学，有的竟到入迷的地步。

之所以有那么高的升学率，还有一个重要的因素就是王金战把国家的招生政策研究得很透，他根据班上每个学生的特长情况给学生以指导，量身制订理想计划。

启示：

王金战成功的条件固然很多，但最根本的还在于善于学习，有着极强的学习力。本来已经就是名师了，他并不满足，又跟随北京另一位名师孙维刚听课1年，才有青出于蓝而胜于蓝之功。

学习力是一个人终生持续发展、不断完善的必备能力。现阶段我国中小学教师的学习力现状不容乐观。然而，当今社会，随着知识更新速度不断加快、教育教学改革的深入发展，一名教师要想真正发挥好“传道、授业、解惑”的作用却并非易事，这就关系到教师自身的学习力问题。教师学习力强，则能够与时俱进，及时更新充实新知识并创造性地运用到教育教学中去，适应新时期对教师的要求；反之，若固步自封、不思进取，在教学过程中年复一年地重复陈词滥调，照搬老的套路，这对教育事业的发展无疑是有百害而无一利。纵观并审视当前我国中小学教师的学习力，其中有许多问题值得关注和反思。

（一）对教师学习力的再认识

学习力被视为现代人基础性的文化素养，是伴随着个人一生的成长与发展的基本能力。学习力一般认为由 3 个要素组成：学习的动力、学习的恒力和学习的能力。

学习的动力体现了学习的目标；学习的恒力反映了学习者的意志；学习的能力则来源于学习者掌握的知识及其在实践中的应用。美国哈佛大学文理学院院长柯比曾经说过：“从来没有一个时代，像今天这样需要不断地、随时随地地、快速高效地学习。全世界在争论着这样一个问题：学校应该教什么？在我们看来，最重要的应当是两个‘科目’——学会怎样学习和学会怎样思考。”

个人的学习力，不仅包含知识总量，即个人学习内容的宽广程度和组织与个人的开放程度；也包含知识质量，即学习者的综合素质、学习效率和学习品质；还包含学习流量，即学习的速度及吸纳和扩充知识的能力；更重要的是看知识增量，即学习成果的创新程度以及学习者把知识转化为价值的程度。学习力是把知识资源转化为知识资本的能力。

1. 教师学习的动力

学习动力来自于两个方面，一个是内因，一个是外因。内因即一个人发自内心地渴望学习、渴望提高的心理要求，它是学习动力的主要来源。学习的外因即学习的外部动力，也可以说是外部压力，是一个团体或社会形成的学习氛围给人学习的影响，它包括社会发展造成的竞争环境、学校的政策导向、管理制度的约束、工作竞争等多方面的因素，在人们的学习中起着越来越重要的作用。

有学者通过调查研究发现，60%以上的老师在进修高一层学历，90%的老师在进行各种形式的学习。但同时，随着年龄的增长，自我学习的动力越来越弱。年轻人对工作充满激情，他们会不停地进行学习，期望自己尽快达到某个水平或实现某个愿望；到了中年，随着工作的稳定，教学艺术的提高，老师们自我学习的意识会有所下降，但更高的追求目标会促使他们进行学习，老师们会选择对自己的教学有直接帮助的内容进行学习。另外，在老师们学习的外部因素中，一个单位的管理制度、政策导向也起着非常重要的作用。比如有的学校实行教师职级化管理，根据老师的学历、工作情况、参加教科研情况以及发表的论文情况等对老师进行综合评定，确定教师的级别。此项制度的实施，引发了一场学习热，老师们自觉学习教育教学理论，积极参加教科研活动，主动要求承担科研课题，表现出积极的学习态度。

2. 教师学习的恒力

所谓学习的恒力即学习持久力。学习不是一时性的、阶段性的，而是终身性的。终身学习其实就是一个人活到老、学到老的学习过程，随着时代的发展，终身学习已经成为人们的必然选择。教师这个职业的特殊性，决定了教师将终身从事教育事业，也就决定了教师必然要成为终身学习者，因此需要我们教师始终保持学习恒力。

学习恒力可以从另一个角度阐释。在人的一生中，从小学到大学获得的知识，只是人生所获知识总量的5%～10%，其余90%～95%的知识都要在工作生活中不断学习才能取得。只有终身学习才能不断进行知识更新，才能适应社会的发展。而教师更需要知识更新，因为教师从事的就是传播知识的职业，如果我们不及时更新自己的知识结构，就很难完成对知识的传播，这就需要教师保持学习持久力。持久的学习力是不断获取新知识的源泉。持久的学习力需要培养锻炼，学校要不断为教师树立新的奋斗目标，要制订完善各项制度，促进教师产生学习的愿望，帮助教师树立终身学习观，真正做到活到老，学到老。

3. 教师学习的能力

学习能力简单地说就是从学习中获得知识的能力。学习能力是人的能力的一部分，也是非常重要的部分。联合国教科文组织终身教育局长保罗·郎格朗说:“未来的文盲，不再是不识字的人，而是没有学会怎样学习的人。”可以肯定地说，教师都是具备了一定学习能力的人，但不敢说教师都掌握了正确的学习方法，都具备了实现终身学习的能力。在这方面，教师应该重视并加强学习。学习能力的提高首先取决于教师自身，教师要充分认识到自己学习能力的不足，广泛地学习参考国内外关于学习能力的论述，学习掌握先进的学习方法，用先进的学习方法提高自己的学习能力。

（二）教师学习力的自我提升

【童话启迪】

有一天，素有森林之王之称的狮子，来到了天神面前：“我很感谢你赐给我如此雄壮威武的体格、如此强大无比的力气，让我有足够的能力统治这座森林。”

天神听了，微笑地问：“但这不是你今天来找我的目的吧！看起来你似乎为了某事而困扰呢！”

狮子轻轻吼了一声，说：“天神真是了解我啊！我今天来的确是有事相求。因为尽管我的能力再好，但是每天鸡鸣的时候，我总是会被鸡鸣声给吓醒。神啊！祈求您，再赐给我一个力量，让我不再被鸡鸣声给吓醒吧！”

天神笑道：“你去找大象吧，它会给你一个满意的答复的。”

狮子兴匆匆地跑到湖边找大象，还没见到大象，就听到大象跺脚所发出的“砰砰”响声。

狮子加速地跑向大象，却看到大象正气呼呼地直跺脚。狮子问大象：“你干嘛发这么大的脾气？”

大象拼命摇晃着大耳朵，吼着：“有只讨厌的小蚊子，总想钻进我的耳朵里，害得我都快痒死了。”

狮子离开了大象，心里暗自想着：“原来体型这么巨大的大象，还会怕那么瘦小的蚊子，那我还有什么好抱怨呢？毕竟鸡鸣也不过一天一次，而蚊子却是无时无刻地骚扰着大象。这样想来，我可比他幸运多了。”

狮子一边走，一边回头看着仍在跺脚的大象，心想：“天神要我来看看大象的情况，应该就是想告诉我，谁都会遇上麻烦事，而天神并无法帮助所有人。既然如此，那我只好靠自己了！反正以后只要鸡鸣时，我就当做鸡是在提醒我该起床了，如此一想，鸡鸣声对我还算是有益处呢！”

启迪：

在人生的路上，无论走得多么顺利，但只要稍微遇上一些不顺的事，就会习惯性地抱怨老天亏待我们，进而祈求老天赐给更多的力量，帮助我们渡过难关。但实际上，老天是最公平的，就像它对狮子和大象一样，每个困境都有其存在的正面价值。

有人说：“未来唯一持久的优势是有能力比你的竞争对手学习得更快！”学习力的提高除受一定的环境氛围的影响外，更重要的是靠教师的自我提升。

1. 增强学习的动力

有不少的老师认为，教学工作太忙，没有时间学习；也有的老师认为，教学内容年年重复，届届相同，没有必要学习；还有的老师觉得学习一些理论、经验与自己的教育教学实际难以直接联系，搬用别人的经验并不能产生相同的效果，所以学习没有多大用处……凡此种种，直接影响了老师学习的动力，也使老师逐渐变得平庸。

教师的学习是必要的，提高教师的学习力也是迫切的。根据投入和产出的原理，学习至少有两个重要的功能：一是即期享受，即在学习活动中或通过学习使教师在教学活动中享受到的因知识传授、情感交流等而获得的幸福、愉悦、成就感等等；二是社会性延期发展功能，即如果经常获得愉悦，会对其学习或进一步的成长形成良好的激励作用，从而使学习或教学过程的即期享受演变为社会性的延期发展功能。当然，把学习变成教学的能力有延时性的特点，正是这个特点，使一些人看不到即时效果因而放弃了学习。

2. 丰富学习的内容

教师的学习内容应尽可能丰富，学习才会有收获，也才会有趣味。第一是要读好专业书，只有读好专业书，教学才会得心应手，这一点不言而喻。第二是要读管理书。这可能有人不大理解，其实，教师不只是讲知识的，他首先是一个管理者，既需要管理自己，管理学生，管理课堂；也需要管理课程，管理时间，管理方法。多读管理方面的书，有利于自己驾驭教材，驾驭课堂，调动学生积极性，建设和谐的教育教学环境。第三是要读“闲书”，处处留心皆学问，“闲书”有利于开阔自己的视野，丰富教学的源头活水，使自己知识广博，使教学左右逢源，游刃有余，也可以提高自己的品位，增加读书的乐趣。

3. 培养学习的能力

马克思说：“时间是一切发展的地盘。”每天留给自己读书的时间，甚至留给自己读书的场所，做好读书的计划，突出一个“恒”字。李镇西给自己规定每天读 1 万字。按照一般的阅读速度，一般读物 1 万字只需三四十分钟，只要坚持，1 年就能读到 20 本书以上。爱因斯坦的很多科学创见，在很大程度上是产生于休闲饮茶之余的零碎时间里。

还要养成思考的习惯，读书要思考，观察要思考，工作要总结，突出一个“写”字，全国模范班主任任小艾说起她自己成长经历时特别强调写作对自己的重要作用，几乎每一个成就卓著的教师都是勤于动脑动手的人，魏书生之所以能取得如此大的成就，跟他上千万字的读书笔记和 30 多本专著是分不开的。

如果有机会，教师就要走出书斋，听讲座，搞实验，搞调查，突出一个“广”字。外出参观学习，参加各种学科活动，听讲座，进入网上信息平台，都能不断拓展自己的见识，并从别人身上学到知识，得到启发，受到鼓舞，为自己进一步学习提供动力。让鸟不能高飞的是有形的笼子，笼子约束了鸟的翅膀，遮挡了鸟的视线，改变了鸟的习惯，笼子使鸟不再有觅食的本领，不再有翱翔的志向。有形的笼子使鸟不再像鸟。让人不能前进的是无形的笼子，死板的教条，保守的观念，不知变通的思维方式，都是无形的笼子。这些笼子捆绑了人的手脚，阻碍了人的思维，无形的笼子使人不再有智慧的灵光。毁坏这些笼子，教师才能走上提高自己学习能力的道路。

（三）教师学习力的拓展途径

【童话联想】

一只狼卧在草上勤奋地磨牙，狐狸看到了，就对它说："天气这么好，大家在休息娱乐，你也加入我们队伍中吧！"狼没有说话，继续磨牙，把它的牙齿磨得又尖又利。狐狸奇怪地问道："森林这么静，猎人和猎狗已经回家了，老虎也不在近处徘徊，又没有任何危险，你何必那么用劲磨牙呢？"狼停下来回答说："我磨牙并不是为了娱乐，你想想，如果有一天我被猎人或老虎追逐，到那时，我想磨牙也来不及了。而平时我把牙磨好，到那时就可以保护自己了。"

联想：

做事应该未雨绸缪，居安思危，这样在危险突然降临时，才不至于手忙脚乱。"书到用时方恨少"，平常若不充实学问，临时抱佛脚是来不及的。有人抱怨没有机会，然而当升迁机会来临时，再叹自己平时没有积蓄足够的学识与能力，以致不能胜任，也只能后悔莫及。

我们常说"学习是最大的发展，培训是最好的福利"，但现实中阅读学习却常常变成了老师的机械运动或负担。一方面是学校硬性规定老师每周学习几个小时，记多少笔记，写多少反思；另一方面是教师抄抄写写，忙于应付。每学期学习笔记记了几大本，学习收获却寥寥无几。分析其原因，一切外因都要通过内因起作用，只有将外部刺激内化为教师的自觉行为，才是教师持续发展的动力源，也才能有效地促进教师的学习发展。如何激发教师的学习内驱力，让学习成为教师的自觉行为和内在需要，以主人翁的姿态来对待学习和自身素质的提高，应该成为引领教师学习的出发点和最终归宿。

1. 在行动中感受学习的成效

和学校规定的学习内容相比，教师往往更喜欢自己需要的内容，喜欢能学以致用的知识。有一所学校一直开展“学生习惯培养的课题研究”，老师们制订了具体的培养计划，但在具体的实践中却遇到了各种各样的问题和疑惑。一次课题研讨会上，有的老师推荐了《教育就是培养习惯》一书，书中生动的教育案例和深入浅出的教育理论激发了教师的思考和共鸣。学校没有布置阅读，老师们就争着读了。学校还倡导教师把阅读带回家，让阅读融入日常生活，积极建设学习型家庭。由此看来，引领教师学习，首先要问一问教师需要什么。学习内容必须从实践的需要出发，从教师的需要出发，使学习确实能够帮助教师在实践中改进提高实际的教学状况和生活质量。因此，在引领教师学习时，应注重把学习行为和教师工作、生活有机结合起来，使学习成为工作生活的重要组成部分，工作生活中的诸多问题又能在学习中得到解决。这样的学习会使教师受益更多，而且乐于参与。

2. 在分享中体验学习的乐趣

贡献与分享是教师学习的一种乐趣。也就是说，教师的学习不应是一个人的活动，而应是教师间的一种学习、交流和分享。分享的过程既是思想智慧的碰撞，也有交流共享的乐趣。有一所学校创办了一份《学习文摘》，每周一期，专门刊登教师阅读中发现的精美文章，有哲理故事、好书推介、课堂点击等栏目。每每读到好文章，大家就迫不及待地想与老师们一起分享，希望听到他人对文章的评价和思考。为了能让大家读到自己推荐的文章，老师们每天到阅览室读书就成了一种习惯，甚至很多老师自己掏钱订阅书刊。每次全体教师会，第一项就是校长和老师们一起学习“文摘”中的好文章。学校在校园网上还建立了“网络互动论坛”，以教研组为单位每周推荐教学研究文章，大家一起阅读、跟帖，交流学习的思考和收获，老师学习兴趣很高。这种相互贡献与分享的共同学习，增强了教师提高教学水平的自信与勇气，进而促进和生成教师学习的自觉性，激发了教师自主学习的内驱力。

3. 在活动中展示学习的成果

活动不仅是督促教师学习的一种形式，更是展示教师学习发展的舞台。在形式丰富的活动中，教师真实地感受到了学习带给自己的成功体验，这种发自内心的体验更加激发了教师不断学习、超越自我的信心和力量。“读书论坛”“演讲汇报”“学习成果展”“读书文化节”等，都是深受老师欢迎的展示形式。有的学校每学期期末都会在学校大厅组织大型的学习成果展示活动。老师们如数家珍般地展示出自己一年来学习的收获和进步，并从中享受着学习的乐趣和成功的喜悦。

当学习不再是“硬性的任务”，当“应付检查”不再是学习的主要目的，当学习成为工作和生活的需要，当学习变得充满乐趣，教师的学习就会像一日三餐一样充实、自然。

总之，教师的学习力是教育教学生产力。拥有和提升自己的学习力是教师增强智慧和魅力、不断提高专业能力，从而有效适应新课程要求的基础和保证，也是保持教师职业生命之树常青的根本能力。

二、发展力，当代教师的竞争力

【案例启示】

1965年，一位韩国学生到剑桥大学主修心理学。在喝下午茶的时候，他常到学校的咖啡厅或茶座听一些成功人士聊天。这些成功人士包括诺贝尔奖获得者，某一些领域的学术权威和一些创造了经济神话的人，这些人幽默风趣，举重若轻，把自己的成功都看得非常自然和顺理成章。时间长了，他发现，在国内时，他被一些成功人士欺骗了。那些人为了让正在创业的人知难而退，普遍把自己的创业艰辛夸大了，也就是说，他们在用自己的成功经历吓唬那些还没有取得成功的人。

作为心理学系的学生，他认为很有必要对韩国成功人士的心态加以研究。1970年，他把《成功并不像你想象的那么难》作为毕业论文，提交给现代经济心理学的创始人威尔·布雷登教授。布雷登教授读后，大为惊喜，他认为这是个新发现，这种现象虽然在东方甚至在世界各地普遍存在，但此前还没有一个人大胆地提出来并加以研究。惊喜之余，他写信给他的剑桥校友——当时正坐在韩国政坛第一把交椅上的朴正熙。他在信中说，“我不敢说这部著作对你有多大的帮助，但我敢肯定它比你的任何一个政令都能产生震动。”

后来这本书果然伴随着韩国的经济起飞而走红了。这本书鼓舞了许多人，因为他们从一个新的角度告诉人们，成功与“劳其筋骨，饿其体肤”“三更灯火五更鸡”“头悬梁，锥刺股”没有必然的联系。只要你对某一事业感兴趣，长久地坚持下去就会成功，因为上帝赋予你的时间和智慧够你圆满做完一件事情。后来，这位青年也获得了成功，他成了韩国泛业汽车公司的总裁。

启示：

这个故事告诉我们，并不是因为事情难我们不敢做，而是因为我们不敢做事情才难的。人世中的许多事，只要想做，都能做到，该克服的困难，也都能克服。只要一个人还在朴实而饶有兴趣地生活着，他终究会发现，造物主对世事的安排，都是水到渠成的。教师的发展也是如此，只要我们每天努力做好本职工作，上好每一节课，每一个教师都能成为好教师、优秀教师，甚至是名师。

发展，是当今中国社会的主题词及主旋律；发展，让中国教育发生前所未有的变化；发展，让人们觉得教育的意义与价值变得从未有过的重要。“人类历史越来越成为教育与灾难之间的赛跑”（美国社会学家威尔斯），教育不走在前面，灾难就会随之而来。发展，让教育既欣喜若狂又胆战心惊。快速变化及不断发展，将成为时代的特征；应对变化，求得发展，必然成为当代教师的竞争能力。由此看来，当今“教师的发展力”成了教师教育中越来越被人们重视的一个主题，抓住了“教师发展力”这一主线，学校发展、学生发展、课程改革等都将会大为改观。

（一）教师发展力决定其职业状态

教师是一个需要经过专门的教育、培训、学习、实践，并且要在整个教育生涯中积累经验、不断学习发展的职业。师范教育是必需的，它可以让未来的教师系统地学习学科知识及基本的教育教学原理。通过师范教育及相应的考试就可取得教师资格证书，但这个证书的获得并不意味着你是一位真正的老师——尽管你可以称为“教师”，教师资格证仅仅是进入教师队伍的入场券。它相当于长跑运动员的运动员证，运动员真正的价值及责任在运动场上。所以，真正的教师必须在岗位上不断地成长。

教师是一个需要不断积累经验的职业。几千年来，经验与知识几乎成了传统教师获得社会地位的主因。经验可以让一名教师逐渐成熟，应对大部分教育教学中的问题。教师成长的经典模式是“经验 + 反思”。但随着信息时代的到来，教师成长模式应是另一种状况，即“学习 + 反思”。教师只有依靠不断发展来成就自己。发展意味着自己不断更新知识，不断挑战自我，不断适应新的情况。今天，学生情况的变化已大大超过了教师们的想象，教师只有比学生更有变革力才能胜任教师这一工作。经验在教师的发展中依然有效，但经验已不是一套陈式，而是面对“在教育发展过程中发生预期的或非预期的千变万化中能够生存下去的能力”。

教师是通过发展来实现自我价值的。教师的理想、信念、智慧、才干、价值、活力……都体现在教师的发展之中。教师的发展与学生的发展是一个硬币的两个面，单向度地谈学生的发展而没有教师的发展几乎是不可能的。所谓“教学相长”并不难理解：教与学是相互促进、共同发展的。

教师的发展主要是指教师的专业发展，教师的发展是伴随着教师理念的提升、实践水平的提高而发展的。陶行知教育思想的形成也是有一个发展过程的，他从研究王阳明的学说“信仰知行合一的道理”开始，到杜威的“教育即生活”，再到后来的“行是知之始，知是行之成”，奠定了真正属于陶行知自己的“生活教育”理论。

李吉林老师的成长是同她对“情境教学”的探索分不开的，从“情境教学”到“情境教育”，再到“情境课程”，一步步地使自己走上了名师之路。

江苏省著名特级教师、正教授级中学教师王栋生说，教学之路如同探桃花源，是个无底洞，诱惑你朝前走。这个溯源的过程是不断积累经验、不断改变心智、不断自我超越的过程。学校也如车站一样，把一批乘客送走，又会迎来新的一批乘客，但每一批新进来的“乘客”与前面的一批有很大的不同，他们进入学校不是空着脑袋进入的，进入教室之前我们也无法把他们的观念与习惯“格式化”。教育必须要面对这些不断带着最新潮流及观念进入校园的学生。教师要读懂学生、接纳学生，就需要教师不断向学生、向社会、向世界学习，提高自己的学习力，在学习中求得发展。教师的这种不断学习、不断进取、不断自我更新、不断自我超越的能力，就是发展力。

教师的这种发展力决定了教师最终的职业状态，决定了对社会的价值。“那些致力于教育改革的人，就是那些致力于社会发展的人，那些致力于发展的人，也就是那些致力于进化事业的人”。在我们这个时代，这种发展力将显得尤为重要。能否做好教师，不在于你已经学了什么，也不在于你得到了什么荣誉，更不在于你取得了什么文凭，而在于你是否还能学习，是否还能发展。

（二）教师发展力提升的新视角

1. 教师发展要重视“道”的修炼

随着基础教育课程改革的进一步推进及教师专业的进一步发展，教师发展中的“道”与“术”的问题日益凸显出来。

“道”即事物的内在规律，它决定了事物发展的趋向。“道”是一种能隐含在体内并唯一可以把理念同行为融为一体的法宝。“道”是真正的核心竞争力。“术”即技术、技艺，它是解决问题的方式、方法，是人们行为处事的方式。

一些老师不怎么喜欢读书，特别是不喜欢阅读教育理论方面的著作，他们的口头禅是“这些东西能解决什么问题?”教师们在听专家学者的报告时，更希望专家学者能讲一些具有“实战意义”的教法，即对“术”的迷恋，而不愿接受宏观的教育观念及课程理论等方面的指导，即对“道”的排斥。殊不知，随着新课程的深入推进，缺少这些宏观的教育观念或课程理论的指导却制约了教师的专业发展，在一些由课改而引发的问题面前，教师们时常有一种无力感，不能用积极的心态去应对。

教学之“道”，是指能影响教师教学行为的教育教学的基本原理、基本规律以及教育的信念等。新课程的实施需要教师有新的教学之“道”，即一些能体现新课程精神的、教育教学的最基本的理念或理论，如新课程的目标、学科课程的标准、教学过程及教学评价的一些基本要求等等。教学之“道”提供给教师的是全面但又最基本的教学原理，它给人的不是片断知识或单一的方法，而是系统的知识结构及整体的思维方式，提供的不是“拼图中的散片”，而是“整个图景”。当人们在这样整体、全面、系统的框架下来理解事物或寻找解决问题的方法时，就变得容易得多。否则，人们不是陷入琐事之中难以解脱，就是走入歧途而不能自拔。

“道”与“术”是相互依存的，“理论的提高”与“实践的提升”是共生共赢的，过于偏颇一方，对另一方的发展都会形成制约。新课程背景下的教师发展，更应重视“道”的修炼，更应重视理念的提升与观念的更新。

2. 用学校制度来推动教师发展

教师发展如一列正在行驶的列车，车身由“学科知识、专业知识与能力、个人因素”等几个要素构成，路基是“教育教学实践”，车身周围的气流是指

“成长环境”。“学校制度”是“成长环境”中的一个重要部分。一个好的制度的建立可以保证学校各项工作的正常进行，并能让教师在一个公平、科学、和谐的环境中愉快地教学；好的制度的建立，还可以最大限度地发挥人的主观能动性，为有理想、有抱负、有才智的人的发展提供强大的动力。好的制度的建立可以形成一个和谐的人文环境。在这样的环境中，教师们不但能愉快地教学，同样也能尽情地享受生活。

任何制度都有一定的规范性或强制性，学校制度也一样。这样的规范性在教师的发展中是很需要的，如教师合作机制、教学研究制度、反思制度、读书制度，等等。制度本质是一种文化，一旦这样的教师发展制度成为教师们的一种习惯，一种自觉行为，它的力量就会体现出来。

在教师发展的制度建设中，要处理好“园丁工程”与“名师工程”的问题。在二者的关系上，我们应首先致力于“园丁工程”，因为教育是一个系统工程，凭个别“精英”是不能发展学校的。这当然是问题的一个方面。当教师队伍建设发展到一定阶段，也确实需要有这样一个机制能让优秀的教师脱颖而出，并利用待遇、感情、职业前途等因素，让这部分优秀的教师能安心、舒心地工作。这就是我们所讲的“名师工程”，这也是教师队伍建设发展到一定阶段的产物。有广泛基础的名师才能真正带动教师的整体发展。

3. 教师发展从“改善”做起

世界上没有绝对完美的人或事物，任何人、任何事都是在发展中逐渐完善的。50 多年前丰田公司还是一个毫无名气的纺织工业公司，如今已是独占鳌头的世界汽车制造大厂，让英美的一些老牌汽车制造商刮目相看，他们也不得不反过头来学习丰田的管理经验，丰田成为了世界制造业的标杆。

那么，让丰田称雄世界的法宝是什么呢？它的“核动力”是什么？其实很简单，它就是由丰田生产方式创始人大野耐一提出的“改善”。大野耐一认为，一处改善必然带动下一处改善，所以他提出:“改善，改善，再改善。”

在事物的发展中，大家期待“暴风骤雨式的革命”，认为这样才能发展得快一点，而对“和风细雨式的改良”却不屑一顾。然而，在事物的发展过程中，有序稳步发展是它的规律。这种稳步有序的成长，是事物发展的常态，是真正的力量所在。这种力量如水，具有水滴石穿般的力量。

在“革命”与“改良”或“改善”中，教师的发展方式更应是后者。教师的工作是平凡的工作，昨天与今天，从“工序流程”来看几乎没有多少区别。尽管按部就班也可以应对，但也需要教师进行不断改善，以期今天的工作比昨天更好。教师的改善是全方位的，它可以是教学方法的不断改良，可以是教学模式的逐步形成，可以是教育思想的渐趋成熟，可以是思维方式的逐渐转变……“改善”是一种永不满足、坚韧不拔、持之以恒、目标坚定、胸怀理想、脚踏实地的生命状态。

改善是一种力量，一种很难察觉无形式的力量，其力量是无可阻挡的。改善，其中蕴含了教师发展所需要的所有的品质。教师的发展就是在这样的“改善”中，而且主要在“自我改善”中实现的。

（三）教师发展的策略创新

“当一位教师与一名学生发生争执，作为校长该批评老师，还是该批评学生?”对这个情境性问题，相信许多校长会毫不犹豫地说当然该批评老师，并振振有词地说校长应与时俱进转变教育观念，确立学生中心地位。在这个问题上著名教育管理专家李希贵的观点是：关注学生首先应该从关注教师开始。

试想一下，一个精神饱满、学识丰富、专业扎实、情绪积极的教师走进课堂会是一番什么景象，而一个情绪低落、精疲力竭、垂头丧气的教师走进课堂又会给学生带来什么影响？情绪是会传染的，教师的精神状态影响着学生的精神状态，教师的气质、品德、学识、涵养、敬业精神等无不在潜移默化地影响着学生。

教师教育包括两个方面：一是对教师的教育，二是教师的自我教育。这两种教育构成了教师发展主要因素。教师发展是目标，而教师教育是手段，这样的“手段”应务实有效，切合教师实际。具体而言可以关注以下这些方面。

1. 让教师在组织学习中发展

从微观角度来看，教师工作确实是以“个体劳动者”身份出现的，如教师备课，在常规情况下是独立完成的，上课老师也是独立掌控课堂局面的，教材的处理、方法的选择、教学的进程等都由教师一人完成。但从宏观的视角以及整个学校教育来看又是另一种情形，现代教育中没有哪个教师可以胜任学生发展所需要的所有学科，现代学科知识不断更新、迅猛增长，即使同一学科老师也无法包揽所有学段，社会的发展已越来越让人们感到，学校及学生的教育已无法由一个人来担当了，必须要通过全体教师共同努力、团结协作来完成。

所以，教师越来越需要群体力量的支撑。在这样一个有组织的群体中可以发展得更快，因为组织学习有它的优势。组织学习构建的是有效的合作机制，其目的不一定是要形成统一的意见或观点，“与人们想象的情况相反，有效的合作文化氛围并不是以观点相似为基础，多元化才具有价值，因为可以获得不同的观点，并借助这些观点去认识问题的复杂性”。在这样一个氛围中，教师们可以学到更多人思考问题的方法，别人的观点你不一定认同，别人的建议也不一定采纳，但别人的智慧可以分享。

学校应高度重视组织学习的优势，组建多样化的学习型组织，形成学习共同体，建立共同愿景，让教师在组织中得到发展。

2. 让教师在课堂沃土中发展

课堂是教师发展的地方，课堂是教师成长的沃土，课堂也是教师的人生舞台，在这里展示着他们精彩的人生，实践着他们人生的理想。所以，教师的发展要重视课堂教学，特别在提高学生的学习兴趣与提高课堂教学效率上下工夫，要加强对课堂的研究，研究有效课堂教学的策略。

在课堂中求发展，教师们还需重视教学案例的积累，及时进行教学反思。一个临床医师要成为一位名医，需要丰富的临床经验及众多的个案积累，并能对这些个案作归类总结，无论是失败还是成功，都是一笔财富。同样，一位教师的成长也需要一定的实践经验，积累一定的教育案例，从而构建自己的实践知识，努力形成实践智慧。反思有助于解决各种新的教学问题，锻炼自己的教学机智，发展自己的专业水平，教师专业发展的水平源于他对教学反思的程度及深度。

学校应积极组织各种形式的课堂研讨活动，如会课活动、课例研究（对一节课进行多层面多角度研究）、同题课教学（“一课多人上”及“多人上一课”）、以课会友（与兄弟学校联谊会课）、与名师同台上课，等等。

3. 让教师在课程资源开发中发展

课程意识及课程开发能力，应该成为教师的一个基本素质，但长期以来并没有引起足够的重视。在我国台湾，教师很少有像我们一样的教科研活动，但他们能自己设计开发课程。他们开发的课程只要通过学校的审查就可以进入课堂。每到假期，他们要对不同的教科书进行评鉴，并从中选择、推荐自己最满意的教科书，写出推荐书，经学校同意后就可以在下学期使用。教科书的选择使用权在教师，这就要求教师具有一定的课程意识。抓好对“课程”的学习与研究，也就抓住了教师成长的关键。课程意识及课程开发能力在教师发展过程中，其作用虽然不能立即显现出来，但能起长久的作用，是教师发展的基石。

课程的开发能力将会提升教师的价值，课程的开发有利于教师理解课程的本质。校本培训应重视教师课程基本概念的学习，了解课程开发的基本知识及技能，熟悉课程开发的基本程序，培养教师课程开发的能力。

4. 让教师在评价激励中发展

教师专业发展也需要评价，评价是为了更好地发展，评价的目的在于促进和激励，实质在于解决教师专业发展的动力问题。学校对教师的评价不能仅限于对其教学结果的评价，即使用性评价。应把教师的专业发展特别是专业发展的过程性评价列为重要内容，通过展示课堂教学、教研成果、学习成果等形式，激励教师专业成长的自觉性和主动性，这样就能提高教师的教育教学效率，优化其教育教学方式方法，增强其教育教学工作的总效益。“教师不仅是知识的传递者，而且是道德的引导者，是思想的启迪者，是心灵世界的开拓者，是情感、意志、信念的塑造师；教师不仅需要知道传授什么知识，而且需要知道怎样传授知识，知道针对不同学生采取不同的教学策略”。因此，对教师的评价能够激励其不断发展、追求卓越，最终达到其教育教学优质化，优质教育教学常态化的目的，这才是重要目标。

评价的另一种方式是搭建教师专业发展的台阶。第一个是职称台阶，从中学初级教师到正高职称；第二个是学校台阶，包括教师的自我评价，学生对教师的评价，同年级组、同学科组成员的互评，年级组长、学科组长、学校中层领导对教师的评价，学校考核评价小组对教师的评价等。每个层面的评价都有详细的规定，每个层面之间有科学的连接，最终形成对教师一学年来的评价结论；第三个是荣誉台阶，除政府部门已有的优秀教师、先进教育工作者、劳动模范外，还可设置省、市、区级的教坛新秀、教学能手、教学骨干、学科带头人、名师等。评价是教师专业发展力的辅助因素，对教师的专业发展具有直接的催化作用。

三、研究力，当代教师的成功力

著名教育家苏霍姆林斯基说:“如果想让教师的劳动能够给教师带来乐趣，使天天上课不至于变成一种单调无味的义务，那就应当引导每一位教师走上从事研究这条幸福的道路上来。”

中国式的苏霍姆林斯基教师李镇西也说:“一个教师的成长，需要不停地实践，不停地阅读，不停地思考，不停地写作。”

由此看来，中外教育家都有一个共识：研究力，是教师走向成功的必由之路，也是走向幸福的必由之路。

（一）教师应研究什么样的问题

什么样的研究才是中小学教师所需要的？什么样的研究才是属于或者说适宜于中小学教师的？对这一问题的回答，直接涉及中小学教师教育科研的指向，关涉中小学教师教育科研的功能和定位。

提出一个好的教育问题是有效解决问题的关键。就教育领域的研究问题而言，好的问题应该是对学生、对自我、对社会具有“教育意义”的问题。中小学教师所研究的问题应该具有以下特点。

1. 应与教育实践相关

教师行走在“教育的田野”中，要充分利用“田野”中的第一手资料。教师所研究的课题应该源自学校生活。这种校本化的问题决定了教师多采用行动研究、叙事研究、调查研究等研究方法，通过收集第一手资料，形成对某一问题的认识，从而培养和提升自己反思和解决问题的能力。

中小学教育科研在研究中要有清晰的问题意识，明确地认识到，借助于研究想去解决学校的哪些问题，什么样的研究活动才能达到这一目的。许多学校的教育科研活动不能指向学校自身问题的解决，其原由在于所确定的问题并不见得是学校自身的问题，是学校发展中难以逾越的障碍。问题可能来自于专家，来自于理论论著，来自于其他学校。其实，在学校实践中，没有与教师日常生活紧密结合在一起的问题，也就不会有教师研究的冲动；而没有研究的冲动，也常常难以产生持续性的研究行动。中小学有必要把解决学校实际问题作为一切科研活动的根本出发点和归宿，作为检验中小学教育科研行为的最终依据，从根本上杜绝没有问题针对性的学校科研，从而跨越学校教育科研与学校问题解决之间的鸿沟。

2. 应具有教育价值

一个有意义的问题应该具有明晰的教育立场。它更多源自个人教育实践中的“遭遇”，对相关的个体产生了某种“触动”。对这一过程进行描述的过程就是教育他人或自我教育的过程。

中小学教育科研还存在另外一个至关重要的目的指向，即通过科研转变教师的教学理念和行为，汇总教师的教学经验，积聚教师的教育教学智慧，将教师从繁重的机械性工作状态中解放出来，让教师真正成为教育智慧的创造者。从这一目的出发，学校教育科研活动有必要密切关注教师的生活状态和职业生存方式，围绕教师的专业发展来展开。要逐渐做到：透视一所学校教育科研的成效，要看它在多大程度上改变了教师的精神状态，在多大程度上提升了教师的专业素养要看是否借助于科研活动，带动了教师队伍的建设，促使一些教师脱颖而出。

3. 应关涉社会现状

有意义的问题应该与学校教育、社会现实或区域文化密切关联。从社会、教育的新旧事物之间的“不一致”或者“冲突”入手，发现“真问题”的可能性就会加大。比如新课程与现有的学校课程管理体制之间存在冲突，找到两者之间的不一致，也就找到了相应的问题。

4. 应有不同的视角

就问题的提出而言，可表现为“新问题老视角”“新问题新视角”“老问题新视角”三种。比如，不少学校都以“校本教研与教师专业成长研究”作为研究题目，但由于本身没有新的视角，又未能找到新的问题，开题报告的内容大同小异，无法找到研究的切入点或者研究的“空白带”，难以开展有效研究。

以改进实践为指向的中小学教育科研，需要学校方面将科研作为学校发展的内在需求，改变科研可有可无、科研是教师“身外之物”的看法和认识，改变学校科研活动只是围绕一个固定的课题所做的单一周期研究的做法，改变学校教育科研为学校局外人所垄断的局面、将科研与学校发展的命运联系在一起，与学校特色的形成和品牌的创建结合在一起。只有这样，学校教育科研才大有可为，向科研要质量、向科研要成效、向科研要品牌才能真正得到落实。

（二）当前教师研究中的问题

现实中许多学校或教师的教育科研似乎在很大程度上“遗忘”了一个出发点：教科研的形态有了，但却没有直指学校的“痼疾”；教科研行为有了，但却没有真正解决学校的问题。这样一来，虽然各学校也忙于申请这样或那样的课题，但课题研究的成果并不能为学校所用；虽然各学校也倡导教师投入研究阵营，但这样的研究并没有切实转变教师的课堂行为以及与学生交往的其他行为，其结果是为研究而研究，为课题而课题。当今，学校教育科研活动中存在着一系列不良倾向。

1. 贪大求全

有些教师教育科研选择的课题常常比较宽泛，涉及因素众多，动辄就是学校的整体性变革或综合变革。在这样的课题中，一个大问题中关联着一系列小问题，并没有明确的目标指向，甚至没有鲜明的问题意识和线索。选择这样的课题以后，即使从事研究，各方面问题的探讨也多为浅尝辄止，有欠深入。真正的研究并非“大题小做”，而多为“小题大做”；教师的智慧也并非“一鹤冲天”，而多为“积小智成大智”。对局部的关键性问题脚踏实地的研究，所产生的辐射、互动、连带作用，有时远胜于浮在表面的面面俱到的研究。

2. 跟风追潮

一旦出现了一些新的动向或“潮流”，常常有一些教师闻风而动，做相应的各式各样的研究。创新教育一出现，不少教师马上以创新为题申报这样或那样的课题，好像课题名称上没有创新，就无法实施创新人才的培养一样。这种现象，一定程度上说明中小学教师的教育科研还缺乏主体意识，缺乏对自身面临问题的捕捉能力和洞察力，缺乏应对自身独特问题的勇气和智慧。独立确定研究问题，自主开展研究，是中小学教师教育科研的内在要求和规定。

3. 课题至上

“校校有课题，人人有项目”，一般被作为“校兴科研”的重要标志。当然，科研以课题的形式来表现，可以使研究在相当长的一段时间，集中相当多的人力与物力解决一个突出的问题，能够使研究有明确的方向，课题研究的成果也会较为突出地体现出来。但是，科研并不是课题的代名词，尤其是中小学教师的科研，随机的、偶发的、情境的、个别的问题都可以成为研究的对象。教师在实际教育教学活动中针对一系列具体、特殊的问题进行系统化反思，虽然并不在预定的课题范围内，但同样是有深刻价值的研究。“教师即研究者”是西方在20世纪五六十年代提出的一个命题，但从相关的资料看，在他们那里，中小学教师占主流地位的研究并非课题式的研究，而是日常生活实践的研究。

4. 论文情结

一谈到教育科研，教师就以为是撰写学术论文，似乎没有论文发表，就不能称之为研究。其实，论文只是教师教育科研活动成果的一种表现方式，甚至不是主要方式。中小学教师的研究也有自身独到的问题表达样式：案例、叙事、日志、反思记录等，都是教师教育科研活动的重要载体。它们既可以成为教师教育科研活动过程的记录，也可以成为教育科研活动结果的体现方式。中小学教师自始至终是生活在教育教学的现实场景之中的，他们的所思、所想、所感、所悟常常不是论文可以承载的，论文话语方式的抽象、叙述结构的刻板、论点论据的严整，是教师所不熟悉的，同时也并不见得是教师表达自身研究成果所必需的。

5. 穿凿附会

一些中小学教育科研，有时会不经意地向专业研究者看齐，想方设法地引用大量的理论文献，先介绍国外学者怎么认识，后分析国内学者有哪些观点，最后再谈谈自己的见解。似乎只有和精深的理论携手，才能彰显出研究的力度和分量。殊不知，中小学教育科研其独特的魅力并不在于验证某种既定的理论，其鲜活的生命力并不在于诠释这样或那样的专家论断，而在于教育科研之林中。之所以有自身存在的意义和价值，恰恰是对教育现场的把握和判断，恰恰是对教育事件所做出的意义分析。这样的研究也恰恰是专业研究者难为或不能为的。

（三）教师研究如何能出成果

近年来，不少一线教师在做好日常教学工作的同时，还积极进行课题研究，努力成为“研究型”教师。但一些教师选择的科研课题范围比较大，虽然花了很大气力，但很难研究出成果来。如一个乡村小学的教师也研究诸如“新课程背景下课堂教学有效性”这样的大课题。在选题的时候，不能贪大求全，要从实际出发，选择主观条件比较成熟的课题，选择客观条件比较具备的课题。具体地说，在选择和研究课题时要注意这样 3 点。

1. 题域窄一点

有一所学校，几位教师确立了一个课题叫“农村寄宿制学校建设与管理研究”，其实这几位教师只是负责学校的几个寄宿班，要研究寄宿制学校建设与管理，显然太大了，这个题目应该由校长或局长研究。如果改成“丰富寄宿生在校生活研究”则比较适合这几位教师。通常情况下，题域越窄，题目越小，越容易把问题讲透彻。题域越宽，例证说不清楚，道理讲不明白，面面俱到，点到为止，没有深度，难成佳作。

2. 格调新一点

现在一些教师做的课题研究，许多都是在炒剩饭，如“学校、家庭、社会三结合教育网研究”“语文读写结合研究”等等。其实，这些课题早已被好多学校、好多教师研究过，并已结题推广应用。现在再拿来研究的教师，又没有什么新的内容，这样的研究几乎没有什么意义。要想使自己的科研课题实用、有新意，教师就要做一个有心人，要有问题意识。其实大量鲜活的课题就隐藏在平时的教育教学活动中，教师要有一双慧眼，从自身的教育教学困境中寻找课题，从具体的教学情境中去捕捉课题，从与其他教师交流中发现课题，从学生课后生活中寻觅课题，努力做到人无我有、人有我新、人新我特。如在当前免费义务教育环境下，存在不少初中学生不领情、不感恩、不愿意读书的问题，对这样的问题进行研究并且寻找对策就很有新意。再如现在的学生逆反心理比较严重，师生关系比较紧张，一线教师不妨就这些问题进行研究，一定能出成果。

3. 研究深一点

教育科研课题必须研究深、讨论透，才能具有指导教育教学实践的意义。教师选择的课题首先要可做，适合自己的就是最好的。一线教师研究的课题，要与主客观条件相符，有实现的可能性。其次是能做。这就要求教师在做课题研究时，必须既有丰富的实践经验，又有较高的理论水平。为此，课题组成员要认真学习，勤于思考，以较高的理论水平和文字水平来驾驭课题研究。最后是想做。有些教师进行课题研究，虎头蛇尾，开题时轰轰烈烈，实施时马马虎虎，结题时冷冷清清，这样的课题研究是不会有什么效果的。为此，教师在课题研究中要始终充满激情和热情，要付出大量的时间和精力，绝不能走过场、玩花哨。在研究过程中，要收集好原始实验材料，包括阶段性报告、总结、个案分析、数据等，并发挥团队作用，群策群力做好课题研究。只有如此，研究的课题才能具有理论价值和应用价值。

（四）农村教师该如何搞教研

有人认为农村教师不能搞教研，这是错误的。其实，任何研究都始于“问题”。当教师在教学中出现某种“问题”或感到某种困惑时，都会想方设法加以克服，结合平时教学不断地去探讨、去解决，从中提高自身的业务能力。这样教师就踏上了一条由“问题即课题——教学即研究——成长即成果”的校本教研之路。

1. 把“问题”当做“课题”

搞教研强调解决教师自己的问题、真实的问题和实际的问题。不过，并非任何教学“问题”都构成研究“课题”，只有当教师持续地关注某个有意义的教学问题，只有当教师比较仔细地探究并有了解决问题的思路之后，平时的教学“问题”才可能转化为研究“课题”。

对于很多教师来说，搞教科研遇到的最大困难就是不知道从何下手，找不到合适的研究课题。教科研的目的和任务是为了提高教育教学质量，最终要落实到为教学服务这个根本上，因此教师在教育教学中遇到的问题就应该是要研究的课题。教师在实践中遇到的问题可以分为 3 种类型：一是直接性问题。就是需要直接面对、又必须想办法加以解决的问题，如学生的学习习惯好不好。二是探索性问题。就是将教育理论、教育观念、教育成果转化为具体的教学实践活动时所遇到的问题，如分层分类教学应该怎样操作、综合实践活动应该怎样开展等。三是反思性问题。这是具有“问题意识”的教师，为改进自己的专业水平，通过对自己教学行为的回顾和反思发现的问题，如“出现这些情况的原因”“应如何调整”等。因此，有效的教科研所研究的“课题”的产生过程是：教师在平常教学中经常遇到的困惑与问题，需要他们去探究、去解决的问题，这个问题就可以转化为课题。

2. 把“教学”当做“研究”

绝大多数的教育科研，最终都要在课堂教学中进行，即使是理论研究，其成果也要在教学中得到检验和应用。教学和科研是相互依存，相得益彰。而不是截然分开的“两张皮”。其实，教学活动就是在不断地探究、修改与完善的过程，已经伴随着科研的性质。有效的教学不是日复一日地简单重复，而是教师自觉学习新的教学经验和理论，充满激情的创造性探索活动。同时，还必须适当开展一定规范的教育科研，提升教育科研的水平。

(1) 精心备课——预设方案。首先，认真备课。从教科研的主题与目标出发，选定易于体现研究主题的教材，并确定研讨课的内容。了解这节课编者的意图，了解教材编排体系，弄清新的知识的内在联系，明确教学内容的重难点。其次，了解学生的学习情况，采取“以学定教”，突出学生主体地位。再次，预设教学方案。预设方案后再组织教师进行讨论，通过讨论交流进行取长补短，达成共识；然后由“执教者”集思广益，综合地设定教学方案。

(2) 上课试教——组织听课。推荐一位教师根据预设教学方案进行试教，其他教师要进行听课，做到既听又看，听看结合，注重观察。以便寻找问题与不足，并做好修改、完善等工作。还要对听看的信息进行整理与分析，为评课做好准备。

(3) 合理评议——充实完善。互动研讨课的评课，坚持客观性与指导性的原则。针对不足寻找解决问题的办法，提出合理的修改建议，与执教老师交流切磋。评价课堂教学要抓住两个看点：一是看教师的教。应观察教师教的 4 个角度：组织能力、调控能力、教学机智、练习设计。二是看学生的学。应观察学生学的 4 个角度：参与状态、交往状态、思维状态、情绪状态。

(4) 及时跟进——拓展再创。“互动研讨课”是在“真实的常态中，验证预设方案”。常见的有两种类型：主流是好的、成效较大的课；主流是好的、问题较多的课。问题的产生，有的是预设方案失误，考虑不周；有的是上课时经验不足，出现失误，或随机应变不强等。说主流是好的，是因为通过“互动研讨课”，最大的收获是激起了教师的思维碰撞，总有一份属于自己的感悟与发现。同时“互动研讨课”的根本目标是把新理念转化为日常的教学行为。因此，在以上 3 个环节之后，还需要“跟进——再创”紧跟其后，朝着目标与方向继续推进。总的要求是：对已取得的经验要进行重新审视、探索，从而获得更深入、更正确的认识，并转化为平时的教学行为转化为自己的教学行为，以促进教师整体水平的提高。

3. 把“成长”当做“成果”

教育科研成果既有目标指向性，又有过程性和生成性。在研究结束后，教师应该按计划对整个研究过程进行分析和总结，写出总结，提炼经验。把自己对教育科研的认识、体验、感悟写出来与同伴交流；把教学过程成功的案例记录下来，并用新理论加以剖析与同事共享；把教学过程经验总结出来，教学成果撰写成论文形式呈现出来与同行们共同切磋交流，从而不断从实验过程中总结出经验，并用它去指导平时的教学实践，以提升自己业务水平。还要不断进行反思。通过反思正确地认识自己，通过反思客观地评价自己，进而提高教师教育教学行为的自觉性。教师要想使自己的业务能力不断地提高，让课堂中的成功或失败能为以后的教学提供借鉴，也就是使经验得以提升，失误得以避免，那么实现这些最好的办法就是勤写教学反思。写教学反思既可以防止教育机智、教学感受的流失，避免教学中的“缺陷”与“遗憾”的忘记，也可以为今后的经验总结、行动研究提供鲜活的素材，促使有效地进行自评、自查、自省、自改，达到自主提高的目的。同时在研究的过程中，由于教师不断地主动学习最新教育研究成果，积极进行思考和创新，认真寻找有效的解决办法和教学策略，由此促进教师教育观念的转变、专业能力的发展、教学水平的提高，整体素质的提升。

【案例分析】

为何“探究不出来”

在“除法竖式”一课的课堂观察中，我们发现了一个令人困惑的现象。

教师设计了“24÷2”和“72÷3”两道例题。

教学过程中，教师首先用“分小棒”的方法讲解“24÷2”，把2捆（每捆10根）零4根小棒平均分给2个人。第一步先分2捆，每人得到1捆；第二步，再把剩下的4根小棒平均分给2个人，每人得到2根；第三步，把每人分得的1捆和2根相加得到最后结果12根；最后结合分小棒的过程写出竖式。

对第1个例题，学生几乎没有任何困难，很快掌握了这一方法。接下来教师出示第2个例题“72÷3”，要求学生自己用同样方法自主探究计算过程并写出相应的竖式。结果出乎预料，直至下课全班没有一个学生写出正确结果。课后教师反思时，认为这节课很失败，同时产生了一个困惑：“24÷2”与“72÷3”同为两位数除以一位数的除法，其竖式形式也基本相同，为什么第1个例题会了之后，第2个例题却探究不出来呢？

应当承认，这两道题确有很多相同之处，但这一案例说明两道题的思考过程一定存在很大差异，这种差异从表面上难以发现。为了找出这一差异，我们采用“要素分解”的方法。所谓“要素分解”，就是把构成一个整体必不可少的因素分离出来，通过对这些要素之间异同的对比，找出两个整体之间的异同。

不仅如此，第2个例题的8个思考点中有4个都与第1个例题不相同，都是学生在学习第1题时没有涉及的思考内容，这些自然就成为了学生思考过程中的障碍。比如，在第1个步骤“分整捆”的思考过程中，第2个例题有3个思考点，其中第3个思考点“把6捆小棒平均分给3个人，每人得到2捆”与第一个例题是类似的，要过渡到这个熟悉的思考点，还要经历“把7捆小棒平均分给3个人，无法分”和“把7捆小棒拆分成6捆和1捆”这样不熟悉的思考内容，其中的关键是要思考出解决“无法分”的办法，这对学生来说显然是很困难的。

学生学习可能出现困难的内容通常具有两个特征：第一，思考过程过于复杂；第二，与已有的知识和经验没有联系或相悖。第2个例题相对于第1个例题来说，同时具备了这两个特征。因此学生对第 2 个例题感到困难，也就不足为奇了。

如果教师在教学之初知道第 2 个例题中存在“无法分”这样一个思维障碍，将教学的着力点放在将“无法分”的情况转化为“有法分”的情况，不仅可以突破难点，还适时渗透了“化未知为已知”的方法论思想。

分析：

教师的一个重要职能就是“解惑”，解惑的前提应当是“知惑”。但在我们的教学中，“知惑”做得并不好。期待此例能引起教师对“知惑”的重视。

四、课改力，当代教师的优秀力

教师的课改力是指参加课程改革的积极性、主动性与改革的力度。一个教师是否优秀，在很大程度上取决于课改力。纵观古今中外的优秀教师，没有一个不是在教育教学上有突出表现的，如果按照陈旧的方法走老路，永远成为不了一个优秀教师。

优秀教师，必然是课改的先锋。课改有两种选择途径，一种是按照教育部门指定的课改主题，一种是自己确定课改项目。一般说来，大多数教师选择教育部门主导的课改内容，这样方向明确，能够得到理论指导，比较稳妥。自己确定课改项目难度较大，需要教师具有较高的教育教学功底，也具有一定的风险，不过这种课改成果更能够显示自己的课改力。

(一) 教师是课程改革最重要的角色

【案例一】

美国的“走向实践的运动”

美国著名的课程论专家、生物学家施瓦布继美国20世纪50年代末到60年代末所进行的结构主义课程改革失利之后，“痛定思痛”，历经14个春秋，建立了新的课程范式——实践的课程范式。这一课程范式从“实施兴趣”出发，提出课程是由教师、学生、教材、环境四个要素所构成，这四个要素间持续的相互作用便构成了“实践的课程”的基本思想。其中教师不仅是课程的有机部分，而且是课程的主体和创造者。教材作为课程的一个组成部分，只是处于教学媒体的位置。显然这种模式，改变了传统的“教材是课程的全部”的课程观念，也改变了过去教师只是“按照固定的目标来实施课程”而被排斥于课程之外，缺乏主体性而只能奴性地在课程目标之后“亦步亦趋”的实践模式。

这一案例对我们的启示就在于课程的实践（实施），教师不仅是其中的组成要素之一，而且作为主体，要与学生、教材、环境等因素发生相互作用，同时还影响着学生、教材、环境等因素之间的相互作用。

【案例二】

英国的“教师的研究者运动”

英国著名课程论专家斯坦豪斯在对泰勒的“目标模式”批判的基础上提出了“过程模式”。这一模式在本质上也强调实践的课程，课程要立足于实践，在实践中研究它、探索它。因而作为教学实践主体的教师必然要参与课程研究，而且要扮演双重角色：教师和研究者。教师要把教室变成实验室，把教学过程变成师生共同研究和探索的过程，还要把教学作为自身不断完善提高专业化水平的过程。

这一案例对我们的启示就在于教师不仅仅承担课程的实施任务，还承担课程研究和编制的任务，教师要与课程研制人员共同合作，以求得课程的发展和自身的专业提高。

【案例三】

我国的“活动课程”

在我国课程改革史上值得一提的是1992年将“活动课程”正式纳入课程计划。这一重大举措，打破了仅有学科课程的单一课程结构，改变了我们的课程观念，开阔了我们的视野。活动课程作为一种与学科课程相对应的课程类型，它的作用不仅表现为有利于学科知识的理解，有益于学科的知识和技能的迁移和发展，有益于各学科之间的有机联系，为学科知识的应用提供机会，而且更重要的是在于它提供了一种重要的学习方式。在这种学习方式中，更加关注学生的自主性，重视学生的直接经验，强调学生个性的养成。然而十分遗憾的是，自1992年以来，活动课程在中小学落实的情况不尽如人意，出现了许许多多偏离活动课程设置初衷，违背活动课程规律的现象和做法，误认为活动课程就是把课外活动纳入课表内，按上学科课程同样的方式来教活动课。

这些问题从反面告诉我们，没有教师的积极参与和培训，教师不掌握相关的课程和规律，不努力学习和研究，一项新的课程改革是难以奏效并获得成功的。

上述3例，从正反两个方面表明了教师与课程改革的“鱼水关系”。概括起来，教师要成为课程改革的主力军而不是障碍，可从3个方面来认识教师在课程改革中的地位和作用。

1. 教师——课程研制者

课程研制，主要有三大任务：规划（或制订）课程方案（或计划，核心是课程结构和课程设置）、制定课程标准（或教学大纲）和编写教材（主要是教科书）。对于课程方案中的课程设置，国家已从管理的角度，为加大地方和学校的自主权，明确了国家课程、地方课程和学校课程这三级课程。显然学校和教师在地方课程设置，尤其是学校课程设置中大有作为。提出学校课程其宗旨和要求就是要充分利用学校和社区的教育资源，挖掘教师的潜能，发挥教师的作用，从而设置、开发、研制出体现学校特色和教师优势的、有独自哲学思想和课程理念的课程。

对于课程标准，重点是要选择和确定课程内容。众所周知，选择并确定课程内容的一个最为重要的原则就是要符合学生的身心发展规律、符合学生的生活经验、符合学生学习的特点，违背这些原则的课程内容安排是注定要失败的。而这些原则的贯彻和体现，第一线教师最有体验，他们的意见最有说服力。

对于教材的编写，重在课程内容的组织。如何组织，在理论上有许多规律性的制约和原则性的要求。然而教材是提供给教师和学生用的（事实上主要是教师用）。教师要用教材所提供的材料、内容来组织和完成教学任务，实现教学目标。所以教材组织得如何，教师最为清楚。教师的教学实践经验能告诉我们，哪一些组织方式和形式是比较有效的，最为有利于教和学，最能实现教材的功效。

课程改革往往蕴含新理念、新方法，课程改革在实施过程中也经常会出现各种各样的新问题。这些都是过去的经验和理论难以解释和应对的，教师不能被动地等待着别人把研究成果送上门来，再不假思索地把这些成果应用到教学中去。教师自己就应该是一个研究者，教师在教学过程中要以研究者的心态置身于教学情境之中，以研究者的眼光审视和分析教学理论与教学实践中的各种问题，对自身的行为进行反思，对出现的问题进行探究，对积累的经验进行总结，使其形成规律性的认识。可以说，“课程行动研究”把教学与研究有机地融为一体，它是教师由“教书匠”转变为“教育家”的前提条件，是教师持续进步的基础，是提高教学水平的关键，是创造性实施课程改革的保证。

2. 教师——课程实施者

课程实施作为课程系统的一个组成部分，已得到共识，并成为我国在新一轮课程改革特色之一。但切忌把课程实施等同于教学，这两者虽有紧密联系，如可将教学视为课程实施的一个环节，但不是全部。它们分属不同的领域，有着不同的目的和价值取向，不同的研究侧重点和视角，乃至不同的研究目的和途径。课程实施即为把某项课程变革计划（或新的课程方案）付诸实践的过程，因而着重关注课程实践与课程方案之间的关系，这种关系在形式上虽表现为现实与理想、实现的结果与预期的结果等之间的关系，但其关系的实现过程是极其复杂的。对这两者之间关系的不同认识就形成了课程实施的不同价值取向。通常课程实施主要有 3 种基本取向。

⑴ 忠实取向。课程实施过程是忠实地执行课程方案的过程。衡量成功与否的标准在于课程实施过程对预定的课程方案的实现程度。实现程度高，则课程实施成功；实现程度低，则课程实施失败。

⑵ 相互适应取向。课程实施过程是课程方案与学校、班级实践环境在课程目标、内容、方法、组织模式诸方面相互调整、改变与适应的过程。显然课程实施后会有两种可能：既定的课程方案发生变化，以适应具体实践情境的特殊需要；或既定的课程实践发生变化，以适应课程方案的要求。

⑶ 课程创生取向。真正的课程是教师与学生联合创造的教育经验，课程

实施本质上是教师和学生在具体教育情境中创生新的教育经验的过程，既有课程方案只是为这个经验创生过程提供选择的工具。

由上可知，在不同价值取向下的课程实施中，教师的角色和作用是有所差别的。对忠实取向来说，教师是课程方案的忠实执行者，是课程的“消费者”，他要把课程方案的要求循规蹈矩地实施。显然，课程成功与否，教师是关键。在相互适应取向中，为使课程方案与具体教育情境相互适应，教师要对此进行一些适度的改变，要成为一个主动的、积极的“消费者”。显然教师所做的积极的、理智的改革，是成功的课程实施的基本保证。在课程创生取向中，教师是一个课程开发者的角色，教师连同学生一起成为建构积极教育经验的主体。

3. 教师——课程评价者

课程评价作为课程系统的一个组成部分，在理论上毋庸置疑，但在我国课程改革和课程系统构建中没有能充分发挥其自身应有的功能和作用。课程评价通常可以用在诊断课程问题、修正课程方案、修订教材、监控课程实施、比较各种课程教材体系、推进课程建设等多个方面。同时我们还要充分注意到应成为课程评价主体之一的教师在课程评价中的权威地位和主导作用。因为教师作为课程实施者，也就决定了教师在评价课程中有绝对的发言权和相当的可靠性、有效性。课程设置和安排、课程内容的取舍、教材的编排和体例等方面的意见和看法对课程建设来讲是十分重要的。

上述是从课程发展、教师参与课程建设的角度，明确了教师作为课程评价者的地位和作用；另一方面，从教师自身的教学工作角度，教师也要（不仅是应该而且是必须）直接参与课程评价。这里主要包括两个方面：其一是教师作为教学的主体之一，要遵循教学大纲（或课程标准）使用教材，展开教学过程，考核学生，所有这一切都离不开过程评价与结果评价，离不开内部评价与外部评价，离不开定量评价与定性评价，而且所有这些评价都要从课程的角度来展开。其二是教师在行使决策权时要以充分的评价为前提和依据。在一纲多本、乃至多纲多本的课程体制下，教师有选择课程方案、课程标准、教材的权力。教师的这些选择就是一个比较的过程、探究的过程以及评价的过程。

（二）怎样从有效教学走向优质教学

所谓优质教学，即高质高效、高水平高境界的教学，优质教学当然是有效教学，但有效教学未必是优质教学。有效教学只是我们对教学的基本要求，优质教学才是我们的追求目标，优质教学具备以下基本特征：

1. 深刻

深刻者，一针见血、入木三分也。“为了顺利地完成自己的任务，一个教师应当掌握深刻的知识”（赞科夫）。深刻意味着不只是把教材看懂，而是看穿、看透，从而挖掘出教材的精髓内涵。一句成语说得好，深入浅出。教师把教材钻得深，悟出来的道理就透彻，这样讲起课来就简单，也能够讲在点子上。正所谓“一语破的，一语解惑，一语启智，一语激情”。教师一句精辟的话，常使学生萦绕于脑际而终生难忘；一个生动的比喻常使学生抓住了知识的关键而茅塞顿开；一句幽默的批评常使学生放下包袱又惭愧不已。言不在多，贵在精当；语不在长，贵在适时；要语不烦，达意则灵。简洁是天才的姐妹，是智慧的象征。

一个科学家曾说过这样一句话：“科学的秘密就在于把复杂的东西演变成为若干简单的东西去做。”教师把课上得简单，实在是一种智慧、一种艺术、一种能耐、一种功夫、一种水平、一种境界，它绝不是把教学简单化了，而是把教学艺术化了、精良化了、高效化了。

总之，教师对教材钻研深刻，上起课来就会微言大义，发人深省，从而让学生听起来轻松，嚼起来有味。与深刻相对立的是肤浅，肤浅的实质是智慧的疲软，肤浅就像一锅三十七八度的温水，即没有沸汤那样的烫人，也没有寒冰那样的彻骨。因此，不要指望从肤浅者的教学中去寻找刻骨铭心的印象。

2. 独到

独到者，独具慧眼也。教师对教材要有真知灼见，能够于平凡中见新奇，发人之所未发，见人之所未见。这样，他的课就如同一首诗、一幅画、一段旋律、一项发明，是独一无二的创造，学生听这样的课就像是在独享一片风景。从心理学角度说，独到见解实际上是一种创造性思维，这种思维的特点之一是首创性。一位外国作家说：“第一个形容女人像花的人是聪明人，第二个再这样形容的是傻子。”首创性只承认第一，而无视第二，它拒绝雷同和模仿，鲁迅先生最欣赏第一个吃螃蟹的人，也即是这个道理。特点之二是独创性。独创性是思维最宝贵的品质，任何新见解、新观点、新理论、新方法都是独创性思维的产物，教师的创造性教学源于教师的独创性思维。

独到的东西总会给人特别的、难忘的印象。独到的对立面是平庸，平庸的特征是从众。平庸者只肯定别人肯定的，也只否认别人否认的。至于那些应该肯定而别人没有肯定的东西，他是断然不会点头的；同样，对于那些应当否定而别人没有否定的东西，他也不会带头说不。所以，一般来说，想从平庸者的教学中讨到什么让人开窍的钥匙，往往是徒劳的。

3. 广博

广博者，知识广阔博大也。苏霍姆林斯基在《给教师的建议》中说：“教师所知道的东西，就应当比他在课堂上要讲的东西多10倍，以便能够应付自如地掌握教材，到了课堂上，能从大量的事实中选出最重要的来讲。”“在你的科学知识的海洋里，你所教给学生的教科书里的那点基础知识，应当是沧海一粟。”的确，教师不仅应该是他那一门学科领域的专家，也应是博览群书的饱学之士。五洲四海，古今中外，上下五千年，纵横八万里，都应该有所跋涉，努力开拓知识面，深挖知识层，纵要深，像丁字形；横要宽，如宝塔状；纵横结合，双向并建，储学积宝。这样才有可能口含灵珠，游刃有余，讲起课来纵横捭阖，左右逢源，随手拾来，旁征博引，妙趣横生，见地别具，吐语不凡，从而给学生带来一路春风，使其如同进入一个辽阔、纯净甚至可以嗅到芬芳的知识王国，令学生流连忘返，全身心地陶醉。这样的课堂教学活动是教师在汲取人类文明史的丰富营养后，厚积薄发出来的艺术“精品”。它能让学生收到“听君一席话，胜读十年书”的奇效。

与广博相对立的是单薄、干瘪，知识贫乏的教师讲起课来干干巴巴，不善举例和比喻，不善联系和联想，不能把知识扩展和深化，枯燥乏味是其课堂教学的主要特征。

4. 启发

启发是有条件的，就事论事，照本宣科，是谈不上启发性的。只有当教师对教材有深刻、独到的见解，并对自己要讲的一切都烂熟于心，确信无疑，“使其言皆若出于吾之口，使其意皆若出于吾之心”，他在课堂上才拥有可供发挥能动性的自由度，真正做到游刃有余、指点有方、循循善诱，从而使课堂教学散发出磁性和魅力。这才是真正意义上的启发。

启发的最高境界是以灵性启迪悟性。富有灵气的教师善于激疑布惑，诱导学生向着未知领域探幽发微，把学生带进“山穷水尽疑无路”的困境，然后或抛砖引玉，或画龙点睛，或点拨指示，或目示点头，或取喻明理，使学生对问题心神领会，如入幽微之境，突见柳暗花明，豁然开朗。

5. 机智

教育机智是教师在教学实践活动中的一种随机应变的能力。俄国教育家乌申斯基曾说：“不论教育者怎样地研究教育学理论，如果他缺乏教育机智，他就不可能成为一个优秀的教育实践者。”这是因为，课堂教学是一个复杂的系统，它充满变化和问题。任凭事先如何周密的设计，教师总会碰到许多新的“非预期性”的教学问题，教师若是对这些问题束手无策或处理不当，课堂教学就会陷入困境或僵局，甚至还会导致师生产生对抗。而富有教育机智的教师面对偶然性问题和意外的情况，总能灵感闪现，奇思妙策在瞬间激活，机动灵活地临场应变。

教育机智就其实质而言乃是一种转化师生矛盾的艺术，是一种正确处理教与学矛盾的技巧，其要诀是避其锋芒、欲扬先抑、欲进先退、变换角度、以智取胜。表现在语言艺术上则是直话曲说、急话缓说、硬话软说、正话反说、严话宽说。

6. 绝招

名师常常身怀绝招，绝招使其教学锦上添花，如虎添翼，叫人赞不绝口。教师的绝招是教师教学特长中的特长，是对某种教学技艺精益求精、千锤百炼以至达到炉火纯青的地步，是一种令人叹为观止，甚至无人相匹的境界。如有的教师数学课从不需要圆规、三角板，但画出的几何图形，尤其是圆就像十五的月亮，丝毫未差；有的教师能根据课文的叙述，信手拈来，在黑板上画出栩栩如生的图画，再现课文优美意境，令学生十分惊叹；有的教师一笔潇洒流畅、秀丽多姿的板书，使学生羡慕不已；有的教师幽默风趣、妙语迭出，常引得学生忍俊不禁。

我们期待这样的教学：见解深刻、独具慧眼、旁征博引、循循善诱、充满智慧、精益求精。从有效教学走向优质教学，也就意味着教师从一般教师走向优秀教师，从普通教师走向教学名师，从经验型教师走向专家型教师。任何课程改革、教学改革都是对优秀教师、教学名师、专家型教师的呼唤！

（三）让教师从优秀走向优雅

【案例欣赏】

享受一流的教育

怎样才算享受过一流的教育？如果你置身如下的教育场景之中，就会获得会心一笑的感悟。

公开课前，执教老师端着一杯矿泉水，慢慢地从孩子的座位旁边走过，一边走一边说："请大家集中精力，注意品味空气中的香味。"然后他回到讲台上，把杯子举了举，问："哪位同学闻到了杯中水的味道？"有一个学生回答说："我闻到了，是香味儿！"他再次走下讲台，端着杯子，从学生的旁边走过，一边走，一边叮嘱："请你们务必集中精力，仔细嗅一下空气中的气味。"

过了一会儿，他第三次走到学生中间，让每一位同学都嗅一下杯子中的水。这一次，除了一位同学外，其他同学都举手说闻到了"香味"。

老师问那位"与众不同"的孩子："你为什么不举手？"

"我相信自己的鼻子！"他坦然作答，"什么味道也没有！"

"对！应该相信自己的鼻子！这是一杯矿泉水，一杯什么味道也没有的矿泉水。"老师充满激情地说："孩子，让我亲一下你的鼻子，好吗？"

孩子微笑着点了点头。

于是，老师蹲下身来，双手捧着他稚嫩的面颊，在他的鼻尖上，不，确切地说是在他记忆的深处，留下了经久不磨而又意味隽永的一吻。

顿时，教室里掌声雷动。

点评：

如果你置身此时此地的教育场景，目睹这激动人心的“一吻”，难道你仅仅会为老师富有激情的动作惊喜不已？难道你没有领悟到在这妙趣横生的动作背后还蕴含着一种肯定，一种对在人云亦云、随声附和的大合唱中独树一帜者的赏识，一种对独立思考与判断意识的赞美？

在这种赞美里，我们欣赏到了一流教育润泽心灵的大美——这是一种街道睡了而路灯醒着，泥土睡了而树根醒着，鸟儿睡了而翅膀醒着，肢体睡了而血液醒着的雪落无声的诗意美。

1. 让每个教师培养优雅的特质

“不让一个孩子掉队”，其前提必须是不让一个教师掉队。促进每一个教师的发展，应该成为素质教育语境下学校教师管理的价值取向。从优秀走向优雅，旨在使教师队伍建设的重心下移，在注重标杆引领的同时，关注每一个教师自主、可持续地成长。

一直以来，学校教师队伍建设多是以“优秀”为目标，致力于打造不同层次的优秀教师。然而，在实际操作中过于强调选拔和甄别功能，使“优秀”成为少数人的专利。由于过于关注教师的职业技能，表现出重技术、轻人文的弊端，产生了一定的负面效应。教师培养和评价制度的设计，如果仅仅满足和致力于少数教师的快速发展，这就注定“优秀”成为一种稀缺资源，在马太效应作用下，甚至可能为个别教师所垄断。资源的分配和占有严重不均，导致实现每个教师共同发展的思想基础薄弱，难以完成新形势下教师成长的责任和使命，在一定程度上影响了教师群体的专业发展。

基于上述认识，有些专家提出“成长比成功更重要”“伦理比技术更重要”“师生主动比学校主导更重要”三个命题，旨在让所有教师感受成功、享受成长，并以此作为转向“优雅”的有力的思想保障。

实现全体教师发展的根本在于每一个教师的自主发展。为此，要构建一个“合作学习、自主发展”的教师发展模式，努力打造教师成长共同体，实现从竞争型文化向合作和谐型文化的转变。学校可搭建师徒结对、同伴互助、团队合作、学校融聚、集团共享、专家指导六大合作平台，以此来实现每一个教师的自主成长。

草根研究是教师自主发展的不竭动力。教师们在教学中发现问题、生成课题、破解难题。比如，有的教师以“学生课外作业的有效性”作为研究内容，从课外作业的数量、作业的形式、内容、家校合作方式、作业订正的方法、学生按时完成作业的习惯养成、作业评价、作业小结 8 个方面 50 余个研究点做了系统、细致和有效的探究，使学生课外作业的有效性和教师的教学质量都得到很大提升。在研究中，教师们也重新体验和认识到教育的价值和意义，实现其专业成长。

这些平台的搭建，为教师自主成长提供了动力，指明了方向，教师成长态势良好，呈现出专业引领、自主内驱、团队合作的特征。同时，学校以有效的机制做保障，记录教师的成长足迹，唤起教师的参与热情和积极性。在此基础上，有的学校精心打造“成长论坛”，在激情碰撞中传递和分享教育教学思想与智慧。

实践证明，要让每一个教师都得到发展，必须在教师评价机制上大力创新。虽然，我们不可能把每个教师都培养成为学科带头人、省市级骨干那样的优秀教师，但我们可以成就和扩大每个人的优点和优势，让每个教师成为优雅的“自己”。

2. 让每个教师提升优雅的素质

“优雅”是一种素质，是教师外在形式美和内在精神美的高度融合。从优秀向优雅的转向，目的是促进教师和谐、全面地成长，使其达到“优雅”的高度。

优雅的教师，应该以儒雅示人，这是教师精神气质的表现。所谓“美在其中，神在其上!”这种“儒雅”，不仅要求教师具有精湛的专业技能，还要有独特的人格魅力和人文素养。

优雅，是教师心灵开出的精神之花。为此，有些学校高度重视并着力探索教师的精神培养方式，尤其是师德养成的人文路径。在实践中提出并着力培育生态校园的三味——书的香味、学的趣味、成长的幸福滋味。以“让心灵更柔软，让制度更坚硬”的管理理念，深度诠释和开发具有特色的“心文化”。“心有多大，世界就有多大”乃人生哲学，“从心灵出发并抵达心灵、润泽心灵、启迪心智”乃教育真谛。学校把“心文化”的方向和目标定位于熔炼“团队核心”，塑造“阳光心态”，探究“心育模式”。让“心文化”，成为每个教师的教育责任和文化智慧，使学校的人际关系和校园文化更加和谐。

“腹有诗书气自华”。有所学校在书香校园的建设过程中，以“四季三读”为要求，让教师：读教育，演绎完美人生；读学生，成就精彩事业；读自己，追寻幸福真谛。在寒假的“雪韵书香”活动中，教师们在享受闲暇的同时，静静地读一本书、做一次深刻反思，在寒假结束后精彩地做一期《成长论坛》的阅读交流。“读过四季”，让教师在季节的更替之间，阅读不同的主题。让教师们诗意阅读，真意感悟，乐意执教，快意生活，实现教师人文素养的提升。

文化如水，点滴积累并润物无声，滴水穿石。教师的人文素养日渐积淀并优雅释放。

3. 让每个教师具有优雅的品质

优雅是教师的一种幸福生活方式，是一种愉快心情、宁静心境、平和心态。让教师过有尊严、有秩序的生活，从而获得职业幸福感。

优雅是教师群体的一种生存状态，是生命对生存环境的直接反映。在物质匮乏、精神压抑、身体疲乏、心灵困顿的环境里，是开不出优雅之花的。优雅是养出来的，这就需要全社会的人文关怀，并且是基于生命整体的深层关怀。善待教师，就成为“优雅”生长的水土保障。

要让教师过有尊严、有闲暇的校园生活。尊师重教的大气候改造，考量着政府的治理智慧。但如何营造一个让教师从容自信、有教育梦想、有职业幸福感的学校小环境，则考验着学校管理者的水平。

心理学研究表明，教师对闲暇时间的拥有，比对物质财富的占有，更容易获得幸福感。教师闲暇如何得到有效保证，就成为学校管理的第一思考。为此，学校要规范办学，强化内涵发展，坚持走“轻负高质”之路；不按成绩分班，不在寒暑假、节假日和课外时间补课；开齐、开足国家规定的课程，关注全体学生，确保学生的休息和体育锻炼时间。学校的规范办学，既解放了学生，也解放了教师，让师生享有一种优雅的精神生活。

教师的精神发育，需要人性化的关照。为了让教师们享受课余的闲暇，轻松享受教研对话的乐趣，学校利用宽大的楼顶露台和宽敞的独立走廊，开发建设以“享受咖啡，享受工作”为主旨的“生态花园”。室外阳光、流水、游鱼、石刻、树竹、花草乃至蔬菜，表达了一种自然的存在；室内音乐、咖啡、茗茶以及精致的水果、糕点，涵养了一份教师的优雅。“生态花园”被教师们誉为生命花园、心灵花园。

优雅，是一种文化。从“优秀”走向“优雅”，让每个教师在专业发展和成长的道路上走得更好。

五、吸引力，当代教师的影响力

所谓吸引力，也就是对人的魅力，也就是对人的影响力。文章有魅力，读者就愿意多读；人有魅力，别人就愿意与之交往。一个教师若有魅力，学生就喜欢亲近他，聆听他教诲，正所谓《学记》有云：“安其学而亲其师，乐其友而信其道。”

一位有魅力的教师，能在生活、教学中追求美，创造美，更好地为教学服务，从而提高教学效率，提高学生成绩，培养学生高尚的审美情趣和创造美的能力。

一位有魅力的教师，能尊重学生，懂得呵护学生的自信，懂得用不同的尺子来衡量学生，善于发现学生的闪光点，用宽容的心态去接纳学生、亲近学生，以坦诚的胸怀去理解学生。

古往今来，大凡成功的教育家，无不是有魅力的教师。

被誉为万世师表的孔子是有魅力的。虽然，他的一生大多在游历或流亡中度过。但是，无论在多么困难的情况下，他的身边总是跟着许多学生，有些学生甚至终生陪伴他。即使在他死后，学生们还在他的墓旁搭起草房，守孝3年。3年之后，大家分别时都痛哭流涕、难舍难分，子贡不忍离去，独自又守了3年。

教育改革家魏书生是有魅力的。他把“民主”和“科学”熟练运用于学生、学校与教育行政部门的管理上，他游刃有余的原因，在于其独特的个人魅力和深厚的人文底蕴。他曾先后上过1000多节公开课，成为语文教学公开课听众最广的人。他跑遍了全国31个省、市、自治区及香港、澳门特别行政区，讲学1200多场，有些地方还专门成立了“魏书生教育思想研究会”。

（一）教师影响力的具体表现

教师的影响力，是指教师在与学生交往过程中，影响和改变学生心理、行为的力量。教师的影响力一般分为权力影响力和非权力影响力。权力影响力是指教师对学生的领导权、评价权、奖惩权，它具有明显的强制性、直接性和暂时性；非权力影响力是指教师对学生的一种无形的精神影响力，它对学生不具有必须服从的“法定”性质。非权力影响力远不像权力影响力那样具有明显的约束力、强制力，然而它却比权力影响力要广泛、持久、深刻得多。因此，教师在与学生交往过程中，应十分重视发挥非权力影响力。

在日常的教育生活中，教师们常常会发现有影响力的教师与无影响力的教师的不同：

场景一

两个教师，同样让学生帮助抬一批桌子。

有影响力的教师，在让学生搬桌子时，则会一呼百应，学生乐意出力。

无影响力的教师，在班上号召半天，招呼学生做事时，应者寥寥，局面冷清、尴尬。

场景二

有影响力的教师，早读不会去那么早，学生仍旧在读；无影响力的教师，教师在与不在冰火两重天。教师在时，可能会认真读一会儿，教师不在，则很多人在闲谈。

场景三

一个人高马大教语文的张老师与一个矮小文弱教化学的马老师在同样活跃的学生那里，获得的是不同的待遇：前者上课不停地发火，不得不停下来屡屡维持课堂教学纪律；后者则在学生含着专注与敬意的目光中进行，教学过程如行云流水。

为什么不具备影响力的教师与具备影响力的教师有如此的不同？前者的工作是炼狱般的煎熬，是件令人痛苦不堪的负担；而后者的工作则是轻松愉快的享受。

1. 品格影响力

教师的品格包括教师的思想、品德、人格、态度、作风、性格以及教师职业道德等各个方面。教师的良好品格是教育成功的关键。古人云："德高为师，身正为范。"德高方能为师，学生才能亲其师而信其道。可见，良好的品格对学生具有巨大的感召力。

俄国教育家乌申斯基说过："教师个人对青年人心灵的影响所产生的教育力量，无论是什么样的教科书，什么样的思潮，什么样的奖罚制度，都是不可能代替的。"因此，在思想方面，教师要有正确的世界观，远大的理想，积极的人生态度；在人格品德方面，要无私无畏，言行一致，光明磊落，表里如一；在生活上，要严谨求实，勇于探索；在作风上，要讲求民主，尊重别人；在文明习惯方面，要举止大方，庄重含蓄。上述这些优良品格，必将通过一些有形无形的渠道，汇聚成一股强大的精神动力，陶冶学生的品格、情感，起到潜移默化、春风化雨的作用。这种影响力远不是教师靠权力所能拥有的。

2. 知识影响力

教师知识包括 3 个方面。

(1) 基础知识。教师必须具备深厚的基础知识，这是教好书的前提。可以说，教师基础知识越丰富，越扎实，越能在教学中得心应手，掌握教育教学的主动权，把知识讲透，达到出神入化的地步，引起学生的钦佩。相反，基础知识功底差，滥竽充数，不可能受到学生敬佩。

(2) 专业知识。作为一个教师，必须具备特殊的教师专业知识。首先，应该有必要的教育学、心理学知识，以便正确认识、分析教育对象，了解他们的特点，把握他们的心理活动及规律，增强教育教学工作的科学性、实效性和针对性。其次，要掌握一定的教育教学技巧，掌握教法学法的有关知识，善于运用教育机智，灵活地驾驭课堂，做到游刃有余。再次，要掌握一定的语言知识，把握语言技巧，善用语言艺术，提高语言表现力。对学生来说，一个掌握了一定语言技巧、语言精湛、富于哲理和逻辑性、充满情感而又能打动人心的教师，是有着极大的征服力和感召力的。

(3) 其他知识。要想成为深受学生敬佩和爱戴的教师，不仅要有精湛的专业知识，而且必须有广泛的百科知识。这样才能在教学过程中旁征博引，置学生于知识的海洋之中，学生会感到由衷的喜悦，从而对教师产生敬佩之情。

3. 能力影响力

教师的能力是教师在教育教学实践活动中形成和发展起来的，直接影响活动效率，使活动的任务得以顺利完成的心理特征，可分为一般能力和特殊能力两大类。

⑴ 一般能力。主要指教师在教育活动中必需的一些基本能力，包括注意力、观察力、记忆力、想象力、思维力等。教师在这些方面的能力越强，其影响力也就越大。教师对事物敏锐的观察力，对教学知识精确的记忆力，会使学生赞叹不已；教师丰富的想象力，会使学生受到启迪，觉得进入了一个新天地。教师思维的深刻性、逻辑性、批判性、灵活性，都会给学生留下难忘的印象，使学生佩服之至。

⑵ 特殊能力。主要指教师的一种特别能力，即他在教育活动中表现出来并保证其活动获得高效率的能力。这些能力是多方面的，比如教师驾驭教材、驾驭课堂的能力；变换不同方法的应变能力；得心应手的组织能力以及因材施教的能力等。这些能力的高低强弱与教师的威望是一致的。

4. 情感影响力

古人云:“感人心者，莫乎于情。”认知心理学认为，人的认识活动是伴随着人的情感因素的，学生的认识过程和情感过程是有机的整体，教育教学过程是师生情感双向交流的过程。因此，教师在教学过程中必须充满对学生热爱的情感，这是教育成功的奥秘，是学生敬仰、热爱教师的奥秘。教师要尊重学生，关心学生，对学生要抱有亲切感、信任感、期望感，循循善诱，诲人不倦，教学中要以情感人，激发学生的情感。正如苏霍姆林斯基指出的:“只有当情感的血液在知识这个活动的机体中欢腾地流动的时候，知识才会成为信念，成为学生主观世界的一部分。”相反，对学生冷淡无情，不论你有再多知识、再大能力、再好的教学方法，你的教学都不会成功，你在学生心目中也没有地位，更谈不上学生对你会敬佩和热爱。

在教学过程中，教师不仅要善于运用权力影响力，更要充分重视和发挥自身的非权力影响力。只有这样，才能使教师本人在学生中得到尊重，进而使其教育活动获得成功。

（二）教师影响力的主要修炼

教师的影响力不是天上掉下来的，要靠自己的长期修炼，从哪些方面入手呢?

1. 教师的习惯

孔子曰:“少成则若性也，习惯若自然也。”习惯成就人生，习惯决定成败。

教师如何修炼习惯，全国著名特级教师贾志敏为老师们树立了一个学习的榜样。

贾老师的语文课，具备出色的言语示范性和敏锐的捕捉能力，当场诊断、训练，重点培养学生对语言的感知和感悟能力，提升学生的预感，这种强烈的语言意识，给人留下了非常深刻的印象。

有人问贾志敏:“你是如何练就这一身硬功夫的?”贾老师淡然一笑说:“作为教师，一走进教室我就有种感觉，我就是语文。平时我看电影、听戏、看话剧、逛马路，甚至与人交流，都处处意识到是在学习语言，运用语言。听到一句好的台词，在报纸上看到一个好的词语，我都要掏出本子，把它记下来，随后牢牢地记住它，在以后的教学中奇妙地把它们运用进去，久而久之，我就掌握了语言。因为我是小学语文教师，因此我千方百计走近孩子，了解他们的喜怒哀乐，哪些是他们喜欢接受的，哪些是他们感兴趣的，我常常揣摩学生的心理。因此，我的语言很容易被学生所接受。再有，我是南方人，普通话常说不好，我就虚心向别人请教，请教配音演员，请教电台的播音员，请教北京的徒弟，请教自己的学生，更多的是查字典。”

正因为贾老师的勤奋、刻苦，不断锤炼自己的口语，他以形象生动、机敏、睿智、充满亲和力的语言，展现了他鲜明、独特的语言风格和人格魅力。

有人说："当贾老师的学生是一种福气，听贾老师上课是一种享受。"贾老师在课堂教学中，以多样、灵活、生动、丰富的评价语言，使学生如沐春风，欣喜不已，课堂气氛总是生机勃勃。学生读完课文后，贾老师的评价语富有表现力和感召力。"读得真不错！""大家听了都在佩服你念得好！""这句子你读得多好呀！请你再读一遍，大家仔细听听！""老师都被你读得感动了。""你念得比老师还要棒！""到目前为止，你是念得最出色的一个！""老师觉得，你长大肯定能当一个播音员！"……如此生动、亲切的语言，学生听后怎么会不被深深感染呢？怎么会不大受激励呢？学生们跃跃欲试，一个个教学的高潮正是如此形成的。当然，作为学生，他们在课堂上的回答不可能每次都完全正确，这时，大多数老师便以"错了！请坐""不对！谁再来"这些语言来否定学生的回答，并期盼其他学生的正确回答。而贾老师则运用自己巧妙、机智的语言来纠正、鼓励学生回答。

有个学生给"姆"组词时说："'养母'的'母'"。学生哗然。可贾老师微笑着示意学生安静下来："你们别急，他没说错，只是没说完！"接着又转向那位学生，"你说得对的，是'养母'的'母'……"学生在贾老师的点拨下顿悟了，连忙说："是'养母'的'母'加上一个女字旁，就是'保姆'的'姆'了。"在贾老师不动声色的奇妙引导下，避免了学生的尴尬，这样的老师任何一个学生都会打心眼里敬佩的。有时，学生说错了，贾老师会说："说错是正常的，老师最喜欢说错的孩子。没关系，再说一下！"有时，学生重复了前几个同学的回答，贾老师也不会指责学生没认真听课，笑笑说："噢！你认为这很重要，再强调一下，对吗？"

人们都说，如果一个学生生活在批评之中，他就学会了谴责；如果一个学生生活在恐惧之中，他就学会了忧虑；如果一个学生生活在讽刺之中，他就学会了害羞；如果一个学生生活在鼓励之中，他就学会了自信；如果一个学生生活在表扬之中，他就学会了感激；如果一个学生生活在认可之中，他就学会了要有一个目标；如果一个学生生活在诚实和正直之中，他就学会了什么是真理和公正；如果一个学生生活在友爱之中，他就学会了这世界是生活的好地方。可见教师的言行习惯直接影响着学生的成功与失败，表扬学生还是批评学生，促进学生进步还是抑制学生发展，是我们教师应该思考的问题。

2. 教师的智慧

德国教育家第斯多慧说："一个差的教师奉送真理，一个好的教师则教人发现真理。"古希腊时期，人们把教师称为"智者"。韩愈说："师者，所以传道授业解惑也。"我国还有"授之以鱼，不如授之以渔"之说。教师要把自己的教育教学活动作为研究对象，及时记录教育教学活动中的事件，持续不断地对教育教学行为进行反思，从而汇总着自己的教育智慧，提升着自己的教育水平。同时，教师在教育教学中需要对细节和现象具有高度的敏感性，发挥自己的教育智慧。教师在教育教学中要善于运用智慧去发现、去关注，如发现一些教育教学亮点，关注随机出现的情境，不轻易放弃偶发性因素。这样教师将会在教育研究中拥有更多的主动权和自主权。

3. 教师的艺术

日本教育学教授佐藤学说过："通过和事物对话、和他人对话、和自身对话的活动过程，创造一种活动性的、合作性的、反思性的学习。"教学是一门艺术，听课也是一门艺术。

(1) 闲话的艺术。老师在课堂上说闲话，目的是在"消除距离"，消除老师和学生心理沟通上的距离，消除学生和文章作者心灵沟通上的距离。

(2) 激活的艺术。如果说“闲话”的目的在消除距离，“激活”的目的则是“唤醒”。这里关注的是两个问题：一是教师把解读作品的切入点选在了哪里；二是教师的课堂提问是否有效。

(3) 评点的艺术。“评点”重在“强化”和“调整”。教师的评点要及时、要到位，也就是要对学生的回答予以及时、恰当的回应，以便“调整”学生的思维。

(4) 拓展的艺术。“拓展”可以使课堂更“丰满”，解读更“透彻”。但是，需要提醒注意的是“度”，“拓展”不可少，但更要努力在作品本身的文字解读上多着力，避免花哨。

(5) 定位的艺术。一堂课要有明确的“方向”，要定下一个调，安上一个“魂”。

(6) 语言的艺术。说得严重一点儿，“语言”是教学的生命。有人说：“教师的语言直接决定着课堂上学生脑力活动的效率。”教师性格不同，语言风格也会存在个性差异，不能一概而论。需要提醒的是，词语贫乏固然不可，堆砌词藻一味华丽也大可不必。教师要学会对自己的语言进行修饰，也要学会对浮华进行“洗涤”。

(7) 点化的艺术。语文课应当有“重量”，这就要讲求“点化”的功夫。一堂课，如果能给学生留下受用几年乃至一生的“话”那可真是太好了，哪怕一句也行。

(8) 铺垫的艺术。教学要有“层次”，这就需要教师会“铺垫”，“铺垫”是教师的一项基本功。我们喜欢听马三立的相声，我们喜欢读汪曾祺的小说，他们可都是“铺垫”的高手。千万不要一下子把自己的东西像沿街叫卖的小贩儿一样兜售给学生，上课不比卖东西，急不得。

(9) 倾听的艺术。老师要善于倾听，同时还应注意培养学生学会倾听，这样才能营造出“和谐”的课堂氛围。课堂教学说白了就是“交流”的过程，“交流”不能让“倾听”缺位。教师要有耐心，强拉、硬推、死拽远没有“等待”的效果好。

(10) 空白的艺术。课堂教学要讲求“密度”，密度太大会导致“消化不良”。公开课最常见的情况就是“密度”太大，上课可不是老师的个人秀，学生的学习规律才是取舍的标准。有的老师生怕出现冷场，用自己的话填满了所有“空白”的时间，这样做就有些过头了。

(11) 书写的艺术。虽然文字的多少并不是评价板书优劣的唯一标准，但一切教学手段都应力求有效，什么时间写，写什么内容，都是很有学问的。一手好字也是老师教学能力的体现。

听课的目的是学习，而不是简单“克隆”。正如齐白石老人所说：“学我者生，似我者死。”

（三）魅力：教师最有效的影响力

教师的魅力具有强大的感召力和凝聚力，可以带给学生撼人心魄的冲击，甚至影响学生的一生。

【经典案例】

有一个秋天，北大新学期开学了，一位外地来的年轻学子背着大包小包走进了校园，他看见一位老人走过来，就迎上前去说：“您能帮我看一下行李吗?”老人爽快地答应了。那位学子就得以轻装地去办理各种入学手续。过了1个多小时，年轻人回来，看见老人仍在原地看着他的行李。年轻人大为感动，深深谢过，老人就离开了。开学典礼上，当主持人一一介绍在主席台就座的校领导时，年轻人惊讶地发现：那天给自己看行李的人，竟然就是北京大学副校长季羡林先生。年轻人在强烈的震撼中想到了这样的一句话：有魅力的学府，才是最高的学府。这位年轻人就是白岩松。

教师从哪些方面来修炼自己的魅力呢？

1. 拥有深厚的学识魅力

教师是先进的知识和文化的传播者。作为一名优秀的教师，必须拥有深厚的学识魅力，除了有学科的专业知识外，还必须要有广博的知识。一个拥有深厚学识魅力的教师，是指引孩子前行的一盏明灯，能给学生以博大精深的文化浸染，让学生在广阔的精神空间里自由驰骋；能够巧妙地将知识像涓涓细流一般注入学生的心田。

2. 具有丰富的情感魅力

我国现代著名教育家夏丏尊说过："教育没有情感，没有爱，就如同池塘没有水一样。没有水就不成为池塘，没有爱就没有教育。"因此，热爱学生、尊重学生、信任学生、严格要求学生是教师道德威信形成的根本保证。教师必须拥有丰富的情感魅力，才能以崇高的职业道德去关爱学生，才会激发学生积极向上的力量。作为一名教师要全心全意地爱学生，让自己像磁场般紧紧地把学生凝聚在自己的周围。

3. 为人师表的人格魅力

俄国教育家乌申斯基曾说："在教育中一切都应以教育者的人格为基础，因为只有人格才能影响人格，只有人格才能形成性格。"教师的人格对学生有着最具体、最直接、最深刻的影响。"德高为师，学高为范"是对教师职业道德的诠释。因此，每一位人民教师都应加强自身修养，不断学习，提高思想认识和道德觉悟，平时严格要求自己，以为人师表的人格力量为学生良好思想道德的形成贡献一份力量。

4. 举止优雅的形象魅力

教师文明的言谈举止对学生良好品格的形成起着推动作用。教师的一言一行都是内在素养的外在体现，都会给学生以潜移默化的影响，学生也正是通过这一点来了解教师的思想，“桃李不言，下自成蹊”。因此，教师应注重形象魅力的修炼，平时处处关注自己的言行举止，处处给学生做出表率，其一颦一笑、一举手一投足都会产生意想不到的教育作用。言教辅以身教，身教重于言教，学生受到影响，其不良的行为和习惯就能受到约束，得以改正。

5. 追求完美的思想魅力

一个人真正可贵的是他的思想，一个人真正有别于他人的也是思想。作为一名教师，有思想才有光彩，有思想才有魅力，有思想才有价值，思想魅力是教师有魅力的重要标志。因此，教师要在工作中自觉地去思考、去探究、去发现、去表达自己的见解，并适时总结、逐步磨砺自己的思想，从而成为一个有思想魅力的教师。

（四）如何增强教师的影响力

政治家运用影响力来赢得选举，商人运用影响力来兜售商品。

【经典案例】

刘老师是一名班主任。在开学的第一天，他抱着新书走进教室，正准备叫几位同学协助发书，突然注意到有几本书因为包装捆绑得过紧被勒出了深深的痕迹。多年的经验告诉他，此书不能轻易发下去，得先把这个问题解决。于是他对同学们说：“老师这里有几本书因为包装运输的关系，留下一些痕迹。”他边说边把一本有勒痕的书举起来让全班同学都看见，“那么，这几本书该发给谁呢?”

一会儿，同学们窃窃私语，刘老师请了几个同学发言。有的说，按顺序发，轮到谁，就是谁；也有的说，根据成绩，发给成绩差的同学；甚至有同学说抓阄……

终于有个同学说:“老师，发给我一本吧。”刘老师立即追问:“你为什么要一本呢?”“因为总得有人得到的，不如我要了吧!”刘老师听后，立即表扬:“让我们为她的这种为他人着想、宁愿自己吃亏的精神鼓掌!”全班立即响起了热烈的掌声。

正确的班级舆论导向初步形成后，刘老师继续“扩大战果”:“还有哪位同学愿意得到一本?”一些手举了起来，也有一些同学犹豫着，最后，全班同学的手都举了起来。孩子们心灵纯洁，有了榜样的力量，他们都会热烈响应。

刘老师微笑着对同学们说:“老师为我们班同学有这种精神感到由衷的高兴，但究竟这几本书该发给谁呢? 我们还是没有一个明确的标准。这样，我们来一次演讲比赛，大家做评判员，谁能把理由说得充分有力，谁就能得到一本。”一阵又一阵掌声，把教室的气氛推向了高潮。刘老师把每一种新颖的观点都归纳出来，写在黑板上，并且适时加以补充引导。

刘老师又“穷追不舍”:“我们集体生活中，还有哪些地方需要有这种吃亏精神呢?”于是班上又讨论开了：捡起不是自己扔的纸屑，分发东西不挑不选，肯干脏活累活……最后，大家评选出演讲的前三名，他们自豪地拿到了有痕迹的书，所有课本顺利分发下去了。

从案例中我们看到，刘老师并没有随意把书发下去，而是敏锐地捕捉到了教育契机，创设了一个教育情境，把几本有勒痕的书巧妙地转化成了一种荣誉的象征，起到了净化学生心灵的作用，形成了教育的影响力。

感悟：

从刘老师身上，我们有 3 点较为深刻的体会。

(1) 他不满足于事情表面的解决，而是从学生的思想入手解决问题，他没有把这件事情仅仅看成是几本书的问题，而是意识到生活处处皆教育，体现了灵活把握教育思想的能力。

(2) 他没有讲大道理，而是把问题交给学生，让学生讨论，并且注意发挥榜样的舆论作用，体现了他合理运用教育方法的能力。

(3) 他根据学生年龄特点，利用演讲比赛的方式激发学生的主动参与，把教育变成了学生内在的需求，体现了他因材施教的能力。

教师是职业更是专业。正是由于多年经验形成的教育敏锐感和专业素养，成就了刘老师的班级管理艺术，带动了他的影响力，提升了他从事教育与管理的水平。

增强教师影响力，可以从 5 个方面去努力。

1. 以“爱”生威

没有爱就没有教育。教师要有慈母心，爱是做好教师的催化剂。教师要热爱学生，学生会在心理上得到满足，从而乐于接受教育，这就是所谓亲其师才能信其道。爱是无声的语言，它能叩响学生的心门。

2. 以“情”辅威

做学生的知心朋友，与学生建立互相尊重、互相理解、互相信任的平等关系。多参与学生的活动。

3. 以“德”树威

加强道德修养，具有终生从教的敬业精神，刻苦钻研的探索精神，爱生如子的园丁精神，不甘落后的拼搏精神，不计得失的奉献精神，以一言一行，一举一动给学生施以正面影响，身教重于言教，做好榜样作用。

4. 以“才”强威

作为教师，首先要精通自己所任教的学科，做到业务过硬，又要具有扎实的基本功（如三字一话），还应努力做到既专又博，涉猎广泛，具有多方面才能。

6. 以“容”化威

教师要学会宽容，多用说服教育，切莫简单粗暴。要用一颗宽容之心去理解学生，给学生留下思考的时间和改过的余地。

（五）在细节中彰显教师影响力

1. 细节洋溢师爱，以深沉的师爱提升教师的影响力

首先，将对学生的体贴、关爱倾注在细节里。一位教师上课时发现某女生小便失禁，并未声张，而是趁其他同学不知情继续讲课，并端起讲台上的矿泉水，缓步来到该生面前“喝水”，“不小心”让矿泉水淋湿她的衣裤。随即，教师镇定地向她道歉，催她回宿舍换衣裤。教师的这一细节，维护了学生的尊严，化解了学生的尴尬，让学生摆脱了窘境，体现了浓郁深沉的师爱和博大深切的人文情怀。这样的细节将令学生铭记一生。

其次，将对学生的宽容、尊重倾注于细节里。于永正老师备受学生敬重，原因之一是他每次上课前，总要说“我喜欢发言错误的学生。”并在课堂上不遗余力地这样做。王文丽老师也是一名有影响力的特级教师。她在一次公开课上，成功地让一个素来腼腆的女孩当着4000多人的面流利地读好课文，还让全班同学懂得了“读书就不紧张了”。名师始终如一地宽容、尊重、信任学生，正是我们应当学习的。

第三，将对学生的赏识、悦纳倾注于细节里。渴望被赏识、悦纳是每个人根深蒂固的心理需求。有个学生刚转到魏书生老师班上时，语文只考了8分。魏老师摸清他的情况后，笑着对他说：“上课不听，作业不做，回家也不看书还能考8分，真是不容易啊！如果努力一下，考及格是不成问题的。”随后，魏老师让他自己看看只要努力记一下就能得分的题型，以后专攻那些题型。在魏老师持续地赏识、激励下，该生期末语文考试得了60多分。可见，只要我们持之以恒地理性赏识、真诚悦纳学生，定会带给学生深远的影响。

第四，将对学生的友好、善意倾注于细节里。《窗边的小豆豆》中，小林校长能够深刻地影响着巴学园里的每个学生，不是因为他苦口婆心地向学生讲了多少人生哲理，提了多少殷切希望，而是因为他愿意为学生高桥专门设计运动会，愿意整个早上陪学生小豆豆闲聊……教师要提高影响力，就必须带着童心走到学生中间，“蹲下身子”与他们对话、交友、做游戏，将对学生的友好、善意倾注于言行举止的每一个细节中。

2. 细节彰显“专业”，以精专的业务提升教师的影响力

“专业”是相对于“业余”而言的。正如治病最专业的是医生，开飞机最专业的是飞行员一样，教育学生最专业的理应是教师。然而，令人遗憾的是，恰恰由于部分教师在某些教育教学细节上的“业余”，导致了自身影响力弱化。以语文教学为例，有的教师习惯于一讲到底，将一篇美文分析得支离破碎；有的甚至把语文课上成政治课、科学课，毫无语文味可言。久而久之，在学生心目中，语文变得面目可憎，教师影响力微乎其微，也就在所难免了。相反地，贾志敏老师一个极其平常的教学片断，就淋漓尽致演绎了语文教师的“专业”：

师：能说说我们为什么要保护青蛙吗？

(板书：青蛙是______。)

生：青蛙是人类的好朋友。

生：青蛙是庄稼的好朋友。

生：青蛙是庄稼的保护神。

……

师：我把句子中的句号改成逗号，变成："青蛙是______，是______，也是______。"请你们说一句比较复杂的话。

生：青蛙是庄稼的保护神，是捕捉害虫的能手，也是人类的好朋友。

师：句子没有错误，意思也明确，可是读起来叫人觉得不太顺畅。

(贾老师请一高一矮两位同学分别站在自己的左右两侧。)

师：我们这样排队好不好看？

生：不好看！排队要从矮到高，矮个儿排在第一个。

师：对呀！人排队要有序，句子的排列同样也要有次序，现在明白了吗？

(学生恍然大悟，纷纷举手。)

生：青蛙是捕捉害虫的能手，是庄稼的保护神，也是人类的好朋友。

(台下掌声如雷。)

教师要想从根本上提升影响力，必须下功夫苦练教育教学基本功，让自己身上的每一个细节都变得更加"专业"。

3. 细节绽放智慧，以过人的智慧提升教师的影响力

(1) 让教育惩罚充满智慧。英国有个叫麦克劳德的小学生，对动物十分好奇。一天，他想知道狗的内脏的模样，就把校长心爱的小狗杀了观察。校长没有因此大发雷霆，而是罚他画一幅人体骨骼图和一幅人体血液图。不久，麦克劳德出色地完成了任务。这两幅图现收藏于英国皮亚丹博物馆。正是校长充满智慧的惩罚，让麦克劳德获得一次系统学习生理知识的机会。麦克劳德后来成为著名的解剖学家，通过研究发现了糖尿病的胰岛素治疗方法，并于 1923 年

获诺贝尔医学奖。错误与教育契机是对孪生兄弟。教师在面对犯错的学生时，一要制怒，宽容、善待学生，调整好自己的情绪，克制一切过激行为；二要珍视、开发、利用好错误这一重要的教育资源，把教育植根到学生的心灵深处。

⑵ 让教学细节充满智慧。名师的课堂，妙趣横生，内涵丰富，令人回味无穷。于永正老师上《庐山的云雾》这一课，进行师生赛读，三言两语就让学生心甘情愿、认认真真地把课文重点段读了十几遍，而且读得一遍好过一遍。这些就是教育智慧！教师要提高自己的影响力，就必须自觉砥砺自己的教育智慧，使自己的能力得到提升。

（六）在仪表上增加教师的影响力

教师应做到心灵美与仪表美相统一。仪表要做到自然、朴实、整洁、大方，适度的穿着打扮也是必要的。

对于教师，能听到的赞美很多，可是却鲜有人赞美教师的穿着和打扮。而事实上，有心理学家研究发现，当老师开始注重并改进自己穿着打扮之后，学生上课较以往更专心，学习兴趣更高，和老师关系变得更好更融洽。

教师的仪表怎么样，将会直接影响到孩子们在课堂上的学习效果。教师是孩子们心中最完美的偶像。俗话说“佛要金妆，人要衣妆。”一位优秀的教师，良好的外在形象是非常重要的。当教师走进教室、踏上讲台时，学生的目光都聚集在教师的身上。教师什么样的穿着，什么样的发型，都会成为学生视觉的焦点。

教育不是单一的知识技能教育，还包括态度、情感和价值观的教育，而正确的审美价值观无疑是其中的一个重要方面。教会学生学会爱美、欣赏美，并成为美的使者，不是仅靠向学生“言传”一些审美的知识就可以完成的，更重要的是通过“身教”让学生看到美的榜样、美的参照。对学生而言，教师的衣着打扮往往是一种无声的教育语言，也是整个教育环境的一个重要组成部分。作为教师，为人师表，衣着打扮，言谈举止，都要和自己所肩负的教育职责相吻合。

孔子曾经说过："君子不可以不学，见人不可以不饰。不饰无貌，无貌不敬，不敬无礼，无礼不立。"

1. 教师打扮的职业要求

在一个现代文明的社会里，任何时候，高雅、端庄、整洁、得体的衣着打扮都是一个人赢得他人和社会尊重的一项重要内容，教师尤其如此。

教师该如何着装，如何打扮，国家没有统一的标准，也没有具体的要求。但是作为教师，有一点是需要明确的，那就是要高雅、大方、整洁、得体，既不能花里胡哨，过于前卫、时尚，也不要过于守旧、落伍。

着装打扮虽然是属于个人的一种自由权利，但是作为社会关系中的人，个人的着装打扮应该符合社会对教师职业的基本要求。作为中小学教师，每天面对的都是一些心智尚未完全成熟的未成年孩子，这个年龄段的孩子，其好奇心和模仿能力都是非常强的，而教师往往又是学生"崇拜"的偶像。教师怎么穿着，怎么打扮，时时刻刻都在吸引着孩子们的眼睛。在好奇心的驱使下，学生们就可能去模仿自己的老师，潜移默化中，学生的精神成长都会受到一定的影响。一所学校就曾发生过这样一件事，有一个当班主任的男教师，留的是当时比较"时髦"的一种发型，结果一个星期之内，班级上的男同学都剪成了那种发型。因为，在学生眼里，教师的衣着打扮就是"美"的表现。

⑴ 把握好端庄与亲和的平衡。对于教师来说，把握好着装的尺度，在学生心中树立一个亲切温柔的形象，是着装打扮的重要准则，所以在整体形象上

应遵守端庄、整洁、大方的原则，同时还要根据自身的条件比如个人特征、身材条件、肤色特点等综合因素找准自己的形象定位，做到能让学生认同，同时也能让自己感觉舒服自然。

教师上课时要避免穿着款式和颜色过于醒目的服饰，这样会过于吸引学生的目光，使学生注意力不集中，建议尽量使用相邻色装扮自己，这样会给人朴素却不单调的印象。

既然外套不能过于鲜艳独特，教师们完全可以从配搭上进行平衡，比如一件稳重大气的小西服，就可以搭配一件鲜艳的衬衫、针织衫或者连衣裙。也可以用两三套相对沉闷的外套搭配多种颜色和款式的衬衫或者针织衫，只要保证内搭不是低胸或者是大开的 V 字领，质地和面料不是过于奢华，即使是隐藏在细节之中的时尚与潮流元素，也都可以尽情地搭配。

教师必须考虑到自己的穿着是不是太随意。如果教师在课堂上的衣着太过于讲求休闲和时髦，会让学生感觉到不正规或者说教师的品位低俗，那么教师在课堂上也难于调动起学生学习的兴趣和参与课堂的积极性。在中小学阶段，教师的榜样作用是非常明显的，教师的衣着习惯是学生心目中对某位教师形象的一个参照。过于休闲、流行、花哨，在学生心中自然而然地会产生对老师的厌烦感。教师不仅要衣妆，而且更要靓妆。这里的“靓”不是指衣着的外露，而是指教师在自身的容貌的基础上，根据教师的职业特点，通过恰当的服饰来装扮自己，使教师的容貌显得更美，更有利于教学的形象。衣服合身、发型恰当，女教师不浓妆艳抹。教师妆饰的要求：“重庄重、轻时尚，重简洁、轻华贵，重融入、轻装饰。”

(2) 要温婉不要麻辣。除了在服装的搭配上可以讲究一种端庄与亲和的平衡之外，在选择配饰时，可以使用一些饰品来巧妙搭配以提升整体气质，但是在授课的场合，毕竟讲台非 T 台，教师在选择配饰时也要有所注意。

比如，教师不适合大面积的佩戴黄金饰品和有彩度的耀眼的装饰品，而铂金饰品是教师的首选，一对精巧的小耳钉、一粒简洁的吊坠、一枚精致的胸针都会给人一种雅致的感觉。

而能让教师变得漂亮得体的最佳配饰，就是丝巾。千变万化的丝巾可以化腐朽为神奇，哪怕是一件再普通的衣服，都可以用一条小巧精致的丝巾使其变得光彩照人。

不过大的丝巾会影响写板书，各种各样小而精巧的丝巾则会使教师显得利落又不失美感。建议想要扮靓的女教师可以在衣橱里准备 5 ~ 10 条适合自己的不同颜色、不同花色的小丝巾，以适合春夏秋冬四季的搭配。

(3) 学生年龄段决定教师服饰搭配风格。大学教师的服饰搭配和中小学教师一样吗？当然不是。按照所教学生的年龄阶段不同，教师服饰风格还是该有一定的区别。

大学教师面对的学生已经是成年人，他们已经形成主观、成熟的审美观，所以对于大学教师来说，装扮更要格外注意。色彩方面要选择柔和的中性色调，尽量搭配有颜色的（非黑白灰），但外观上不要过于艳丽、张扬。另外，大学教师的群体里主要是讲师和教授，所以服饰上要体现学术性和专业性，穿着上一定要讲求品质感。

在秋季，可以选择一款简单的毛衫搭配一条单色的毛料质感的裙子。对于大学教师来说，大朵大块的图案和大条纹等夸张元素尽量不要出现在校园内，而小格子小水点或本色的面料可以作为选择。

中学教师，装扮上应该略微显得活泼一些，以拉近与学生的距离。面对处于青春期的学生，教师的穿着也要有颜色，但既不要太跳跃也不要太深沉，可适当运用当今流行的时尚因素，如加入时装元素的小西服，在领口、袖口或腰身处有略微的变化，但不要过于花哨，否则会转移学生的视线。

小开衫也是教师很得体的穿着，柔和色彩的开衫下搭裙装、筒裤或牛仔裤都可以。中学教师有时候会给学生一种慈母的感觉，女性味道十足的开衫会让学生感觉温馨和亲切。其次在配饰上也要简单一些，不要太多颜色和过于凌乱。

而小学教师则需要一些恬静、可爱的元素添加在服饰搭配中。小学教师服饰色彩选择很重要，干净的色彩是首选，黄色、青绿色、蓝色、暖淡粉色等都很适合，但要注意色与色之间的平衡，不要把同色穿到一起。

值得提醒的是小学教师服饰搭配中的可爱感不要占主要部分，有一点元素就可以，比如小碎花、小蝴蝶结、小蕾丝等，这些点睛的小细节会展现女教师母亲般的柔美可爱，小孩子也会很喜欢这种舒服的感觉。

另外，无论是面对何种学生，由于职业性质的原因，教师作为教学中的主导者一直是学生目光集中的地方。由于常常写板书，所以一定要注意腋下、腰身等细节的地方，不要穿无领无袖的，或者过短的上衣或低腰的裤子，而衣服的面料一定要有质感，切忌穿着薄、露、透的衣服。

(4) 教师化妆的基本原则。化妆，就是使用美容产品，修饰仪容，美化形象。通俗地说，化妆就是有意识、有步骤地给自己美容。有人曾经说过："化妆是使人放弃自卑、与憔悴无缘的一味最好的良药。它可以让人们表现得更加自爱，更加光彩夺目。"对于教师来说，同样不例外，男、女教师都有必要进行适当的化妆。

教师在工作岗位上应当化淡妆，实际上就是限定在工作岗位上不仅要化妆，而且只宜选择淡妆这一形式。因此，有人将这一规定简洁地叫作"淡妆上岗"。淡妆的主要特征是简约、清丽、素雅，具有鲜明的立体感。它既要给人以深刻的印象，又不容许脂粉气十足。总的来说，就是要清淡而又传神，自然、清新、优雅、整体协调，教师化妆的基本原则有以下 4 个。

一是常规性原则。化妆时，教师要遵守常规性的模式、规划与方法，要化符合教师身份特征的妆。①遵守常规。教师不能在公众场合化妆，如果在工作时当众化妆、补妆，不仅不庄重，而且会使人觉得教师对待工作用心不专。②运用娴熟。教师在运用化妆品时，要注意对不同化妆品熟练掌握。如香水的使用以少为宜，且涂抹部位要适当。涂抹位置限于手腕、耳垂等易于使之挥发的部位。判断香水是否过量的标准是：身上的香水味在 1 米以内被对方闻到，不为过量；若在 3 米以外，外人仍能闻到香水味，则肯定过量。③符合职业特点。教师是向学生传授知识的使者，因此必须使自己平易近人、有亲和力。体现在化妆方面，就是要求妆容朴实无华，宁淡而勿浓。否则就会给人以不稳重之感，让人怀疑其工作能力与工作态度。

若参加一些重要的庆典、仪式和社交活动，尤其是参加外事活动时，为了表达对交往对象的尊重和对活动的重视，女教师可比平时的妆化浓一点，例如，可以轻抹口红、淡描眉毛等，但总体是仍以淡雅为主。

二是时间性原则。化妆要视时间、场合而定。工作时间、工作场合只能允许工作妆（淡妆）。浓妆一般在晚上才可以用。外出旅游或参加运动时，不要化浓妆，否则在自然光下会显得很不自然。

三是弥补性原则。教师应该在正确认识自身条件的基础上，进行化妆技巧与方法的合理选择与搭配，其重点是弥补缺陷，即扬长避短。

每个人都有自身的身体条件，如年龄、身材、肤色、容貌等，因此，化妆时，一定要有针对性和弥补性，如同样的部位，在不同人身上往往需要选择不同的化妆方法。如果不考虑身体条件的不同，而采用千篇一律的化妆方法，或者盲目仿效时下流行的化妆技巧，则往往会贻笑大方。例如，画眉时稍许上挑一些是颇能增加女人味的。但如果自己的眼睛有些下斜，则不宜在画眉时画得太上挑了，否则自己的下斜眼和上挑眉一对比，就更显得眼睛斜得厉害了。

化妆是为了把自己最优秀的一面展示给其他人，因此，在化妆时要扬长避短，更重要的是避短。例如，一些教师若有轻微体臭，可洒上一些香水以遮蔽之，切不可喷洒过多过浓的香水，否则会使自己在学校中显得很另类。总之，在扬长避短时，都应当适度，否则会影响自己职业形象。

四是协调性原则。化妆的目的不是追求局部的亮丽，而在于表现个人的整体美。因此，身体各部分的化妆需要协调统一、整体考虑。教师要体现出健康的体形、优美的仪容以及充满活力的精神面貌，就必须在化妆时遵循协调性的原则。主要包括 3 个方面：①协调服饰。教师在化淡妆时，要考虑自己化妆的颜色与自己所穿着服饰的颜色相协调。另外，服饰款式的不同也需要选择不同的化妆方法。例如，身着一套牛仔装时，通常宜选厚实一点的化妆；而如果身着一套素雅的连衣裙，要给人以轻松之感时，则应选择清淡的化妆。②协调部位。一个人化妆的效果，是其各部位化妆后的整体显现。各个局部的化妆即使再成功，如果其相互之间难以协调在一起，那么该妆容也是失败的。③协调环境。不同的环境与场合，不同的自然条件、交际气氛，都要与化妆效果相协调、相适应。例如，教师在严肃或悲伤的场合，宜选用淡妆而不可浓妆艳抹、光彩照人。而在比较欢快的场合，则可在允许的范围内化稍浓一些的妆。

第四部分

DISIBUFEN

XINGFU
ZAI SHENGHUO ZHONG ZHUIQIU

幸福，在生活中追求

美国著名学者、教育家爱默生说："健康是智慧的条件，是愉快的标志。"确实，健康是人生最大、最宝贵的财富，世界上任何金银宝贝也无法与之相提并论，因为金银宝贝失去了可以再赚来，健康失去了就成了永恒的缺憾。

身体是革命的本钱，健康是一切幸福和成功之源。教师不仅要勤奋工作，也要勤奋地保养自己的身体，否则，身体就会因为保养不好而出现疾病，甚至出现身体"零件"提前"报废"的状况。一旦出现这样的情况，后果就无法弥补了。

万事好都不如身体好，这是一个恒定的自然法则，任何人都不能抗衡，只能遵守。可是有的教师不能很好地认识这个问题，往往只重视身体健康，而把健康体魄与健康的心境割裂开来。

教师的健康有着双重的重要意义。教师的职责是教书育人，育人的内容又包括了育德、育心，他们直接面对的是纯洁无邪的学生。要使学生心理健康发育，教师必须首先拥有健康的心态，心理不健康的教师往往"制造出"心理不健全的学生。所以，教师的心理健康对学生身心造成的影响，绝不亚于其教学能力对学生学业所产生的影响。

然而，对于健康，我们的教师实在说得太多，做得太少。

养身——从每一天做起；养心——从每一刻开始。

一、学会经营家庭

我想有个家，一个不需要华丽的地方
在我疲倦的时候，我会想到它
我想有个家，一个不需要多大的地方
在我受惊吓的时候，我才不会害怕
谁不会想要家，可是就有人没有它
脸上流着眼泪，只能自己轻轻擦
我好羡慕他，受伤后可以回家
而我只能孤单地孤单地寻找我的家

这首《我想有个家》歌曲曾唱红了神州大地，响彻大江南北，家喻户晓，人人吟咏。这首歌走红，在于唱出了人们对家的向往、对家的眷恋。

古人造“家”字的时候，很形象，“宀”下面一只猪，在古代有猪才是财富，可见，家是需要财富才能安宁的。那么“安”字呢，屋顶下面一个女人，可见一个好的家庭是要靠一个好的女人支撑，因为一个成功的男人是由女人这所好学校培养出来的，爱是世界上最伟大的力量！

家是幸福港湾，家是事业基石，家是心的归宿。

家庭需要经营，婚姻需要经营，情感需要经营。

有位研究家庭方面专家指出，中国有很多人不配做妻子，不配做丈夫，为什么？他（她）们没有学习过。只知道拿了结婚证以后，你是我老婆，我是你老公，却没有好好地经营婚姻。做妻子、做丈夫，是一个终生职业。如果驾驶员没有培训且考试合格就上岗了，那肯定是要闯大祸的。现在我们的夫妻之间呢？在很多婚姻家庭当中，就是因为有些人没有懂得如何做丈夫、没有懂得如何做妻子，也没有懂得如何做母亲、如何做爸爸，就开始上岗，这样必然会出现很多问题。

英国经济学教授奥斯瓦德的一项研究表明："结婚""生育"和"升职"是人生最快乐的三件事情，"至爱逝世""裁员"和"离婚"则是人生最悲伤的三件事情。深圳大学易松国教授对此分析认为："这些事项反映的其实就是人生的两个方面：一是婚姻家庭，一是工作事业。这说明，婚姻家庭和工作事业是人生中两个最重要的内容。这两个方面在人生中的地位首先是婚姻家庭，其次才是工作事业。"

当你疲倦时，不要忘记家中有杯暖暖的茶在等着你；当你迷惘时，不要忘记家中有朵鲜花宽慰你；当你感到幸福时，那是因为你有个家。

婚姻家庭，一般的人可能认为不用学习，无师自通，当婚姻家庭深陷危机时才感到一筹莫展，绝望无助。殊不知，婚姻家庭和工作事业都是需要用心去经营的！易松国教授指出，婚姻家庭既是人生中的重要组成部分，又是工作事业的后花园，为工作事业提供动力和避风的港湾。家庭不和对工作有很大的负面影响。应该说，与工作事业相比，婚姻家庭在人生中的地位同等重要甚至更加重要。而在经营家庭的过程中，也绝不单单是女性的责任，现代男性在婚姻家庭的经营中应该承担更大的责任。

一个幸福浪漫的家，不仅是一个舒适的环境，更是一种依托，家可以让人依靠，是我们心中最温馨的港湾，为之奋斗可以产生无穷无尽的动力。

作为教师职业，更需要一个幸福美满的家。因为教育是为孩子谋求幸福的事业，没有教师的幸福，难有学生的幸福；没有教师幸福的体验，难有学生幸福的体验；没有老师幸福的感悟，也不可能为学生创造幸福。

长期以来，人们只关心教师的工作，却很少关注教师的家庭幸福，以至于不少教师缺乏幸福感，影响教育教学工作。教师们一心扑在工作上，一切为了学生，很少顾及家庭，以至于不少教师是一名优秀的教师，却不是一个称职的丈夫、合格的妻子。

家和万事兴，工作才能春风得意。这一章，我们将为教师补上“家庭幸福”这一课，让教师在家庭和事业上都能感受幸福、享受幸福、创造幸福。

家，是归来时爱人递过来的一双拖鞋；
家，是孩子蹦跳着贴进怀中的笑脸；
家，是餐桌上冒着热气的一羹一饭；
家，是床头灯辉映下透着甜蜜的双人床；
家，是浓浓的爱语；
家，是絮絮的唠叨；
家，是一页一页翻过去的琐碎的日子；
家，是停泊的港湾；
家，是歇脚的驿站；
家，是睡觉时最踏实的相依……

家，这么美好，为什么现代社会中会有那么多教师难以享有家庭和谐幸福？难道他们没有追求美满家庭和幸福人生的期望吗？或者，他们有天生的道德劣根与人格缺陷吗？答案显然不在于此。陈一筠教授在长期的婚姻家庭研究与咨询实践中发现，缺少关于爱情、婚姻、家庭及人际沟通的基本知识和正确的价值观导向，是一些人陷入人生困境的普遍原因。

“浪漫的爱情不等于幸福的家庭，幸福的家庭是经营出来的。”陈一筠教授强调，夫妻之情是朴实无华、平淡无奇的，它需要夫妻双方不断添加“强固剂”加以维护和经营，这是一件远比成就事业更艰巨的任务，这个任务必须是由夫妻双方共同完成。

（一）幸福家庭必备的5个要素

经营家庭，应该由“心”开始。经营家庭是每个人必须履行的义务，也是努力追求的目标。培养责任感、包容心，学会尊重家庭的每一位成员，还要懂得常常反省自己、弥补不足。因为人的意识和心态，会影响到言行，而言行势必会影响家人，并潜移默化地促使他们做出相应的改变。当家庭所有成员的“心境”都随之改变，认识得以提升的时候，家庭的经营也会变得得心应手。那么，我们的“心”应该做哪些改变呢？

1. 沟通

狮子和老虎之间爆发了一场激烈的战争，到了最后，两败俱伤。

狮子快要断气的时候对老虎说：“如果不是你非要抢我的地盘，我们也不会弄成现在这样。”老虎吃惊地说：“我从未想过要抢你的地盘，我一直以为是你要侵略我！”

观点：

相互沟通是维系家庭幸福的一个关键要素。有什么话不要憋在肚子里，多同家里人交流，也让家里人多了解自己，这样可以避免许多无谓的误会和矛盾。

2. 信任

两只鸟在一起生活，雄鸟采集了满满一巢果仁让雌鸟保存，由于天气干燥，果仁脱水变小，一巢果仁看上去只剩下原来的一半。

雄鸟以为是雌鸟偷吃了，就把它啄死了。过了几天，下了几场雨后，空气湿润了，果仁又涨成满满的一巢。这时雄鸟十分后悔地说："是我错怪了雌鸟！"

观点：

家庭成员之间要相互信任，很多幸福的家庭就毁于怀疑和猜忌。所以，对家人要保持信任，不要让猜疑毁了家庭的幸福。

3. 慎重

两只乌鸦在树上对骂起来，它们越骂越凶，越吵越激动。最后，一只乌鸦随手捡起一样东西向另一只乌鸦打去。

那东西击中另一只乌鸦后立即碎裂开来，这时扔东西的乌鸦才发现，自己打出去的东西原来是自己一只尚未孵化好的蛋。

观点：

在家里，遇到事情要冷静对待，尤其是遇到问题和矛盾时，要保持理智，不可冲动。冲动不仅不能解决问题，反而会使问题变得更糟，最后受损失的还是整个家庭。

4. 换位

小羊请小狗吃饭，它准备了一桌鲜嫩的青草，结果小狗勉强吃了两口就再也吃不下去了。

过了几天，小狗请小羊吃饭，小狗想：我不能像小羊那样小气，我一定要用最丰盛的宴席来招待它。于是小狗准备了一桌上好的排骨，结果小羊一口也吃不下去。

观点：

有时候，己之所欲，也勿施于人。凡事不要把自己的想法强加给家人，遇到问题的时候多进行一下换位思考，站在对方的角度上想想。这样，才会更好地理解家人。

5. **快乐**

小猪开始学做蛋糕，但它做出的蛋糕总是不好吃。它问公鸡师傅，公鸡想想，问它做蛋糕的原料是什么。小猪说，为了怕浪费，它做蛋糕用的全是一些快要坏了的鸡蛋。

公鸡对小猪说："记住，只有用好的原料才能做出好的蛋糕。"

观点：

是的，只有用好的原料才能做出好的蛋糕，同样的，只有用快乐的心情才能构建起幸福的家庭。所以，进家门之前，请把在外面的烦恼通通抛掉，带一张笑脸回家。如果所有的家庭成员都能这样做，那么这个家一定会成为一个最幸福的家庭。

【案例分析】

幸福有时候只需要一个台阶

幸福有时候只需要一个台阶，无论是他下来，还是你上去，只要两个人的心在同一个高度和谐地振动，那就是幸福。

那年她走上教育工作岗位，才刚刚25岁，鲜活水嫩的青春年华，如绽放在水中的白莲花。唯一的不足是个子太小，穿上高跟鞋也不过一米五多点儿，却心高气傲地非要嫁个条件好的。相亲认识的他，一米八的个头，魁梧挺拔，剑眉朗目，她第一眼便喜欢上了。隔着一张桌子坐着，却低着头不敢看他，两只手反复抚弄衣角，心像揣了兔子，左冲右撞，心跳如鼓。

两个人就爱上了，日子如同蜜里调油，恨不得24小时都黏在一起。两个人拉着手去逛街，楼下的大爷眼花，有一次见了他就问："送孩子上学啊?"他镇定自若地应着，却拉她一直跑出好远，才憋不住笑出来。

他没有大房子，她也心甘情愿地嫁了他。拍结婚照时，两个人站在一起，她还不及他的肩膀。她有些难为情，他笑，没说她矮，却自嘲是不是自己太高了？摄影师把他们带到有台阶的背景前，指着他说："你往下站一个台阶。"他下了一个台阶，她从后面环住他的腰，头靠在他的肩上，附在他耳边悄声说："你看，你下个台阶我们的心就在同一个高度上了。"

结婚后的日子就像涨了潮的海水，繁忙的工作，没完没了的家务，孩子的奶瓶尿布，数不尽的琐事，一浪接着一浪汹涌而来，让人措手不及。渐渐地便有了矛盾和争吵，有了哭闹和纠缠。

第一次吵架，她任性地摔门而去，走到外面才发现无处可去。只好又折回来，躲在楼梯口，听着他慌慌张张地跑下来，听声音就能判断出，他一次跳了两个台阶。最后一级台阶，他踩空了，整个人撞在栏杆上，"哎哟哎哟"地叫。她看着他的狼狈样，终于没忍住，捂嘴笑着从楼梯口跑出来。她伸手去拉他，却被他用力一拽，跌进他的怀里。他捏捏她的鼻子说，以后再吵架，记住也不要走远，就躲在楼梯口，等我来找你。她被他牵着手回家，心想，真好啊，连吵架都这么有滋有味的。

第二次吵架是在街上，为买一件什么东西，一个坚持要买，一个坚持不要买，争着争着她就恼了，甩手就走。走了几步后躲进一家超市，从橱窗里观察他的动静。以为他会追过来，却没有。他在原地待了几分钟后，就若无其事地走了。她又气又恨，怀着一腔怒火回了家，推开门，他双腿跷在茶几上看电视。看见她回来，仍然若无其事地招呼她："回来了，等你一起吃饭呢。"他揽着她的腰去餐厅，挨个揭开盘子上的盖，一桌子的菜都是她喜欢吃的。她一边把红烧鸡翅咂得满嘴流油，一边愤怒地质问他："为什么不追我就自己回来了？"他说："你没有带家里的钥匙，我怕万一你先回来了进不了门；又怕你回来饿，就先做了饭……我这可都下了两个台阶了，不知道能否跟大小姐站齐了？"她扑哧就笑了，所有的不快全都烟消云散。

这样的吵闹不断地发生，终于有了最凶的一次。他打牌一夜未归，孩子又碰上了发高烧，给他打电话，关机。她一个人带孩子去了医院，第二天早上他一进门，她窝了一肚子的火噼里啪啦地就爆发了……

这一次是他离开了。他说吵来吵去，他累了。收拾了东西，自己搬到单位的宿舍里去住。留下她一个人，面对着冰冷而狼藉的家，心凉如水。想到以前每次吵架都是他百般劝慰，主动下台阶跟她求和，现在，他终于厌倦了，爱情走到了尽头，他再也不肯努力去找台阶了。

那天晚上，她辗转难眠，无聊中打开相册，第一页就是他们的结婚照。她的头亲密地靠在他的肩上，两张笑脸像花一样绽放着。从照片上看不出她比他矮那么多，可是她知道，他们之间还隔着一个台阶。她拿着那张照片，忽然想到，每次吵架都是他主动下台阶，而她却从未主动去上一个台阶。为什么呢？难道有他的包容，就可以放纵自己的任性吗？婚姻是两个人的，总是他一个人在下台阶，距离当然越来越远，心也会越来越远。其实，她上一个台阶，也可以和他一样高的啊！

她终于拨了他的电话，只响了一声，他便接了。原来，他一直都在等她去上这个台阶。幸福有时候只需要一个台阶，无论是他下来，还是你上去，只要两个人的心在同一个高度和谐地振动，那就是幸福。

（二）夫妇持久爱情的 8 个公式

古今中外，但凡人们谈起爱情，都用尽了溢美之词。青年人看多了文学作品和言情剧，很容易就把自己的爱情定位于“最爱”这个词上。这样的爱情不能说没有，却不是每个人一生中都能遇到的。实际上，生活里的爱情更多的是由存在许多缺憾，通过磨合到逐步适应，然后再慢慢得以提升，虽然最后不一定完美，但能够达到和谐、尊重、民主、平等的境界，已经让许多人羡慕了。

美满的婚姻生活是用心经营的结果。怎样经营婚姻，使家庭生活更加和谐，这也是一门学问。

水至清则无鱼。相爱的男女要知道：“美满幸福的婚姻是由视而不见的妻子与充耳不闻的丈夫组成的。”男人不需要读懂女人，只要爱她就好，女人不需要读懂男人，只要尊重他就好，千万不要拿着鸡毛当令箭，小题大做，家中并无大事，只有鸡毛蒜皮的小事，家既是讲道理的地方，更是讲情的地方！千万不要伤害对方，做错事说声对不起，一切矛盾都会化解，对方为你做了感动的，哪怕是洗碗拖地你都要谢谢他，要感谢他始终都是爱你的，每每碰到什么不开心的事，你只要说你爱她，一切都会春光明媚！

美国学者凯瑟琳·约翰逊调查研究后列出了“婚姻持久方程式”，凯瑟琳说：“我喜欢在各种婚礼舞会上，看一对对翩翩起舞的中老年夫妇，是那么绝对的相互信任和激情——为什么他们的婚姻这么幸福，生活得这么理想，他们的秘密是什么?”

凯瑟琳会见了 100 对这样的夫妇，他们结婚时间最短的是 7 年，最长的是

55 年，下面就是这些夫妇持久爱情所具有的共同的公式。

1. 亲密公式：协调与周到

所会见的100 对夫妇，绝大多数都是相识后立即就变得亲密无间。他们感到有一种不可阻挡的情感，希望结合在一起共享生活。

这种亲密无间的关系包括一种协调与周到的友谊，它基于一致性的热情，也基于相互间的不同。一位妻子提出了一个令人感兴趣的观点，她说："快乐的婚姻来自于两个在个性上相对而在基本情况上一致的人。"她的丈夫是一个生性乐观的人，她却是一个内向悲观的人。但是，他俩共同的籍贯和宗教信仰，使她迷上了他的气质，而他迷上了她的娇弱。

2. 共享公式：理想与目标

夫妻俩一个在做早餐，另一个去遛狗，早餐后又一起阅读晨报，所有关系稳定的夫妇几乎都是这样的。这些琐事本身虽然不能产生快乐，但它为婚姻关系注入了信任和责任感。

幸福的夫妇都努力想让自己的家得到改观。他们共同努力，以使他们能够购买一个农场，或者一家店铺。不管他们的目标是什么，为达到理想而共同的努力能使婚姻关系焕发出光彩。

3. 谅解公式：协议与愿望

爱情持久的夫妇很少争吵，即使他们之间因产生矛盾而生气，也会得到正确的处理。当然，他们解决问题的方法各有不同。有些夫妇有矛盾总是当天就解决，有的让它过夜，冷静以后再处理；有的喊叫，有的沉默。有一对夫妇为了避免争吵而想出一种方法，如果一方说了气人的话，另一方就会叫道："火车出轨了!"

伴侣挖苦对方，这是常见的，但是这会产生副作用，影响夫妻和谐的关系。夫妻间多互相鼓励，效果会好得多。

有时候，虽然他们尽了努力，但还是大吵起来时，一方或另一方就会离开房间。有位妻子说："如果我走出去，不过5分钟我就会回来的。我们甚至不必说'对不起'，因为我们非常高兴，两人又走到一起了。"这对夫妇就用这种方法避免进一步的争吵，一方的中途退出使另一方想起了他们的协议，想起了他们对婚姻的美好愿望。

4. 滋养公式：期望与期待

当配偶间把注意力集中在对方的优点上时，他们的婚姻就会得到滋养，这不是说双方都得是乐观主义者，他们也可能是悲观、急躁、忧郁性格的人。

乐观的现实主义是美满婚姻的特征之一。成熟的婚姻意味着，我们要接受双方都有缺点的现实。做个现实主义者，意味着婚姻有苦有乐，有顺利的时候，也有困难的时候，与其唠叨，不如面对。

积极的期望能发挥巨大的作用。那些最善于寻找配偶优点的人，关系发展得最好，对配偶的期待也最好。当喜欢上某个人时，我们在他或她的眼睛里就会看到最好的自我。

5. 改变公式：信念与信仰

很多幸福的夫妇懂得改变自己，他们认为自己结婚后变多了，他们全感到自己变得更好了，而他们的配偶也都同意这一点。意想不到的是，许多幸福的夫妇都经历过婚姻危机，但他们的婚姻幸存了，而且日益美满。

为了爱情的发展需放弃一些东西，但是，没有人要求放弃个人的发展。一方的改变可能暂时动摇关系的现状，事实上，这对另一方有鼓励的作用。

相信你的配偶总会改变他（她）的某些不足，有助于维持婚姻关系。而事实上，人确实是会改变的。应当相信人不可能不改变，而一个好的婚姻能帮助人们的爱情变得更好。

6. 理解公式：真诚与坦诚

夫妻间需要保持有力的、生气勃勃的、无疵点而纯真的性关系。

爱情的意境主要是建立在性的基础上——不管双方之间冲突有多频繁和有多强烈，但是，当婚姻关系向前发展时，要意识到你重视的事——他的幽默、乐观态度，她对你的鼓励、体贴。

对大多数夫妇来说，对配偶保持忠诚并不能使婚姻幸福，但它却能使婚姻成为可能，很显然，忠诚是夫妻间的最基本要求，因而对伴侣的需要能保持一致，更易坦诚交谈，不仅有助使对方谈出感觉，也会使对方感到你理解他（她）。

7. 平等公式：支配与平等

一般夫妇到了四五十岁时，他们就不会再为谁当家而争执，即使他们曾争执过。虽然也会有矛盾，但他们不是为了权力和地位，在她们心目中，不管他们做什么，他们的努力都被看作是重要的。当夫妻双方开始较多考虑和关心双方的关系时，双方将互相得到较多的回报。

幸福的夫妇所具有的平等关系最清楚地表现在对财务管理上。每一对幸福的夫妇毫无例外地说，家庭收入是他们共同的，既不是他的也不是她的，他们从不为财政的支配而争执。

8. 朋友公式：追求与尊重

幸福的婚姻都把配偶看成最亲密的朋友，但是，如果他们的关系有时不够互相信任、不够温和时，就需要双方积极沟通，坦诚相待。

在这些婚姻持久的“朋友”中，妻子可以完全自由地追求自己的理想，她知道丈夫对她的爱和尊重是无条件的，不管他是否理解她的决定。反之，丈夫的决定也亦然。

如果想要拥有一个卓越的、成功的、平衡的人生，除了事业要奋斗外，家庭、婚姻、感情也需要好好地去经营。感情跟事业一样，需要好好地经营和管理。任何事情都需要经营，比如跟朋友之间的友情，如果觉得这个朋友很不错，希望跟他相处得更好，那么相互之间就应该互相关心，平时多见见面，多通通电话，多聊聊天，这样，朋友之间的感情才会好起来。

现在的年轻人接收的信息越来越多，跟父辈的差距很大，父辈们在这个年龄的时候接触的事物少，人的思想也相对简单、单纯些，十几岁的时候傻傻的，什么都不懂。现在的社会每隔 5 年就是一代，就有代沟了。请注意，是 5 年，不是 20 年。社会进步太快了，社会进步越快，跟异性相处的时间就会越提前。以前，到了 20 多岁还没有交过男朋友、女朋友的人比比皆是，现在如果 20 多岁还没交男朋友、女朋友，人家就会笑话你。

人生有两个阶段，第一个在婚前，要去选择一个未来的对象。人的生活与生命的质量有时候也取决于你的选择能力。“男怕选错行，女怕嫁错郎”，现在倒过来也是一样，男怕“娶错娘（新娘）”，女也怕选错行。婚姻是否幸福跟你有没有选对人有着直接的联系。古语道：“海滨有逐臭之夫。”意思是说，打鱼的即使身上非常臭，但是也会被人喜欢，也会被人追求。所以任何人都会有适合的对象跟他相处。有些人说：“我现在已经恋爱 n 次了，每次都以失败告终。”其实这并不是失败，只是还走在迈向成功的道路上。

要想拥有甜蜜的爱情和良好的夫妻关系，选对适合自己的另一半是非常重要的。

（三）夫妻共享生活的 10 点建议

在现代同龄夫妻中，延续了多年的“七年之痒”的说法逐渐被颠覆。“三年之痒”，甚至“一年之痒”都相当普遍。而在这些人群中，教师群体的离婚率也有不断攀升的态势。主要有两点原因：①是年轻人普遍在心理上有幼稚化倾向，缺乏应有的耐心和宽容度，婚后处理问题和化解矛盾的能力都不强。由于两人都处在相同的人生阶段中，面临的工作、生活压力也相同，遇到矛盾后双方互不让步，就容易把小问题上升到“离婚”的程度。这与过去的夫妻尽量协调、忍受婚姻中的不快，让难以解决的矛盾在多年之后才爆发出来的情况不同。②经济矛盾也是年轻同龄夫妻婚姻破裂的主要原因。婚后随着孩子的出生，家庭开支骤然增加，这让很多家庭拮据的年轻夫妻感到压抑，容易引发争吵。孩子的出生也打破了夫妻原来的二人世界。年轻夫妻缺乏交流、温存，两人的感情自然会降温，导致结婚才两三年便离婚的情况增多。

陈一筠教授从事婚姻家庭问题研究和咨询工作已有 20 多年，她送给大家这样一段话：“人的一生中，没有任何成功能够弥补婚姻家庭的失败，也没有任何成功能够代替婚姻家庭的成功。因为，事业的辉煌成功不过是一阵子，而婚姻家庭的幸福却是一辈子。”她说这是自己多年研究和实践中最大的感悟。

“婚姻家庭的和谐是人生幸福的保障，这一道理虽已被广大社会公众认同，然而现实生活中，确保婚姻家庭生活幸福和谐并不是一件自然而然的事，它需要家人，首先是夫妻付出艰苦的努力。”陈一筠教授指出，近年来的婚姻统计数字和婚姻家庭咨询案例显示，不和谐、不健康、不文明乃至破碎的家庭日益增多，其后果多半是几败俱伤。

一个人的事业、婚姻、家庭无论哪方面都需要治理和筹划。从某种程度来讲，经营婚姻家庭并不比经营一个企业简单。

生活中，也需要应用经营之道，它有利于夫妻共同打造自己的“产品”——婚姻家庭。这个特殊产品必须终生维护，不断创新，坚持完善，并长期投入。这个产品只经营，不经销。

经营婚姻家庭，还需要应用营销理念，即了解揣摩家人需求，进行合理的社会定位和家庭定位。精心设计、个性化开发产品的文化内涵，多方面满足适应家人的需求。让家人满意幸福是经营的目标，使家人快乐健康是经营的宗旨。

孩子是婚姻的延伸“产品”，有了这个“产品”，家才更完美。“孩子产品”需要父母精心呵护培育，才能确保“质量”；尽力打造“精品”是每个父母经营者的愿望。

家庭成员之间互为上帝，相互服务，大家既是经营者，又是消费者，需要相互理解、信任和支持，学会科学地经营婚姻家庭，使其焕发勃勃生机。苦心经营好各自的事业，让家人在家的支撑下获得事业、学业的成功，并享受婚姻家庭带来的身心愉悦，同时也使婚姻家庭更具向心力和归属感。经营好事业、婚姻、家庭，需要正确的观念、学识、方法和经验，更需要智慧和才干！

1. 先予后取，种啥得啥

事业：需要苦心经营。只有勤业、敬业，才能精业、乐业。付出才有回报，有为才有位。

亲情：需要细心经营。珍惜亲情，换位思考，将心比心，给予关爱与帮助。爱情：需要用心经营。夫妻间心心相印，感情储蓄，随时投入，不断产出，享用终生，永不枯竭。

友情：需要诚心经营。朋友间真诚相待，相互学习和帮助。拥有众多值得交往的亲密朋友，是金钱换不来的人生宝贵财富。

付出多少爱，才能收获多少爱，付出爱与接受爱同样幸福！用爱情的甘露滋润他（她）的心田；用亲情的温柔拨动他（她）的心弦；用友情的真诚浸润他（她）的心身。

2. 终生学习，适时调整

人生需要学习，不同的人生阶段学习的主题不同。在人生的舞台上，每个人都要扮演很多角色，这些角色必须用心学习才能胜任。如一名女性要努力扮演好女儿、好姐妹、好学生、好恋人、好妻子、好媳妇、好妈妈、好孙女、好同事、好下级、好领导、好师长、好朋友……人需要集众多角色于一身，该如何协调不同角色，如何兼顾不同角色，需要我们用心向生活学习，用毕生精力去体会、积累和感悟，永无止境，永不毕业，没有最好，只有更好。

夫妻二人都要兼顾事业和家庭，都要一心追求完美，虽然活得都很累，但夫妻二人很充实，很快乐！说实话要平衡兼顾事业、家庭、婚姻并不是一件容易的事，需要长期磨合、终生学习、适时调整；需要不断认识、总结和改进，彼此自觉调整和修正自己的行为，这样才能使事业、家庭、婚姻全面趋于和谐。

3. 合理分工，取长补短

家庭和睦、稳定、有规律、矛盾少，完全得益于合理化的分工：

“他是会计，我是审计；他当家，我理财；他管拍板，我管执行；他是采购员，我是库管员；他管日常开销，我管大宗消费；他是后勤保安，我是公关营销；他是厨工厨师，我是传菜洗碗；他是营养师，我是美食家；他是维修工，我是保养员；他是接待员，我是清扫员；他是驾驶员，我是洗衣工；他是美工，我是花工；他是孩子保育员，我是宠物饲养员；他管家的装饰布置，我管家的整理收拾；他管家庭物质文化，我管家庭精神文化……”

分工原则：投其所好，乐在其中；用人之长，人尽其才；各施其责，不得推诿；负责到底，无怨无悔。

“管理是通过别人把事情办好”，管理一个家庭，同样需要调动家庭成员的积极性和主动性，人人参与，1 加 1 才能大于 2。一个人再能干也不能代替其他成员应有的作用。

4. 淡化金钱，不分你我

金钱对于家庭很重要，夫妻需要共同创造财富，不断提高生活的质量和水准。但人不能只为金钱活着，不要成为金钱的奴隶，为钱而烦恼不和、彼此隐瞒防备都是不可取的。不要为钱而发生矛盾，夫妻之间不盘问彼此的收入，更不计较谁收入多、谁收入少，也没有藏私房钱的习惯；有了收入都主动集中管理，不分你我；财务公开，计划开支，勤俭持家。对双方的老人都很孝敬，对双方的姐妹兄弟、侄儿侄女都很关照，该花的钱就花，从没有分歧。

5. 尊重理解，沟通宽容

丈夫（妻子）不是下属，不要对其发号施令。丈夫（妻子）不是学生，不要对其说教。

“好女人是一所学校”，但这所学校里没有师生关系，只有平等的亲情关系。通过潜移默化，感染熏陶和充分沟通，让夫妻彼此的思想靠近，心灵相通。相亲相爱的夫妻，时间长了连相貌都会很相似，这就是所谓的“夫妻相”。夫妻间不能一方过于强势，一方过于弱势，要摒弃压制、武断和固执，找到正确的关怀方式，一味顺从和放弃自我也不是真正爱的表达。

家庭成员之间需要彼此尊重，通过充分而有效的沟通，达到真正的理解。其中关键在于沟通方式要多样化，视情况不同可采取面谈、电话、便条、书信、短信、邮件等不同方式进行沟通。爱的最高境界是宽容，爱一个人就必须接受他的弱点和不足。人无完人，自己并不完美，何必苛求对方。相互间需要多一点理解，少一点抱怨；多一点关爱，少一点奚落。对家庭成员的坏毛病和恶习，不能姑息迁就，要树立良好家风。夫妻双方都需要人格独立，相互尊重，才能做到心心相印，理解包容。

女人是家庭生活氛围的营造者，女人快乐，全家快乐！给老人、妻子、孩子更多的爱和愉悦，丈夫自己的生活才会更加充满阳光和幸福！

聪明的人要善于管理情绪、运筹情商、感悟生活、掌控命运！

6. 创造新意，爱情保鲜

有人说“夫妻拉手，如同左手拉右手”，意指结婚时间一长，不再有激情和感觉了。其实夫妻间高质量、和谐美满的性生活是爱情婚姻的基础和关键。性爱的质量与和谐取决于夫妻的交流、探讨和学习，更取决于形式、场合、心境和情调的创新。性爱是夫妻最好的健身运动，良好的性生活有利于加深感情，有利于内分泌平衡，更有利于健康长寿。

为了避免生活平淡乏味，就要创造新意，爱情保鲜。时常享受性爱的痛快与酣畅，才能永葆激情与活力！

与其用浪漫改变平淡，不如让平淡变得浪漫！

夫妻如果习惯在缠绵依偎、温情牵手中入睡，在朦胧轻吻、温柔抚摩中醒来的话，一定大大有利于身心健康！一定能做到爱情永恒！白头偕老！长命百岁！爱情是男人和女人最珍贵的生命养分！所以被爱情滋润的女人和男人总是把幸福写在脸上，笑意挂在嘴边，心态永远年轻！

7. 赏识激励，潜移默化

丈夫（妻子）、孩子都需要赏识，多去发现他们的长处和优点，不吝啬赞美之词，有意识地加以强化，他们自然会发扬光大。

要家人勤快、能干并不难，一方面自己以身作则，另一方面要激励有方，懂得授权。当他们的积极性、主动性、创造性及责任感无形中被激发出来后，你将感受意想不到的回报，受益一生。切记不要责骂、硬逼或包揽，否则后患无穷。

8. 学会放下，难得糊涂

当今社会的职业女性，压力特别大。应学会关爱自我，张弛有度。在外拼搏劳顿，回家就彻底放下，把自己放低一点，别太逞能、别太要强、别事事做主，那样会得不偿失。聪明的女人学会笨一点、依赖一点、乖巧一点、糊涂一点，老公的地位和作用才能充分显现出来。小鸟依人，会换来无限关爱，何乐而不为呢?

9. 不论输赢，切忌冷战

夫妻之间不要论输赢，因为没有单输和单赢，只有双赢和双输。凡事都别太认真、太计较，家庭里面争强好胜，绝没有好结果。

夫妻冷战时间越长伤害越大。生气不超过半小时，主动化解，退后一步，换来身心愉悦，轻松过好每一天。

给对方空间就是给自己空间，给对方台阶就是给自己台阶。夫妻间要彼此信任，杜绝猜疑。即便对方感情出轨，也要冷静地帮对方把走失的心找回来。

10. 平衡心态，阳光思维

心里囤积的问题越多，客观世界的问题就会更多的呈现眼前。心里有太多委屈、烦恼、不满和怨恨，看什么都不顺眼，活得很不开心，很不幸福。内心充满慈爱、感恩、善意、珍惜和宽容，看什么都是自然的、可以理解的，都是美好的、快乐的。即使遭受挫折、失败和病痛，也要乐观面对。当一切没法改变时，唯一能改变的是自己的心情。

快乐与否，全在于自己的选择。人生是成功还是失败，是幸福还是不幸，都是自己的品性在起作用。品性决定自己的命运。

（四）夫妻不能违反的十大禁忌

1. 谁赚钱谁就当家

家庭中夫妻只是分工不同，做家务的也在作出贡献，也许看不到直接的经济效益，但间接为家庭创造了经济效益，所以夫妻一定要主动去想这个问题，在日常的一些说话和行动细节上注意把握分寸，以免伤了彼此。

2. 夫妻分工过于模式化

夫妻本是平等的个体，不存在固有的或者绝对正确的标准分工模式。但基于传统的模式，大多数选择男主外女主内，这当然有它的道理。但每个家庭的情况并不完全一样，谁又能说它就一定是最好的？特别是在现代婚姻家庭中，夫妻双方都更加独立，也都有自己的工作和事业，两人在外面、在家里的时间也许完全是相同的，甚至男方的工作以外的时间更宽裕，此时硬要遵循所谓男主外女主内，就必然不符合实际，也必然会发生夫妻间的冲突，妻子太累，丈夫又太清闲，此时就应该灵活处理，帮着做家务和照顾孩子等等。

3. 按自己的生活习惯要求对方

夫妻毕竟是不同的两个个体，毕竟是来自不同的两个家庭，在文化背景、人品素养生活习惯等方面必然有着不同。也许在婚前看不出来，因为潜意识中恋爱阶段男女双方在各方面包括生活习惯会努力将就对方。结婚后则不同，夫妻双方必然会出现生活习惯的冲突，甚至有一些陋习暴露出来，比如乱扔脏衣服、脏袜子，比如牙膏挤得歪歪扭扭，比如烟灰到处飞，比如跷二郎腿伸着个臭脚搁在桌子上看电视、看书之类的。对于这些生活陋习，夫妻双方都应该容忍和迁就，可以委婉指出来，但不要一味责怪，特别是不要上纲上线说成是人格或品位问题而否定对方。无论是丈夫还是妻子，都应该允许对方有各自的不同，不一定非要对方按自己的模式来做，做到提醒、点到为止，不要因为这些无关痛痒的小事伤了夫妻感情。

4. 工作怨气带到家里发泄

现代社会，无论男人还是女人，工作压力都大大超过以往任何时候。赚钱的压力、升职的压力、人际关系的压力，等等。有压力就必然会感到烦躁，就需要发泄；在单位中也难免会受些气，受气后也自然会想撒气。但注意，工作的怨气尽量不要过多地带到家里来，不要把在外面的不快情绪发泄到家中，因为发脾气会引起全家不愉快。当然不是说，在外受的委屈怨气不要回家说，心里积存的怨气当然需要适当地发泄出来，不然会引发疾病。但应找一个合适的时间把心头的郁闷向对方倾吐出来，而作为倾听方，无论是妻子或是丈夫，都应该耐心听，宽容理解对方，帮对方尽快消除心中的苦闷，如此，夫妻自然和睦，婚姻自然甜蜜。

5. “离婚”二字常常嘴边挂

夫妻拌嘴吵架是婚姻中再正常不过的事，从不脸红的夫妻应该是极其罕见的。夫妻常年生活在一起，吵架无法避免，但不同的夫妻处理起来不同，而结局也自然不同。有的夫妻就事论事，吵过之后次日如常，夫妻没有隔夜仇；而有的夫妻则会上纲上线，动不动就提离婚，离婚二字居然成了口头禅。一次两次说一说也许没关系，说多了必然很伤对方的心，说不定哪一天就成了现实。当然，你只是一时之气说说而已，却一不小心变成了现实。夫妻碰到问题要学会大事化小、小事化了，尽力克制自己，切忌将“离婚“二字挂嘴边。

6. 遇事不协商只管自己高兴

婚姻与恋爱一个显著的不同是生活是两个人一起过，遇到事件自然两人一起协商，不能搞一言堂，不能只管自己高兴而不顾对方的想法和感受。比如如何花钱的问题，比如如何教育小孩的问题，夫妻要做到遇事共同商量，要克服婚前的自由主义、个人主义习惯，要有家庭观念，无论哪一方都应该顾及对方的存在，顾及对方的感受。要有基本的管住自己的自制力，只管自己高兴最终必然会是大家都不高兴。

7. 娘家婆家分得太清楚

夫妻双方来自不同的家庭，有着不同的家庭和社会关系，每个人都有维护自己家庭的自私性，这当然不并奇怪。夫妻因为爱走到了一起，从不同的家庭来组成一个新的家庭。饮水思源，谁都不能不想、不顾原来的家，不能不想、不顾自己的父母，道理当然谁都懂。但一旦涉及一些具体问题时，夫妻却产生一些冲突。在这种情况下夫妻双方一定要注意互相体谅，学会站在对方的角度考虑问题，想对方所想、急对方所急，将心比心。无论是娘家还是婆家，遇到事都要伸出援手，如此夫妻才能形成良性的互动。

8. 动不动拿别的异性与对方比较

人各不同，每个人都有自己的特色之处，有自己的过人之处，没有全是缺点的人，也没有全是优点的人，关键是如何去看。对于夫妻，本是相爱的两个人，如果遇到看不惯对方的事，有的人动不动就拿自己认识的其他异性来作比较，于是像“看×××多会赚钱”、“看×××多有气质”之类的话就常挂在嘴边，当然也许并无恶意，但听者有心，而且这样的话很伤人的自尊，也特别打击人，所以夫妻一定要避免这样做。

9. 经常无故晚归或在外夜宿

有的人工作很忙，有的人朋友很多，应酬是司空见惯的事，于是晚回家是常事，这当然可以理解。但一定要掌握度，特别是明明没什么重要的事，该忙的时候不忙，临下班的时候才开始忙，更有甚者故意晚归。有的人对于朋友的邀约一概不拒绝，很少顾及家人的感受，如此一来夫妻共进晚餐一起交流的机会极少，长此下去必然会影响到夫妻的感情。

10. 不顾时间场合互相揭短

有的人认为夫妻应该随便些，想说什么就说什么，这当然也没错。夫妻本就应该开诚布公，有事就要说，但必须得注意时间和场合。有的时候，有的场合不该当着外人的面说对方的不是，特别是指责和揭短更要注意时间场合。比如在对方的朋友和同事面前、在子女面前，夫妻批评对方时一定要注意，即使要这样做也要做到委婉，以免伤了对方基本的做人尊严，伤了夫妻感情。

二、拥有一颗宽容平常心

平常心是我们在日常生活中经常会出现的对于周围所发生的事情的一种心态，平常心即是清净心，常表现为老死不惧的平常心、吃亏不计的平常心、逆境不烦的平常心。

（一）平常心是珍稀资源

在物欲横流、功利浮躁的社会中，身处浮沉中的人们，能不为虚荣所诱、不为权势所惑、不为金钱所动、不为美色所迷，不为浮华沉沦，或像“宠辱不惊，看庭前花开花落；去留无意，望天上云卷云舒”那样淡定，或像杜甫“一览众山小”那样豁达、或像陶渊明“采菊东篱下”那样闲适。保持一颗平常心是一种非常的境界，一种潇洒的超脱，一种非常难能可贵的品质。这样的一颗平常心其实非常不平常。

随着科技的突飞猛进，时代进步和社会转型的节奏加快，来自社会生活各方面的压力、竞争等等也越来越多、越来越激烈，拥有一颗平常心是必要的，也是难能可贵的。生活中的绝大多数人或为名誉、或为地位、或为权利、或为财产等，疲于奔命，在忙碌中度日。虽然“平常心”三个字人们时时提及，但更多的时候，它只是一句流行语，说出来只是装点门楣，卖弄时尚而已。

因为想要真正拥有一颗纯粹的平常心，绝不是嘴边说说那么简单。平常心是一种长期“修炼”才会拥有的心态，是拿得起、放得下，是发自内心的大度与宽容，是不计得失、坦然面对失败的胸襟。现在的人们为了追求所谓幸福的日子，不惜透支健康以换取票子、车子、房子、权力等。到垂暮老矣之时，会发觉年轻时孜孜以求的东西是那么虚无与飘渺，这时才会对生命产生新的感悟，终于明白平常心是真谛、是福气。

拥有一颗平常心，就不会浮躁，不会焦灼，不会被欲望占满，更不会让灵魂搁浅在无氧的空间里。拥有一颗平常心就拥有一种正确的处世原则，一份自我解脱、自我肯定的信心与勇气，不会高估自己，也不会自甘堕落。拥有一颗平常心就不会只追求物质的奢华，因为更多的时候，生活不是让我们追求外在的繁华，而是求得内心的平静与安宁。

古人云:“君子安贫，达人知命。”一个人要正确认识自己，正确认识人生，保持平常心是关键所在。这既是一种生存智慧，也是一种战胜自我的豁达，是一种拒绝庸俗的超脱和清醒，更是一种为人处世之道。

（二）平常心教师幸福指数高

1. 生活充满阳光

红尘滚滚，俗世喧嚣，世界是多变的，也是精彩的，我们面对的诱惑太多，拥有和保持一颗平常心来看待世界，看待周围的一切，顺其自然，笑待人生，包容一切，淡然一切，我们的生活便会充满阳光，永远快乐和幸福!

拥有和保持一颗平常心是一种品格和心态，是一种坦荡的胸怀，是一种宽容的心境，是一种高层次的人生境界，是一种优雅的风度，是世事泰然处之的品质，是一种自信和成熟。一个有平常心的教师上班热情而快乐，回家温馨而甜蜜，面对朝阳前行心情灿烂，踏着细雨漫步轻松惬意，迎着逆风而上坚韧不拔……

快乐是春天的鲜花，夏天的绿阴，秋天的果实，冬天的飞雪。教师的幸福快乐就在身边。对学生一丝会心的微笑、一个肯定的点头、与学生一次倾心的交谈等等，都是快乐无比的事情。

生活中，一个好的心态，可以使你乐观豁达；一个好的心态，可以使你战胜苦难；一个好的心态，可以使你淡泊名利。人生不能一帆风顺，有成功，也有失败；有开心，也有失落。如果我们把生活中的这些起起落落看得太重，那么生活对于我们来说永远都不会坦然，永远都没有欢笑。人类几千年的文明史告诉我们，积极的心态能帮助我们获取健康、幸福和财富。

在现实生活中不是我们拥有的太少，而是我们向往的太多。拥有和保持一颗平常心，才能学会满足，学会放弃，学会宽容，学会淡泊；才能理解生活。得之坦然，失之淡然，面对困难，面对挫折，面对痛苦，面对所有，我们会更加坚强从容而淡然地面对一切……

人生应该有所追求，但暂时得不到并不会阻碍日常生活的幸福，因此，拥有一颗平常心，是人生必不可少的润滑剂。平常心，平常事，平常人，才是真正的人生！人生不一定轰轰烈烈，生活源于自然，平平淡淡，踏踏实实，真真切切，才是真正的生活。

拥有一颗平常心的教师，心境会变得纯洁透明，生活会充满阳光，充满无限的欢乐和自信；拥有一颗平常心的教师，会善待学生、善待自己，顺其自然，享受生活；拥有一颗平常心的教师，其人生是健康的人生、美丽的人生、幸福的人生。

2. 无缘怨气烦恼

平静的心是一种直面现实、正视现实、适应现实的心态。有了这种心态，大风拂面自从容，波涛汹涌自镇静，面对鲜花美酒不会得意忘形，历经挫折磨难不会垂头丧气。

现实生活中，有些人觉得缺少幸福感，终日烦恼，实际上并不是遭遇了太多的不幸，而是源于不切实际的欲望，源于烦恼者的内心世界。现代人的疾病不仅仅是生理上的疾病，更严重的还是心理上的疾病，而心理上的疾病大多数由忧虑所引起，有些医生指出，医院里一半以上病人的病情都是忧虑引起的，或者因忧虑而加重了病情。因此，当烦恼降临的时候，我们既不要怨天尤人，也不要自暴自弃，要学会给心灵松绑，从心理上调适自己，避免烦恼变成心病。

生活就像一望无际的大海，人便是大海上的一叶小舟。大海没有风平浪静的时候，所以，人也总是有欢乐也有忧愁。一切保持常态，做事昂首挺胸，无所畏惧。用一颗淡泊之心、忍辱之心、仁爱之心去对待世界。当无名的烦恼袭来，失意与彷徨燃烧着每一根神经。此时，朋友，别忘了保持一颗平常心，这样，痛苦将不再有。平常心，犹如一泓清泉，可以拂去灰尘，洗尽烦恼；平常心，犹如一杯香茗，可以除去干渴，饮出甘甜。一颗平常心，可以使考生们心里踏实，挥洒自如；一颗平常心，可以使运动员状态稳定，气势如虹。面对荣辱与成败，一颗平常心，可使人波澜不惊，淡泊无求，面对恩怨和情仇；一颗平常心，可以使人处乱不变，空灵无妄。放下心理的包袱，保持一颗平常心，不带任何私心和奢求，仰望蓝天，平视大海，让轻淡的白云映入心田，让惬意的海风吹散忧愁，就像儿时玩耍时疲倦了，找一块青青软软的草地，随意地躺下，任阳光在身上揉摸，任微风钻入衣衫直达心口，任何事情都会迎刃而解，矛盾和心结自然就打开了。

不把挫折当失败，每个人的一生，难免都会遭受挫折和失败。所不同的是失败者总是把挫折当失败，从而使每次挫折都深深打击他取胜的勇气；成功者则是从不言败，在一次又一次的挫折面前，总是对自己说："我不是失败了，而是还没有成功。"一个暂时失利的人，如果继续努力，打算赢回来，那么他今天的失利，就不是真正的失败。相反的，如果他失去了再战斗的勇气，那就是真输了。

人生失意时，及时打开窗户，放飞心灵，让沁人心肺的新鲜空气流畅风拂，或走出门去，到田埂之间，小河之畔，走走看看，让芬芳甘甜的泥土气息带给你一丝平静，让自由自在遨游的小鱼带给你一份慰藉。

名是缰，利是锁，对于名利想得越多，活得就越累。在诸多利益得失面前保持一颗平常心，忘记烦恼、忘记忧愁、忘记苦涩、忘记失意、忘记昨天、忘记自己、忘记他人对你的伤害、忘记朋友对你的背叛、忘记脆弱的情怀、忘记你曾有的羞悔和耻辱，对于荣辱、富贵、贫穷、诽谤、嫉妒、酸楚等社会附加物一笑置之，这样心理就平衡了，烦恼、恩怨自然就消失了，人也乐观豁达起来了，烦心事便会转化为平常事，幸福和快乐便不请自来。

3. 人格充满魅力

拥有一颗平常心的人往往是一个宽宏大量的人，对待别人的错误或者是误解往往都是淡然一笑，不予理睬。不予理睬并不是看轻对方，而是一种无声的谅解。这样个人的形象魅力也在无声的淡然一笑中散播开去。另外，对赞扬采取一种平和的心态，不是断然拒绝这种恭维，更不是欣然接受这种赞扬，而是仅仅想表现的一颗温和平常心。

拥有平常心的人并不会掩饰自己的缺点，相反他们会把一个真实的自己摆在周围人眼前，希望周围人能给他们挑出不足和欠缺的地方，他们懂得要时时进行自我反省，才是真正对得起自己，换句话说，就是能把自己看得很清楚，并不断地进行自我审查，做到诚恳无私地了解自己。

拥有平常心的人比较理智，他们一般很少犯错误，因为他们很了解自己，很了解自己的优点，也很了解自己的缺点，知道自己该做什么，能做什么，也知道怎样做更符合自己的个性。人生来并不是完美的，但是保持一颗平常心将是走向完美的动力。

没有平常心的人往往是一个爱慕虚荣的人，每天为了张扬自己而说各种冠冕堂皇的话，做各种各样违心的举动，久而久之就给周围人一种不诚实的印象，特别是在名和利的诱惑下，他们更是把持不住自己，做一些不可理喻的事。

拥有平常心的人做人光明磊落，做事坦坦荡荡，他们把名誉看得比什么都重，更不会有意去损毁自己的名声，这样自然而然形成浓厚的人格魅力。

4. 成功道路便捷

狄更斯说："一个健全的心态比一百种智慧更有力量。"

爱默生说："一个朝着自己目标永远前进的人，整个世界都给他让路。"在现实生活中，我们不能控制自己的遭遇，却可以控制自己的心态；我们不能改变别人，却可以改变自己。其实，人与人之间并无太大的区别，真正的区别在于心态。所以，一个人成功与否，主要取决于他的心态。

平常心能使我们充满智慧。保持一颗平常心，是人生智慧的提炼，是人生严肃的态度，它能帮我们成为精神的富翁，自由的主人。古人云："君子安贫，达人知命。"一个人要正确认识自己，正确认识人生，保持平常心是关键所在。这既是一种生存智慧，也是一种战胜自我的豁达和大度，是一种拒绝庸俗的超脱和清醒，是一种为人处世之道，更是一种人生的觉悟，一种生命的境界。

平常心能使我们正确面对得失。"最低的境界是平凡，其次是脱俗超凡，最高是返璞归真的平凡。"真正的平常心不是宿命的宣扬，不是消极的躲避，不是无奈的停滞。它是一种积极的进取精神，是君子坦荡荡的胸怀，是人生智慧的升华，是生命崇高的境界，是乐观自信、坦然宽容、谦虚清醒、平和释然。它以积极向上的人生态度对待自己的得与失，心平气和地对待意外的收获和大起大落。

居里夫人是发现镭的著名科学家，为人类作出了卓越贡献。一天，她的一个女友来她家做客，忽然看见她的小女儿正在玩英国皇家学会刚刚奖给她的一枚金质奖章，便大吃一惊。居里夫人说："我是让孩子从小就知道，荣誉就像玩具，只能玩玩而已，绝不能永远守着它，否则将一事无成。"居里夫人这种对待名利和荣誉的心态就是平常心，正是有了这颗平常心，她才取得了如此巨大的科学成就。

平常心能使我们广结人缘。一个人成功往往少不了别人的帮忙，俗话说得好，"一个篱笆三个桩，一个好汉三个帮"，因此一个人的成功其实是一个团体的成功。有颗平常的心，自甘平淡，面对外界的各种变化便能不惊不惧，不愠不怒，不暴不躁。面对物质的引诱，心不动，手不痒，于利不趋，于色不近，于失不馁，于得不骄，这样就能慎物结缘。

平常心能启示我们少走弯路。这是一种风度，一种优雅，一种大家气概，一种绅士做派，一种灵魂的修炼，一种自我的美育，一种文化品格，一种高层次的人生况味。保持一颗平常的心，不以物喜，不以己悲。有所求，又无所求。保持一颗平常心，就必须自觉接受法律、工作纪律和道德规范的约束，视约束为待遇，视工作为享受，从而少犯错误，少翻跟斗，少走弯路，步步为营。

平常心会给我们以勇气和力量，帮助我们在人生征途上一路走好。用一颗平常之心对待事业，宠辱不惊，我们终将赢得成功；用一颗平常之心对待成败，不骄不躁，我们终将铸就辉煌；用一颗平常之心对待生活，我们会真切感受到人生的喜、怒、哀、乐，体味到人生的真谛。

荣氏集团的奠基人荣德生先生从一名学徒做起，后来成为蜚声中外的实业巨子，拥有亿万财富，而在他的居室里却挂着一幅亲书的横幅：“立上等愿，结中等缘，享下等福。”这是何其平常而又不寻常！德国前总理科尔，在任时是一位叱咤风云的人物，但是他从任上退下来后，自愿去做了一位花工，并且做得认认真真，平心静气。没有一颗对待生活和事业的平常心，能达到这种境界吗?

（三）教师修炼平常心的途径

1. 学会适度

修炼出一颗平常心，首先是设计人生目标要适度。马斯洛的需求层次理论认为，人的较低层次的动机满足之后，需求层次就会升高。“贪得无厌”是人生喜怒哀乐等各种情绪产生的根源。古往今来，大凡成就一番事业者，大都有一个远大的奋斗目标。但是这个目标的设计要适度，要因人而异，讲究科学。

作为一名教师，在设计人生目标时，要稳打稳扎，步步为营，要把困难和矛盾想得充分些，把目标定得理性些、现实些，这样就会少一些挫折感、痛苦感，多一些成就感、幸福感。选择成长进步的“参照系”也要适度。事实上，好多人的人生目标不是定低了，就是定得过高。目标过低，是因为低估了自己的能力；而目标过高，则是对个人前途和未来设计过于理想化。人生路漫漫，曲折何其多。现实生活告诉我们，世间许多事情并不是以人们的愿望为转移的，往往是希望与挫折并存，成功与失败相伴。

人性的一个普遍弱点是习惯于往上比，眼睛爱盯着比自己成长进步快的、比自己发展好的，而不愿意与下比，总觉得那样比没出息，其结果是越比越焦虑，越比越泄气，越比越觉得没了幸福感。经常向上比是需要的，它能给人以激励，给人以力量，但如此一门心思比下去，就是跟自己过不去，就是在自寻烦恼。因此，我们在向上比的同时，不妨也向下比一比，比一比在成长进步、在生活境况上不如自己的人，辩证地对待事物，自己说服自己，自己给自己减压。西方经济界有个理论叫“幸福递减律”，说的就是人们对同一事物幸福的感觉、会随着物质条件的改善而降低。

譬如在沙漠中行走，口渴难耐时，有一杯水就会使人激动万分；而当人步入绿洲时，对一杯水的幸福感就会几近于零。朱元璋当放牛娃时，饿得昏迷不醒，一碗白菜豆腐汤令他如临仙境；当皇帝后，他尝遍天下厨师做的“珍珠翡翠白玉汤”，却总觉得不是当年那种美好的滋味。经常与不如己的人比一比，和自己的过去比一比，自然会产生幸福感。

把自己估价得很高，对自身的弱点却视而不见。这样的人，要么是看不到自身的不足，要么是不愿否定自我，对自身的问题习以为常，见怪不怪。要解决好这个问题，就要调整视角看自己，要经常进行换位思考，多站在旁观者位置上去思考问题，跳到局外去审视、去检讨“感觉良好的自己”，从而查找出自身的不足，并注意听取别人的批评与建议。所谓“旁观者清”，就是因为别人给予的评价相对于自我评价往往更公正、更客观、更准确一些。

2. 学会简单

不把生活想得那么复杂，人对生活的某种处置其实越简单越能自足，要放下戒备。不把人生想得那么困难，甘于平凡，这种“看破”是一种“世事洞明，人情练达”的明悟，是对人情世故变化规律的了然，是对人生和社会的通透理解。

人的一生会面对无数人，经历无数事，但无论如何我们都要活得平凡而高尚。其实，这根本不难，只要我们感恩自己还活在这人世间，热情做事，努力做平凡的人就可以了。走过生命的逆旅，人世沧桑，谁都会彷徨，会忧伤，会有苦雨寒箫的幽怨，也会有月落乌啼的悲凉。但有限的生命不允许我们挥霍那份属于人生的苦辣酸甜。经历了风寒阴霾的苦砺，才会破茧在阳光明媚的日子。繁华落尽是平淡，喧嚣之后，依旧安详。经历后，日子依然在平淡和安详里流泻，这时，我们会觉得做平凡的人是一种享受，当我们在轰轰烈烈干了一番事业的时候，蓦然回首，我们才会觉得，做平凡的人其实真的很幸福。

要做到崇尚简单，简单工作，简单做人，简单生活。

简单工作，就要做到“三不”：即不对工作敷衍塞责、不对学生马马虎虎、不借职业以教谋私。

简单做人，就要保持“三心”。一是平常心。要求进步，这可以理解，但人不可能事事如愿，如果不能如愿，要正确对待，要以一颗平常心踏踏实实地工作，接受考验。二是感恩心。能走到今天这个岗位，都是组织培养的结果，要常怀感恩之心。唯有如此，才会不计个人得失，无私地去奉献。三是诚心。做人要诚恳，待人以诚，与人为善，不能有害人之心、妒忌之心。

简单生活，就要做到“三戒”。一戒低级庸俗。不要滥交朋友、卷入庸俗的人际关系、选择低级的生活方式。在工作之余要多读书，培养健康高雅的生活情趣和业余爱好。二戒贪欲。要常思贪欲之害，常怀律己之心。三戒奢华。要学会简单地生活、清淡地生活。清淡是应有的本色。敬业爱岗是简单，心无旁骛、潜心干事，不为杂念所扰；求真务实是简单，务实落实，说到做到，不为虚名所累；清正廉洁是简单，知足常乐，心清气正，不为贪欲所惑；大度宽容是简单，胸怀坦荡，宽以待人，不为狭隘所困。作为教师，真要做到“简单”，其实并不简单。

3. 学会改变

社会在变，职场在变，而我们绝大多数人却拒绝改变。安于现状是人类固有的惰性。然而世界总是朝前发展的，科技不断在进步，社会不断在前进，我们无法掌控世事的变化，但是我们应该懂得怎样应对变化——学会改变。

选择决定命运，而决定选择的是观念。要改变自己的人生，首要的就是改变观念。没有人甘居平庸，没有人不渴望成功，然而大多时候大家都安于现状，不思进取。也有很多人列出了各种优秀的计划、行动的步骤，只是空想的多而行动的少，他们总是说出诸如我没有显赫的家庭背景、没有足够的资金、没有优良的技术、没受过良好的教育、身体差等理由。其实他们都忽略了一点，那就是没有强烈的成功欲望。做任何事，要想成功，就一定要有“我一定要……”的决心。有了这种强烈的信念，你才会真正懂得自我约束、自我管理，才会全力以赴去实现你想要实现的目标——虽百阻千扰也不改变自己的信念，虽失败也不找任何借口。

世界上有两种不同类型的人，一种人总是认为环境决定人的发展，总认为自己是环境的牺牲者，总是祈求老天爷把好运降临在他头上，总是想着等环境许可了再做决定。等待、拖延是他们最真实的写照。而另一种人则相信环境是可以操纵在自己手上的，他们总是以积极的心态去发现机会、制造机会。所以成功者与失败者之间最大的差别，不是才能，而是彼此的观念不同。

要改变别人，首先得改变自己。如果你自己依然和过去一样一成不变，生活依旧一潭死水，毫无起色，又如何能影响到别人？我们只不过是改变一些行为习惯，使自己更健康，使自己对生活更有热情、更有激情，对自己的人生更充满信心；只不过付出一些努力，多去关心一下我们亲友的健康；只不过使自己拥有一个明确的、值得追求的，并且通过我们的努力完全可以实现的梦想。

人生有没有作为，不在于学了多么高深的学问，而在于能不能应用所学的知识；人能不能成功，不在于阻力是大是小，而在于信心是足还是不足。每天的时间对于我们每个人都是一样的，关键在于我们怎么去管理，有的人每天靠自己努力的工作，赚取或多或少的钱来养家，而有的人却能利用别人的能力来帮助自己成就事业。

要想成就事业，我们就需要改变心态、改变态度、改变状态、改变观念。世界上最伟大的力量就是改变。

4. 学会放弃

人生的旅途中，我们会遇到各种各样的选择，大到升学、就业、提干、择偶、投资，小到穿衣、吃饭、娱乐等。但当鱼和熊掌不可兼得时，就必须慎重选择，学会取舍，轻装上阵，走好人生的旅程。

怎样的选择才是正确的呢？取是一种智慧，舍是一种哲学。如何取舍，需要学习，需要模仿，需要积累，需要沉淀，需要智慧。我们不妨每天把自己想要的东西写下来，不管想要什么，都要写，因为它能不断提醒自己，什么是最需要的，心里就会产生强烈的欲望。如果每天都能看到自己的目标，它会影响你的潜意识，时刻暗示自己要怎样去做，才能获得自己想要的东西。所以正确的选择就是：想要的，一定要的，也将必定能得到的。

人出生时应当取，以求成长。取得知识，以求内涵。长大后，开始取舍。有所取有所舍，有舍才能有得，不想舍去，难以有得。有很多时候难以取舍，比如理想和现实、外界与内心。在选择职业时，是选择稳定还是选择挑战？选择人生伴侣时，是选择世俗还是注重内心？需要冷静，需要客观，需要理智，需要智慧。任何事情都有它的两面性，在做出选择时，要问清楚自己：想要什么？选择之间，没有对错，只有相对。把各种问题都考虑清楚，综合全面考虑，一旦选择了，就不要再后悔抱怨。

不要去强求那些不属于自己的东西，要学会适时放弃。也许在殚精竭虑时，会得到曾经想要得到而又没得到的东西，会在此时有意外的收获。适时放弃是一种智慧，它会让人更加清醒地审视自身内在的潜力和外界的因素，会让人疲惫的身心得到调整，成为一个快乐明智的人。

盲目地坚持不如理智地放弃。苦苦地挽留夕阳的人是傻人，久久地感伤春光的人是蠢人。什么也舍不得放弃的人，往往会失去更加珍贵的东西。适当的时候，给自己一个机会，学会放弃，才有可能获得。

人的心灵是脆弱的，需要经常地激励与抚慰。常常自我激励，自我表扬，会使心灵快乐无比。学会给心灵松绑，就是要给自己营造一个温馨的港湾，常常走进去为自己忙碌疲惫的心灵做做按摩，使心灵的各个零件经常得到维护和保养。

做数学题目时，有选择题需要我们选择，在现实生活中，同样需要选择。一旦选择，就是有舍有取，有取有舍。

一个人的选择是如此，一个企业的发展也同样如此。一家企业或组织，无论它以前的业绩有多么好，底子有多么雄厚，在市场和风险面前，需要面对各种选择。如果没有先进的管理，没有优秀的人才，经营不善，很可能被无情的市场所淘汰。如何经营好，需要学习，需要积极创新，需要优秀的人才。

选择了，要保持一颗平常心。因为取的同时会有舍去。放弃了，要保持一颗平常心，因为舍去了的同时一定会有所得。选择不代表一定拥有，放弃不代表一定失去。睿智和长远眼光来自于勇气，来自于学习。选择了，就要珍惜；放弃了，就不要后悔。踏踏实实每一步，送上我们真挚的祝福和掌声。

在做选择时，请保持一颗平常心。不骄不躁，以出世之心，做入世之事。保持一颗平常心，实质上就是把外在的世界和内心保持一个平衡点，成功不要得意忘形，失败也不要灰心气馁，以一颗平常心坦然处之。

5. 学会淡泊

淡泊，即恬淡寡欲，不追求名利。清末张之洞的养生名言：“无求便是安心法。”当代著名作家冰心也认为“人到无求品自高”。这说明，淡泊是一种崇高的境界和心态，是对人生追求在深层次上的定位。有了淡泊的心态，就不会在世俗中随波逐流，追逐名利；就不会对身外之物得而大喜，失而大悲；就不会对世事他人牢骚满腹，攀比嫉妒。淡泊的心态使人始终处于平和的状态，保持一颗平常心，一切有损身心健康的因素都将被击退。

生活有苦有乐，最好时常笑呵呵；事业有坎有坷，最好淡定从容过；爱情有甜有酸，最好把心胸放宽；祝福有长有短，最好是开心快乐。

学会淡泊需念好养心经。心非养不能正矣！养心之法很多，因人而异。古人“养心在勤，养心在静，勤静结合，勤于用脑，老而不衰”。《浮生六记》认为“养心一是启智（闲情、逸志、浪游、健康）；二是做人；三是形式（布衣菜饭，以乐终生）”。还有学者提出“善良、宽容、乐观、淡泊”是心理保养的 4 个诀窍。

善良是心理养生的营养素。心存善良，就会以他人之乐为乐，乐于扶贫济困。经常保持善良之心，你的生活就会无比快乐。善良之人，待人善，待己善，做善事，发善心，出善举。古往今来，不胜枚举。

心被保养便会泰然处世。处于世上，就会方圆得当，该方的方该圆的圆。有人说“处世之道，外圆内方”，有的说“圆的不稳，方的不滚”。当然，为人不可太圆、太方、太懦弱、太刚烈。处世也不可太偏执，否则就会被孤立。方是圆的骨，圆是方的肉，为人处世要有骨有肉。成方成圆足以成大器，方圆互用，人生事业才能通达。要圆得无破绽，浑圆玲珑，世事人情就一通百通。方要有章有法，有原有则，方寸不乱，千变万化，变不离宗。最高境界是左手画圆，右手画方。圆出五湖四海、经天纬地的博大襟怀。方出今来古往，唯有江山不老的山川造化。智欲圆而行欲方，顺道而行；待人要圆，律己要方；圆内容方，方里生圆，遵循大道；外要圆，内要方，性格要方，心量要圆，海阔天空，顺其自然。

生活中，不妨借鉴古人的思想，加强道德修养。崇俭抑奢，宽宏大量，不露锋芒，功成不拘，居上谦下，为而不争，不以德报怨，身重于物，宠辱不惊。庄子曰："不为轩冕肆志，不为穷约趋俗。"（不可为了荣华富贵而恣意放纵，胡作非为，也不可因为穷困贫乏而趋附流俗）不灾人，也不被人灾，害人之心不可有，防人之心不可无。淡泊名利，名公器也，不可多取（名誉是人人都可享用的东西，追求名声，应适可而止，不可过度猎取）。不能容人者无亲，无亲者尽人（心底偏狭的人，最终必会陷入孤立无援的地步）。老子云："知人者智，自知者明。胜人者有力，自胜者强。"（认识别人是机智，了解自己才算高明。战胜别人才有力，克服自己的才算真正的刚强）。"祸莫大于不知足，咎莫大于欲得。"（祸患没有比不知足更大，灾难没有比贪得无厌更大）。欧阳修说过："利关不破，得失惊之。名关不破，毁誉动之。意粗性躁，一事无成。心平气和，千祥骈集。"弘一大师说："为人师者，心胸宽广，勿激而怒，品德清廉，不求名利。"朱熹云："君子能端重，能庄严，能肃敬。不轻佻，不苟且，不傲慢。"君子的品德修养，内要端正自己的思想，外要端正自己的仪容。

一个人要自我净化，自求多福，做到戒私心、戒骄心、戒偏心、戒欺心、戒妒心、戒疑心、戒躁心、戒动心。做到俗情牵绊处斩得下，俗情矜张处抑得下，俗情难忍处忍得下，俗情浓艳处淡得下，俗情苦恼处耐得下，俗情劳扰处闲得下。

6. 学会宽容

"能容小人，方成君子"。在这个纷乱冗杂的社会里，总会遇到一些来自别人的不理解，或者有意无意的伤害。水至清则无鱼的大道理大家都懂，但我们总要求别人和自己一样清或者一样浊，人云亦云。别人适应不了你，那你就得去适应别人。哲学家康德说过："生气，是拿别人的错误处罚自己。"为什么要用别人犯的错来折磨自己呢！胸中天地宽，常有渡人船，宽不但能利他人，也能利己，小人都能容下了，那天下之大你还有什么容不下的。

宽容是一种修养。修养是涵养，是品性。当以常态的眼光去对待别人的小瑕疵，原谅别人的同时天也宽了地也阔了。儒家学派创始人孔子的一生是可怜的一生，生于礼坏乐崩的乱世，为官不得志，但做君子，孔子却做到了，他用生命的儒雅，不仅影响了他的学生，还影响了几千年的中国文化。君子的范畴何其大，道、德、仁、礼、义都要去做到，谁也不敢说他这一辈子没有作过一件错事，但可以让自己尽量去完善自我。

宽容是一种智慧。当面对一个百般刁难的人，宽容别人证明自己有气度，比别人有更高的智慧，有时不做回应并不是表明屈服，责人不如帮人，有时以静制动比口喷飞沫、舞动全身的杀伤力更为奏效。一个睿智的人，一定是不斤斤计较、心胸宽广、不以小利而去损他人的人。以其人之道还治其人之身，并不是一个有智慧的人所之为，真正的智者以品性来取悦他人，不是逞一时之快来暂时泄愤。所以有时宽容也是一个智慧之举。

“能忍者真君子，能屈能伸大丈夫”，君子与小人的区别，就是一个胸怀和气度的火候。“君子怀德，小人怀土，君子怀刑，小人怀惠”，宽容并不是迁就，而是仁爱，是处世的大智慧，是人格魅力的提升，对于小人以牙还牙更添积怨，最高贵的复仇方式就是宽容，无声方式有时胜过针尖对麦芒。

宽容是一种品质。宽容是人生路上不可或缺的品质，是待人的一种艺术。“爱人者，人恒爱之，敬人者，人恒敬之”，世界上最阔的是海，但人要做到让自己的胸襟比海还要阔。宽容是人生路上的调养剂，只有修身养性，才能让你的路越走越宽。宽容似阳光，它能给他人带来光亮，温暖他人也让自己更豁达。学会了宽容，在茫茫人海中行走，让你少了很多心理残障，让你的人生路有了更多坦途。只要我们时时能以一颗宽容之心待人，世间就更温暖，人生就更美好。

宽容，对人对己都可成为一种毋须投资便能获得的“精神补品”。学会宽容不仅有益于身心健康，且对赢得友谊，保持家庭和睦、婚姻美满，乃至事业的成功都是必要的。因此，在日常生活中，无论对子女、对配偶、对老人、对学生、对领导、对同事、对顾客、对病人……都要有一颗宽容的爱心。

宽容是一种艺术。宽容往往折射出一个人处世的经验、待人的艺术、良好的涵养。学会宽容，需要自己汲收多方面的“营养”，需要自己时常把视线集中在完善自身的精神结构和心理素质上。否则，一个缺乏现代文明阳光照射的贫儿当被人们嗤之以鼻，不屑一顾。当然，宽容绝不是无原则的宽大无边，而是建立在自信、助人和有益于社会基础上的适度宽大，必须遵循法制和道德规范。对于绝大多数可以教育好的人，宜采取宽恕和约束相结合的方法；而对那些蛮横无理和屡教不改的人，则不应手软。从这一意义上说，“大事讲原则，小事讲风格”乃是应取的态度。处处宽容别人，绝不是软弱，绝不是面对现实的无可奈何。在短暂的生命旅程中，学会宽容意味着你的思想更加快乐。宽容，可谓人生中的一种哲学。

6. 学会赞美

有位哲人说过：“仅靠一句赞美，就可以很好地活上 3 个月。”我们每个人都希望得到他人的认可，对于普通的人，赞美可以赐予他一份好心情，对于缺乏自信的人，赞美更会产生一种奇异的力量。被人赞美的感觉真的很好，恰如其分的赞美让人获得肯定，使人心情愉悦，让人平添自信。

真诚的赞美，犹如普照心灵的阳光，也似滋润心田的甘露，让自信和温暖在心里蓬勃生长。用真诚的话语把赞美的阳光播撒，予人玫瑰，手留余香，真诚的赞美是对他人友爱的表现，爱必将温暖我们的心田，照亮我们前方的道路！

三、乐观地面对各种压力

心理学家通过跟踪研究表明，一个乐观、富有弹性思维的人，会抱着“车到山前必有路”的潇洒气概，冷静地应对各种变化，化逆境为顺境，变压力为动力，为自己创造一个积极、有序、宽松、和谐的生存环境。

【寓言启示】

在心灵的世界里，住着两个人，一个叫“太好了”，另一个叫“太糟了”。叫“太好了”的人，每天在心中编织着欢愉的网络，遇到任何事情，他都能微笑着说声：“太好了。”他有一种力量，能把负变成正，把坏事变成好事，把不利变为有利。靠这种力量，他能把你带入一个光明的世界、一个充满快乐的世界。“太好了”是一种乐观主义精神，是21世纪人类解除烦恼的一剂良药；

那个叫“太糟了”的人，每天在心中编织着痛苦的网络，无论遇到什么，他都紧皱着眉头说：“太糟了！糟透了！烦死了！”他给你带来的永远是烦恼，跟随着他，走进的是一个悲惨的世界。“太糟了”是悲观主义的鸦片，是烦恼、痛苦、失败的深渊。

启示：

乐观是一种心态、一种智慧，用乐观看世界，世界回报以乐观，用怨恨看世界，世界回报以怨恨。心态决定命运，改变态度，就会改变命运。成功者一直用最积极的思考、最乐观的精神和最辉煌的心态对待自己的人生。

乐观、好心情是可以互相感染的。一个幸福的老师会用自己的乐观、自信带动学生乐观、自信，用自己的好心情，给学生带来幸福和快乐。

（一）乐观的教师笑对压力

乐观不但可以帮助人们宣泄生活烦恼，使人思维敏锐，笑颜常开，帮助人们提高人际交往能力，获得更多的人际和谐，还会使人胸襟豁达，善于思索。更重要的是，乐观幽默感使人富于创新思维和同情心，升华人的精神，使人在烦恼中获得快乐，在冲突中获得和谐。

【学界轶事】

一个学生向一位著名的心理学家请教一个问题：心态对一个人会产生什么影响?

心理学家没有正面回答，只是把学生们带到了一个黑暗的屋子里。他引导学生们一个个从一座很窄的木桥上穿过了这间屋子。等学生们全部过完以后，他打开了房间的一盏灯，在昏暗如烛的灯光下，学生们一个个吓得目瞪口呆。原来，这间屋子的地面是一个很深很大的池子，池子里有一条大蟒蛇和几条毒蛇，正高昂着头，“滋滋”地向他们吐着信子。他们刚才走过的桥，正是架在这个池子的上方。

心理学家问他们：“现在还有谁愿意再次走过这座桥?”学生们吓得面面相

觑，没有一个人敢回答他的问话。过了许久，终于有3个学生犹犹豫豫地站了出来，向桥上走去。结果，胆子最大的那个学生小心翼翼地移动着双脚，虽然走完了桥，但速度比第一次明显慢了许多；第二个学生战战兢兢地踩在木桥上，好不容易走了一半，却再也不敢往前行进了；第三个学生则弯腰趴下，慢慢地从木桥上爬着前行。

之后，心理学家又打开了房内的另外几盏灯，强烈的灯光一下子把房间照得如同白昼。学生们意外地发现木桥下面其实有一道安全网，网线也很牢，毒蛇根本咬不到他们。先前因为光线昏暗，他们才没有发现。

心理学家接着又问："你们当中还有谁愿意现在就通过这座桥？"学生们齐声答道："我愿意。"然后，大家轻松地排队走过了小桥。

心理学家说："我现在可以解答你们的问题了。这桥本来不难走，可是桥下的毒蛇对你们造成了心理威慑，于是，你们就失去了平静的心态，表现出各种程度的胆怯。而一旦心态恢复了平静，就又可以轻松地走过了。"

点评：

心态影响人的行为，心态影响人生。很多人在做一件事之前，总喜欢把问题的方方面面想得很细致，甚至故意复杂化，前怕狼后怕虎，眼中只有困难，以致心理负担过重，放不开手脚，犹豫不决，从而失去了许多机会。而那些勇往直前，敢闯敢试，把困难、险恶抛在一边的人，却能保持良好心态，专心走好自己脚下的路，成就一番事业。

1. 乐观的教师工作顺畅

20世纪伟大的人生导师戴尔·卡耐基讲过："人人都渴望幸福，但是，幸福之路只有一条，简单地说，就是改变自己的心情。幸福与不幸福，并不是由个人财产的多寡、地位的高低、职业的贵贱决定的。"

一个乐观的教师会心平气和地对待学生，对待工作，对待当前的各种境遇，并确定一个切实可行的可望可及的追求目标。既没有过高的奢望，也不过低看待自己，踏踏实实。尤其是面对困难和挫折能一如既往乐观地对待自己的环境，乐观地对待自己的工作，坚定自己的目标，不离不弃，持之以恒，一步一个脚印稳步朝既定目标迈进。乐观与自信一样，可使工作及人生旅途更顺畅。

【典故感悟】

5 块钱

美国的海关里，有一批没收的自行车，在公告后决定拍卖。拍卖会中，每次叫价的时候，总有一个 10 岁出头的男孩第一个喊价，他总是以 5 块钱开始出价，然后眼睁睁地看着脚踏车被别人用三四十元买去。拍卖暂停休息时，拍卖员问那小男孩为什么不出较高的价格来买。男孩说，他只有 5 块钱。

没一会儿的工夫，再一次的拍卖会又开始了，那男孩还是给每辆自行车相同的价钱，然后被别人用较高的价钱买去。后来聚集的观众开始注意到那个总是首先出价的男孩，他们也开始观察，看看会有什么结果。

直到最后一刻，拍卖会要结束了。这时，只剩一辆最棒的自行车，车身光亮如新，有多种排挡、十速杆式变速器、双向手刹车、速度显示器和一套夜间电动灯光装置。

拍卖员问："有谁出价呢?"所有人都知道一定是那个小男孩第一个叫价，果不其然，在拍卖员话音刚落的同时，站在最前面，而几乎已经放弃希望的那个小男孩又轻声地再说一次："5 块钱。"

拍卖员停止唱价，停下来站在那里。

这时，所有在场竞价的人的眼睛全部盯住这位小男孩，没有人出声，没有人举手，也没有人喊价。直到拍卖员唱价3次后，他大声说：“这辆自行车卖给这位穿短裤、白球鞋的小伙子！”

此话一出，全场鼓掌。那小男孩拿出握在手中仅有的5块钱，买了那辆世上最漂亮的自行车。这时，他脸上流露出从未见过的灿烂笑容。

感悟：

成功和失败往往只是一步之差，如果多坚持一秒钟，就会多迈一步，这一步就决定了你的成功。遗憾的是，往往很多人在最后的一秒钟内放弃了。

2. 乐观的教师容易成功

【实验报告】

在美国麻省理工学院曾经进行过这样一个很有意思的试验。试验人员用很多铁圈将一个小南瓜整个箍住，以观察南瓜随着生长期的累积，能承受多大的压力。

最初，他们估计南瓜最大能够承受227千克的压力。然而，他们的估计大错特错。在试验的第一个月，南瓜承受的压力就达到了227千克。到了第二个月，压力达到了680千克！当它承受到907千克压力时，铁圈被撑开了！试验人员只好把铁圈加固。当整个南瓜承受了超过2270千克压力后，南瓜皮才产生破裂。试验人员打开南瓜，发现它已经无法食用了。为了挣脱包围它的铁圈，这个南瓜充满了坚韧牢固的层层纤维；他们还观察了它的根部，为了吸收充足的养分，它所有的根都在往不同的方向全方位地伸展，长度超过了24千米！

启示：

又嫩又脆的南瓜，为什么会变得如此坚韧，挺住了难以想象的巨大压力呢？压力并不是坏事，它可以让我们更加完善。在压力面前不必畏惧，无须退缩。每个看似弱小的生命，都蕴含着战胜压力的力量！正如心理学家所说，事情的本身并无绝对的压力可言，压力的真正原因是个人对问题的态度。变压力为动力的出发点是减轻你的“负载”，然后设置轻重缓急的级别，放下那些不重要的。

成功是一种感觉，一种态度，成功的大厦是建立在自信的基石上。每个人都有优点和缺点、长处和短处。一旦你学会突出自己的优点和长处，自卑感就会消失。“我能行”是成功者的态度，“我不行”是失败者的态度。“我能行”三个字使人改变态度，把消极变为积极，把弱点转化为力量，由“自我放纵”到“自我约束”，由“我不行”变为“我能行”，就会获得成功的感觉，最终转败为胜改变自己的命运。

一般来说，人们只要不处在激怒或疯狂的状态下，都能够保持自制并做出正确的决定。健康乐观的情绪，不仅可以给生活带来幸福稳定和畅快，还能在大难临头的时候助你逢凶化吉，转危为安，从而取得成功。比尔·盖茨曾说：评价一个人做事的好坏，只要看他工作时的精神和态度即可。如果一个人工作起来充满热情，他就能够做到精益求精和力求完美；如果做起事来总感到受了束缚，感到工作劳碌辛苦，没有任何趣味可言，他就绝不会做出什么伟大的成就。

乐观积极主动的人无论在什么情况下，总有选择的权利。他们对自己总是有一份责任感，因为命运操纵在自己的手里，而自己并不是环境或他人的附庸。对一件事情，他们总是认为自己可以主导事情的发生、发展。

曾经有过学者研究事业成功的人，看看他们成功的原因何在。结果发现这些成功者有些共同特质：对自己充满信心，对未来抱持乐观态度，而且具有极佳的挫折忍受力。面对困难挫折，他们沉着冷静，泰然处之。即使遭受到严重的失败，他们也始终坚定信心，保持乐观和热情，及时应变。

相反有些人则会对突然而来的挫折不知所措，甚至一蹶不振，从此浑浑噩噩。生活环境相同，出现两种不同的景象，其主要原因在于能否保持一颗平常、乐观心，能否冷静地面对所发生的一切。

3. 乐观的教师健康长寿

人生是快乐史，也是烦恼史。生活中，每个人会感受到快乐，也会遭遇到烦恼。不同的是，有的人快乐多于烦恼，有的人烦恼多于快乐。快乐的人并不是没有烦恼，而是善于排解烦恼，化消极心态为积极心态，尽可能保持快乐的心情；烦恼的人并不是命运不好、家庭不好，而是自己的心态不好，快乐的事到了他那里也会变成烦恼。

医学家和心理学家通过大量试验研究发现，人的疾病与寿命除了“生物模式”之外，还存在着“心理、社会医学模式”，乐观有益身体健康。中东地区一位120岁的长寿者，把自己长寿的秘密概括为一句话——快乐地生活。乐观的人不容易成为压力的受害者，因此身体内因压力感而起的肾上腺素及压力激素也就不会失控过多，从而导致免疫系统威力大伤的惨状。也就是说，乐观的人免疫力较佳，伤风感冒不说，就连心脏病、血管病变及中风等状况，都明显地比整天悲观、心情郁闷的人少很多。

绝望导致早死。研究者发现，老年丧偶后的半年里，死亡率比同龄人高出6倍。悲观破坏免疫功能。情绪不仅是一种心理体验，也是一种物化过程。悲观不仅会造成代谢功能的失调，如心率、血压、消化功能的紊乱，而且会使内分泌破坏或降低免疫功能；快乐会使生病的人忘记痛苦，甚至会让生病的人能比常人活得久。

4. 乐观的教师人缘良好

给予别人欢乐，自己也会得到欢乐。在人与人相聚时，乐观者的快乐心情，微笑的表情，诙谐的语言会像春风温暖别人的心，引发大家的笑声，驱除心中的烦恼。当人们得到这些美好的心灵享受之后，对乐观者会油然产生一种感激之情、送去赞赏的目光，会觉得他们有一种“精神引力一样”，愿意与他们交往。乐观的教师会加倍地得到学生、同事等带来的欢乐，并结下广泛的良好的人缘。

5. 乐观的教师心胸豁达

比地大的是天空，比天大的是人心。心胸豁达的人是真正的强者，乐观则是他们的情绪体验。乐观者能应付生活险境，掌握自己的命运。邓小平的心胸就很博大，在他 80 岁高龄时，德国前总理科尔问他“长寿秘诀”，邓小平回答说：“天塌下来我也不怕，有大个的顶着。”乐观的人即使遭遇挫折、失败，甚至前功尽弃、全军覆没，也不会灰心丧气，更不会自暴自弃，而能迅速作出反应，找出解决的办法，确定新的生活方案。

6. 乐观的教师挫折较少

所谓的乐观是指面对挫折仍坚信形势和情境必会好转。美国堪萨斯州大学心理学家史耐德经研究发现学生的成绩与其心态是否乐观有决定性的关系。当设定某科成绩 80 分时，实际考了 60 分，最乐观的学生决定要更用功，并想得到补救的方法；次乐观的学生也想到一些方法，但缺少实践的毅力；最悲观的学生则宣布放弃。

美国宾州大学心理学教授马丁·沙里曼在研究乐观心态激励人心的重要性时发现，对保险公司业务员的业绩来说，一些乐观测试成绩高的业务员比悲观型的业务员的业绩第一年超出 21%，第二年超出 57%。在一次次遭遇失败后，悲观的人可能在心里告诉自己“这一行我干不了，一张保单也别想卖出去”，而乐观的人会告诫自己“可能我的方法不对”或者“可能碰到一个情绪不佳的客户”。

（二）教师减压面面观

【典故感悟】

鸡笼里的鹰

有个人在高山之巅的鹰巢里捉到一只幼鹰。他把幼鹰带回家，养在鸡笼里，让它和鸡一起生活。由于这只幼鹰每天都和鸡一起啄食、散步、嬉闹和休息，它以为自己也是一只鸡。

渐渐地，这只鹰开始长大，羽翼丰满了，主人想把它训练成猎鹰，陪着主人去捕猎，但是由于终日和鸡混在一起，它已经变得和鸡完全一样，根本没有飞的欲望。而且也不知道自己会飞。

主人想尽了各种办法，也试了很多办法，但是都毫无效果，最后主人只好把它带到山崖顶上，把它扔了出去。

这只鹰像块石头似的，直掉下去，它以为主人不要它了，心中不免绝望，慌乱之中它拼命地扑打翅膀，就这样它居然飞了起来！这时，它终于认识到生命的力量，成为一只真正的鹰。

感悟：

一个人所受到的压力和他的能力是成正比的，一个人所承受的压力越大，他所释放出的能量也就越大。

现今教师难做、学生难教、心态难好已成为中小学教师不争的说法之一。社会急剧变化，教师也不得不面临更大的心理压力。教师劳动的特殊性带来的角色模糊、角色冲撞、角色负荷增大，他们感到前所未有的压力。现实竞争与功利需求也往往让教师掩抑真情，而失落造成的反差、奋斗中不尽如人意的结果又不断导致心理出现问题，危害个体身心健康。在长期的抑郁和焦虑中，失眠、食欲减退、头晕目眩等结伴而来，成为教师常见病症。

1. 宣泄法减压

宣泄法是一种将内心的压力排泄出去，以促使身心免受打击和破坏的方法。如果把烦恼、痛苦埋藏在心底里，不良情绪积蓄过多，得不到适当的宣泄，只会加剧自己的苦恼，容易造成身心的紧张状态。这种紧张持续时间过长或强度过高，还可能造成身心疾病。因此，教师应该选择合适的时候、合理的方式宣泄自己的情绪。情绪的宣泄可以从“身”和“心”两个方面着手。该哭的时候就痛痛快快地哭一场，释放积聚的能量，调整机体的平衡，大雨过后有晴空，心中的不良情绪会一扫而光。宣泄法的途径有：

⑴ 说出压力。通过对亲近和信任的朋友或亲人倾诉衷肠，说出内心的恐惧和问题，宣泄内心的郁闷，可以减轻或消除心理压力，恢复心理平衡。有时候所面临的问题并不严重，只是在心慌意乱时无法冷静思考，如果能够通过倾诉、听听别人的想法，发现问题所在，找出解决方法，即可豁然开朗。

⑵ 写出压力。当面对复杂却又无法逃避的问题时，通过给自己写信或写日记的方式宣泄内心的苦恼，可以减轻或消除心理压力。

⑶ 唱出压力。通过唱一些自己喜欢的歌，抒发心情，宣泄内心的郁闷、愤怒和悲痛，减轻或消除心理压力，避免引起精神崩溃，恢复心理平衡。

⑷ 聊出压力。在压力大、精力也很充沛时，可以找朋友喝喝茶，聊聊天，也可以上网聊一聊。有些难以当面表达的话语，可以在网上与网友发泄一下。

(5) 呼出压力。感觉压力重时，最简单、最快速的方法就是深深吸一口气，然后闭气两三秒，再微微张开嘴巴，缓缓吐气。如此反复做几次，通过深呼吸宣泄内心的沉闷和困惑，可以减轻或消除心理压力，可使血液循环恢复正常，心跳减速，心情自然转为平静。

⑹ 跑出压力。有时我们感觉压力大，干什么都没心情时，强制自己参加一些体育运动，或在户外找个清净的地方，慢跑或者步行 20 分钟，使全身的肌肉放松，增加疲劳感，减轻或消除心理压力。

⑺ 打出压力。如果压力来自权威的力量而又无法发泄时，可以找一个沙袋或者布偶痛打一顿，可以缓解内心压力。

2. 放松法减压

即通过神经和肌肉的放松训练，达到减轻压力，控制情绪的目的。具体方法有：

⑴ 平卧。从下至上、从左至右分别使你身体各部分肌肉群紧张起来，然后再放松。做完之后安静地松弛几分钟。

⑵ 试着只通过触觉把你的各种感觉传给另一个人，如你的爱人，你的兄弟、姐妹。

⑶ 按摩。或者自行按摩，专注于手触动身体各部分的感觉上。

⑷ 洗热水澡。热水澡可以促进血液循环，使肌肉松弛，减轻压力，使身心放松。有条件者可尝试一下蒸汽浴。

⑸ 不带任何雨具在雨中散步，感受雨点落在身上的感觉。

⑹ 做户外运动。如游泳，在沙滩或草地上奔跑，以获得一种解脱感。

⑺ 在快速行驶物上让新鲜空气扑面而来。

(8) 沉思默想，或做些简单的气功。

(9) 不被干扰地度过一段时光，如在家里单独做些事情，或在河边、湖畔、公园里散步，完全融入自然之中。

(10) 不开灯或闭眼度过一个夜晚。

(11) 和朋友去进行野餐，自带食品，在惊讶中获得欢乐。

(12) 甩动手臂、手腕，逐渐加大摆动姿势，甩掉手臂肌肉的紧张，再用同样的方法甩动腿、躯干和颈部，使全身的肌肉放松下来；或纵声喊叫、歌唱、大笑，在地上打滚、扔石头、爬树……

(13) 从慢到快改变你的呼吸频率。

(14) 赤足散步，体会走在不同地面上的触觉。

(15) 做些轻松开心的事，如坐在铁路旁向驶过的列车挥手。

(17) 放松下来，闭着眼睛听音乐。

(18) 做些幼时的游戏，如放风筝、玩沙子等。

3. 转移法减压

面对过重的压力，参加文娱或体育活动，增加自己的兴趣，调整自己的情绪，以豁达的心情面对现实，乐而忘忧。当与人发生争吵时，马上离开这个环境，去打球或看电视；当悲伤、忧愁情绪发生时，先避开某种对象，不去想或遗忘掉，可以消忧解愁；在余怒未消时，可以通过运动、娱乐、散步等活动，使紧张情绪松弛下来；有意识地转移话题或做点别的事情来分散注意力，可使情绪得到缓解。多接触令人愉快、使人欢笑的事物，避免和忘却一些不愉快的事。与其“不懈奋斗、孜孜以求”，最后“衣带渐宽”，面容憔悴，不如潇洒一些，干点快乐的事。

4. 内省法减压

通过换位思考，培养平常心、宽容心、感恩心、慈善心等内省方式以减压。不对自己过分苛求，不对别人期望过高，疏导自己的愤怒情绪，集中精力处理近事，不要处处与人竞争等等，避免四面树敌，避免挫折感，减轻精神负担，调节心理平衡。

5. 兴趣法减压

培养多种兴趣，游戏于动静之间，既增长见识，又滋润心灵。

6. 幽默法减压

幽默是精神健康的调节剂，学会幽默，以良好的心境应对周围的一切。

（三）教师修炼乐观的途径

【典故感悟】

1 美元购买一辆豪华轿车

一家报纸上刊登了这样一则广告："1 美元购买一辆豪华轿车。"

哈利看到这则广告半信半疑地想："今天是不是愚人节啊？"但是，他仍然揣着 1 美元，按报纸上的地址找去。

不一会儿，他找到了广告上刊登的地方。随即敲门，一位少妇为他打开了门，少妇把哈利领到车库里，指着一辆崭新的豪华轿车说："喏，就是这辆轿车。"

于是，哈利有点不安地付给了少妇 1 美元，没想到少妇真的把车给了哈利。当办完手续，可以开车离开的时候，哈利仍百思不得其解。他忍不住问那个少妇：“太太，你能告诉我这是为什么吗?”

少妇叹了一口气说：“实话跟你说吧，这是我丈夫留给我的遗物。他把遗产都留给了我，只有这辆轿车是属于他那个情妇的。但是，他在遗嘱里把这辆车的拍卖权交给了我，所得款项归他的情妇。为了惩治那女人，我决定1美元卖掉它。”哈利恍然大悟。

在回去的路上，哈利碰到了和他很要好的朋友汤姆。汤姆好奇地问起轿车的来历，哈利便把他买车的经过和少妇卖车的缘由告诉了汤姆。当听完哈利的叙述后，汤姆失声叫道：“啊，上帝，1周前我就看到这则广告了!”

感悟：

在人的一生之中会碰到很多的机遇，只要你抓住了，就能够改变你的命运，但就看你有没有用积极的心态面对问题。

1. 树立良好的自信

人有两种意识，即意识和潜意识。科学研究表明潜意识的力量是意识的3万倍以上。我们的意识就好像漂浮在大海里的冰山一样，我们肉眼所看到的冰山只是露出水面的一角而已。自信会产生正面的力量，不自信会产生负面的力量。现在经常有人说要发挥潜能，因为大部分人所用的只是大脑或潜能的1%而已，就算很聪明的人也只用到潜能的3%左右。一个人一旦有了自信，就会产生出连自己都想不到的力量；如果没有自信，那他什么事情也做不好。

自信是一个人成功的关键。拿破仑说：“我成功是因为我志在成功。”志在必得的信心，促成了他的成功。当一个人有了相信自己能行的态度后，他就会从内心产生一种能力与动力，这就会使他全力以赴去做一件事情，并努力把它做好。只有相信自己，才能把握自己的心态，如果一个人不认为自己快乐，他就不可能快乐。如果连我们自己都不相信自己能将遇到的事情处理好，又有谁能帮我们呢？相信自己，我们得每天对自己积极地说："我是行的！"如果每天都积极地相信自己行，我们还能有什么困难呢？从另一个角度来看，困难只不过是让我们走向成功的障碍而已。只要我们尽力了，我们还怕什么呢？况且我们还有机会，只要我们努力，我们就会成功。

"自信就是一定要相信自己""告诉自己我最棒！我们就会成为最棒""我们觉得自己能行，我们就一定能行；我们觉得自己不行，我们就真的不行""要永远相信：我们是最好的"……这些话可以鼓起我们的信心，帮助我们最大限度地发挥潜能，克服困难，朝成功不断迈进。

当然，我们的自信还要建立在准确定位、扬长避短、做最好的自己的基础上。我们不是盲目地认为"老子天下第一"，也不是忽略自己的不足。相反，我们要善于坚持该坚持的，哪怕已经遭遇失败；要果断放弃应该放弃的，哪怕过去自己那么坚信的。

2. 学会控制情绪

情绪控制指个体对自身情绪状态的主动影响。教师在学生面前应控制自己的消极情绪，不把挫折感带进教室，更不能发泄在学生身上。教师觉得在工作中受到了委屈，很自然地容易把气发泄在学生身上，因为学生常常就是让他们受委屈的"罪魁祸首"之一。

本来，适当地刺激一下捣蛋学生的自尊，对矫正学生的问题行为可能是有效的，然而教师在情绪激动的时候很难把握好这一尺度，常常可能伤害学生，也破坏了自己在学生心中的形象。如果教师因为自己遇到了挫折而烦躁，并且因此而斥责学生，学生们是能够意识到的。他们不仅不愿再尊重教师，听教师的话，还可能会报复教师。

情绪控制的方法可以从两个方面入手：从认识上分析造成不良情绪的原

因，看自己的反应是否合理、是否适度；从情绪本身方面控制可能发生的冲动行为，采用合理或间接手段适当疏导。例如，自己提醒自己在情绪激动时不要批评学生，等待自己能心平气和地冷静处理问题时再批评学生，防止过激言行。在这方面，如果调整得法，可以化消极被动情绪为积极主动的建设性行动，也就是精神分析所说的升华。

太多的喧嚣，有时会让我们搞不清方向；太多的诱惑，会让我们的贪欲蠢蠢欲动；太多的拥有，会妨碍我们的感知。心理学家强调，不良情绪对于21世纪的人来说，相当于19世纪的肺病和20世纪的癌症。如果一个人情绪不好，将会对周围的人产生负面影响，而几个人的情绪就会影响一个团队甚至整个组织的工作状态。因此，情绪管理非常重要。

种瓜得瓜，种豆得豆，成功取决于心态。当我们向思想输入什么信息，大脑就会回馈给我们什么信息。种下什么“种子”，它就会产生什么样的结果给你。今天的结果都是自己昨天种下的“种子”造成的。不管是好的还是不好的。昨天的因，造就今天的果；今天的因，就是明天的果。有很多人把结果推给了别人和环境，这是不负责任的做法。别人和环境都是一种外因，真正创造一切的是自己思想的内因。正是因为这样，同样的环境、同样的时段，不同的人会创造出不同的结果。

在我们的生活中，经常会有一些情绪、一些不满，而我们又无法将这些不满、委屈直接化解掉，这就容易导致类似上述例子中的情绪转移状况。如果我们另外寻求一些生活的领域，比如：美术、文学、戏曲等等，就可以帮助我们得以疏解，甚至可能会创造出不少优秀的作品。因为有许多伟大的艺术创作，就是由于艺术者本身在内心深埋着无数的创伤，无法得到疏解时，通过创作的途径，将内在的伤痛表现出来的。

平静可以给一个宁静的空间让我们静思，平静可以唤醒内心真实的自己，可以在一湾碧水中静静地涤荡自己的心灵。保持一颗平常乐观的心，是一门生活艺术，更是一种处世智慧。人生在世，生活中有褒有贬，有光有暗，有荣有辱，这是人生的寻常际遇，不足为奇。古往今来万千事实证明，那些事业有所成就的人无不具有“荣辱不惊”这种极宝贵的品格。荣也自然，辱也自在，勇往直前，否极泰来。

3. **学会幽默诙谐**

心理学大量的研究表明，幽默不但能调节和保持心理健康，还可以提高人的免疫能力，起到延年益寿和抗衰老的作用。有幽默感的人有较高的主观幸福感与乐观人格。究其原因，幽默能使紧张的心理放松，释放被压抑的情绪，摆脱窘困场面，缓和气氛，减轻焦虑和忧愁，避免过强的刺激，从而起到心理保健的作用。

幽默是健康的品质之一，是愉悦的情绪表现，是在善意的微笑下，通过影射、讽喻、双关等手法揭露怪诞和不通情达理的方法。幽默可缓解矛盾、调节情绪，给别人带来欢笑，征服忧愁和烦恼，促使自己的心理处于相对平衡状态。幽默是一种含蓄，一种稳重，幽默需要高品位的修养。幽默像一首耐人寻味的诗，它蕴寓着无限的联想，给人留下美好的记忆。幽默的年轻人活泼可爱，幽默的中老年人健康长寿，幽默的教师课堂机智生动，深受学生欢迎。

幽默是智慧的表现，具有幽默感的人善于从学习中发现乐趣，从生活中感受喜悦。如果我们不去发现生活的积极面，而只看到消极面，那么人生是没有什么意义的。

幽默制造笑声，而笑声是人生最有效的兴奋剂之一，是人体能发散出来的具有第二高能量的情绪（最具有能量的是爱）。笑声可以抑制焦虑，调整自我的压力、沮丧、恐惧和忧虑，甚至有治疗疾病的功效。大笑的作用好比慢跑，可以增强呼吸，帮助体内的氧化作用，松弛紧绷的肌肉，缓和上升的血压；会心一笑则能在刹那间缩短彼此间的距离，找到心灵的契合点。生活离不开幽默，人生离不开笑声。

周星驰的无厘头、葛优的冷幽默都给人留下深深的印象。我们每天面对来自社会、家庭、工作、学习的巨大压力，如果再不善于调节自己，凭什么成功？生活中，有的人对自己有不切实际的要求，过于在意别人对自己的看法，假想的对手太多，习惯把自己严密地包裹起来，从不愿真诚待人，极少能善意地主动理解别人，总是听风便是雨，怀疑对方，自然无法和人交流沟通。

要想真正享受幽默带来的快乐，就要正确地认识自我，不论在什么样的环境里，都要保持乐观、愉悦、积极向上的心态，宽容大度，与人为善，帮助别人，并不拒绝朋友对自己的帮助。要多读书，多思考，经常将自己置身于幽默的环境里。比如，多看喜剧小品，多听相声笑话，等等。让自己变成一个普通人，自然能获得普通人的快乐。幽默感是可以培养的，必须释放心情，开阔胸襟，让自己成为豁达的人。

【名人效应】

林肯总统的幽默与乐观

林肯是美国第16任总统，他的一生充满了艰辛和坎坷。他出身贫寒，9岁时母亲去世，15岁才开始读书，24岁做生意破产并负债15年，25岁时他的初恋女友因病去世，32岁婚后因妻子脾气暴躁常有家不能归，35岁时他竞选公职几乎每次失败，52岁时他当选美国总统，结果南北战争很快爆发，56岁再次当选总统，却被人刺杀。

林肯原本是一个不苟言笑的人，生活的环境也极为沉闷。面对接踵不断的磨难，林肯靠什么来支撑自己呢？

为了使生活充满一点阳光，也为了减少生活的烦恼，林肯努力学习幽默，学会用笑来积极化解痛苦和烦恼。为此，他坚持在每天晚上睡觉前都看上一段笑话集，一直坚持到入主白宫。久而久之，肯塔基州哈丁镇的那个性情腼腆、不善言谈的穷孩子变成了一个性格开朗、幽默风趣的美国总统。林肯不仅开发了自己的幽默感，也成了一个讲笑话的高手。笑，对于林肯来说，不仅是缓解压力的最佳药方，也是他活跃思维的好方法。

例如，对于自己的丑陋相貌，林肯经常巧做文章。一次，林肯参加一个集会被邀发言，他不好明确拒绝，就讲了个小故事：一天他遇见一位妇人，她仔细端详了自己后说："先生，你是我见过的最丑的男人了。"林肯回答说："夫人，我实在没办法，你有什么建议吗？"那位妇人想了想后说："那你总可以呆在家里吧？"听完这话林肯就坐下了，大家先是怔了一下，然后就对林肯的机智回答报以热烈的掌声。

还有一次，林肯与道格拉斯进行辩论，道格拉斯指控林肯说一套做一套，完全是个有两张脸的人。林肯回应说："道格拉斯指控我有两张脸，大家说说看，如果我有另一张脸的话，我会带这张丑脸来见大家吗？"林肯的话逗得大家哄堂大笑，道格拉斯自己也跟着笑了。

林肯的笑，大多是苦恼人的笑。这使得他的幽默更有感染力，也更深入人心。林肯不仅学会以自嘲、调侃、讲大白话等幽默方式来营造内心的愉悦，还完善了自己捕捉生活中乖谬现象的敏感力。由此，林肯不仅改变了自己的人格，也改变了自己的命运。更可贵的是，林肯后来以总统的身份带头讲笑话，使得美国人从早年清教徒不苟言笑的生活方式中彻底解放出来，幽默也从此成为了美国文化经久不衰的时尚。

效应：

美国人常说："比起林肯受过的苦，我眼下的苦算得了什么？"美国人还常说：“既然林肯能变得幽默起来，我也能。”幽默，是林肯一生修炼的功夫。而他的个人修炼，又带动起整个的美国民族都变得幽默起来。所以，美国人评价林肯的终生成就主要有3条：一是维护了国家的统一与完整；二是解放了美国的黑奴；三是使美国人的性格变得更加乐观积极。

4. 学会知足常乐

知足常乐出自《老子·俭欲第四十六》：“罪莫大于可欲，祸莫大于不知足，咎莫大于欲得。故知足之足，常足。”意思是说，罪恶没有大过放纵欲望的了，祸患没有大过不知满足的了，过失没有大过贪得无厌的了。所以，知道满足的人，永远觉得是快乐的。

这话听起来好像有点消极，因为功利社会讲求的是效率与竞争，如果只是一味地讲求知足常乐，会不会阻滞社会的进步呢？其实不然，知足常乐不但不是消极的心态，反而是活泼、积极的。

知足常乐是一种良好的心态，知足是一种心智，一种处世态度。常乐是一种状态，是一种幽幽释然的情怀。可我们似乎少了这种心智和状态。不管是月薪数万元的白领，还是腰缠万贯的大老板，谈起自己的感受，都有一百个不满意。不少人这样发问：现代人到底怎么了？怎么样才能有知足常乐的心态呢？

有的人之所以有烦恼，原因就在于不知足。当我们找到一份工作以后，我们所想的是要怎样往上爬，要怎样才能出人头地，这就是我们常说的“这山望着那山高”。当我们所想的就是这些的时候，我们的烦恼就产生了。如果我们能用另一种想法：“这份工作确实得来不易，当时有多少有能力、有智慧的人想得到这份工作都没有得到，却让我得到这个工作的机会。”如果我们能这样想，自然就会珍惜与尊重这份工作。用这种心态对待工作与工作的伙伴，随时都会感到愉快与满足。

能不能知足常乐与金钱的多少不成正比。如果我们对自己现在拥有的一切都不满足，那么再挣多少钱也无法得到知足常乐的心态。知足常乐是一种生存智慧，当我们面对太多物质诱惑时，更应学会珍惜和享受现有的一切。只有拥有知足的心态，才能保障我们的身心健康，做好手中的工作，才能争取到更加美好的将来。这样就能达到无法用金钱来衡量的常乐境界。

知足常乐很符合儒家的“中庸之道”。古人的“布衣桑饭，可乐终生”就是一种知足常乐的典范。“宁静致远，淡泊明志”中蕴涵着诸葛亮知足常乐的清高雅洁；沈复所言“老天待我至为厚矣”表达了知足常乐的真情实感；“采菊东篱下，悠然见南山”则尽显陶渊明知足常乐的悠然；曾国藩认为人生一切都“不宜圆满”，以免乐极生悲，其书房名为“求阙斋”，体现了知足常乐的智慧；林语堂说半玩世半认真是最好的处世方法，不忧虑过甚，也不完全无忧无虑，才是最好的生活，这流露了知足常乐的幽默。他们的这些行为以适中、折中为宜，不能什么也不追求，也不要过分追求，凡事讲究个“度”。换言之，就是对成功的追求持一种极易满足的态度。一个人知道满足，心里就会快乐、达观。相反，贪得无厌，不知满足，就会时时感到焦虑不安，甚至痛苦不堪。

不知足几乎成了一种现代病。现代物质文明的发展为人们提供了更加满意、更加舒适的生活，也相应地“制造”出更多的物质欲望。

知足常乐，贵在调节，这是一种人生底色。知足常乐，这种在平凡中渲染的人生底色所孕育的宁静与温馨，对于风雨兼程的我们是一个避风的港口。休憩整理后，毅然前行，来源于自身平和的不竭动力。真正做到知足，人生便会多一些从容、多一些达观，从而常乐。

人应该知足并不是说不思进取，不前进，而是在自己的能力控制范围内循序渐进地前进。不要把太多不实际、不可能完成的事摆在眼前，不达到目的就绝不放手。知足者想问题、做事情能够顺其自然，保持一份淡然的心境，并乐在其中。这并不是削弱人的斗志和进取精神，而是在知足的乐观和平静中，认真洞察取得的成功，总结经验，而后乐于进取，乐于开拓，为将来取得更大的成功鼓足信心，做好充分的准备。知足常乐，是个人永远的精神追求。

5. 学会改变和比较

【经典感悟】

菲拉和26个失足孩子

在美国新泽西州的一所小学里，有一个由26个孩子组成的特殊班级，他们都是一些曾经失足的孩子。有的吸过毒，有的进过少管所。家长、老师和学校对他们非常失望，甚至想放弃他们。然而，一位名叫菲拉的女教师主动要求接手这个班。菲拉的第一节课，并不像以前的老师那样整顿纪律，而是在黑板上给大家出了一道选择题，让学生们根据自己的判断选出一位在后来能够造福于人类的人。她列出3个候选人：

A. 笃信巫医，有两个情妇和多年的吸烟史，而且嗜酒如命；

B. 每天都要睡到中午才起床，每晚都要喝大约1升的白兰地，而且有过吸食鸦片曾经两次被赶出办公室的记录；

C. 曾是国家的战斗英雄，一直保持素食的习惯，不吸烟，偶尔喝一点啤酒，年轻时从未做过违法的事。

结果大家都选择C。菲拉公布答案：A是富兰克林·罗斯福，连续担任过四届美国总统；B是温斯顿·丘吉尔，英国历史上最著名的首相；C是阿道夫·希特勒，法西斯恶魔。

大家都惊呆了，菲拉满怀激情地告诉大家：“孩子们，过去的荣誉和耻辱只能代表过去。真正能代表一个人一生的，是他现在和将来的作为。从现在开始，努力做自己一生中想做的事，你们都将成为了不起的人。”菲拉的这番话，改变了这26个孩子一生的命运。其中，就有今天华尔街最年轻的基金经理人——罗伯特·哈里森！

感悟：

的确，过去的生活，不管如何辉煌和暗淡，都会随着时光如流水般远去。但生活中也总是有人整日哀叹过去的痛苦，或满足于曾经的辉煌。生活对他们来说，似乎永远都是过去式。羁绊于过去，是很难洒脱地走向美好明天的。过去的一切，只能代表过去。未来对于每个人来说，都是一张白纸，如何书写，还得看我们自己。我们不应让昨天的伤感，腐蚀今天的情绪，羁绊今天的步伐。改变自己的命运从主动开始，从今天开始。

第一，不能改变环境就适应环境。有一个印度人练习搬山术，苦练了若干年，发功准备搬山，发了半天功发现山没动。他向师父抱怨，搬不动山。师父对他说，山搬不过来你过到山哪边去不就行了吗？

第二，不能改变别人就改变自己。有人甚至想改变80岁老人的习惯，80岁的老人已经养成了绝对的习惯，不可能被改变。家里如果有老人，无说服力那么只能适应他，而不能改变他。

第三，不能改变事情就改变对事情的态度。我们不能被别人的语言伤害，如果我们被别人的语言伤害了，那是你自己的思考伤害了你。如果有人说，你这人真不是一个东西！你不能跟他生气，你可以这样说：“你说得太对了，你揭示了人类的本质，人类绝对不是一个东西！你我都一样。”

第四，不能向上比较就向下比较。成功学告诉大家，不想当元帅的士兵不是一个好士兵，不想当船长的水手不是一个好水手。但是很遗憾，只有一个人能当船长，你要想当只有把别人都扔到海里去。成功学是对的，但如果不善于妥协，不善于对当前状况满意，那你就会永远生活在痛苦中。

四、用微笑开启一天的快乐

微笑，是上帝赋予人类的特权，是人类积极肢体语言的集中体现，是人类最美好的的表情；微笑是一种自信、一种教养，是良好的风度，是成熟的心态；微笑是气定神闲，是宽容忍让。

教师的微笑对学生来说是什么?是爱，是最完美的教育，是平等和信任，是欣赏与鼓励。笑着看学生，海纳百川，天高云淡，是一种和谐的至高的境界；是对心与心交流的渴望，是对幸福快乐的向往……

面对这种渴望与向往，教师该做什么呢?

（一）笑一笑蕴含大学问

【经典感悟】

罗杰·罗尔斯是美国纽约州的第53任州长，也是纽约历史上第一位黑人州长。他出生在纽约声名狼藉的大沙头贫民窟。在这儿出生的孩子长大后很少有人获得体面的职业。然而，罗杰·罗尔斯是个例外，他不仅考上了大学，而且成了州长。在就职的记者招待会上，罗尔斯对自己的奋斗历史只字未提。他只说了一个让人非常陌生的名字——皮尔·保罗。后来，人们才知道，皮尔·保罗是他小时候的一位校长。

1961年，皮尔·保罗被聘任诺必塔小学的董事兼校长。当时正值美国的嬉皮士流行的时代。他走进诺必塔小学的时候，发现这里的穷孩子比“迷惘的一代”还要无所事事。他们旷课、斗殴，甚至砸碎教室的黑板。

一天，当小罗尔斯伸着小手走向讲台时，皮尔·保罗对他说：“我一看你修长的小拇指就知道，将来你是纽约州的州长。”当时罗尔斯大吃一惊，因为长这么大，只有奶奶让他振奋过一次，说他可以成为5吨重小船的船长。这一次，皮尔·保罗先生竟说他可以成为纽约州的州长，着实出乎他的意料。皮尔·保罗脸上的笑容深深地定格在小罗尔斯的心海里。于是，小罗尔斯深深地记住了皮尔·保罗的那句话，并且相信了那句话。

从此，他的衣服不再沾满尘土，他说话时也不再夹杂着污言秽语，他开始挺直腰杆走路，在以后的日子里，他成为班主席。在以后的40多年间，他没有一天不按州长的身份要求自己。51岁那年，他真的成为纽约州的州长了。

罗尔斯在他的就职演说中有这么一段话：信念值多少钱？信念是不值钱的，它有时是善良的欺骗。然而，你一旦获得了它，并且坚持下去，它就会迅速升值。在这个世界上，信念这东西，对任何人都是公平的，都可以免费获得，所有的成功者都是从一个小小的信念开始的，信念是所有奇迹的萌发点。

一个人的出身不能决定他的将来，一个人的天赋不能决定他的最终成功，一个人的起点不能决定他一生的发展。一个人在他成长的过程中需要有一个支撑点，这个支撑点就是信念。信念激励一个人不断地追求，信念让人们锁定所追求的目标，信念鼓励人去探寻达到目标的正确方法，信念给予人不达目的誓不罢休的毅力。而根据成功学的原理，信念来自于正确的引导和成功的鼓励。

感悟：

对于一个求学的孩子来说，老师的赏识、表扬和鼓励则是树立孩子们坚定信念的强有力的动因。可以说皮尔·保罗的那个善意的微笑，还有他的那句充满鼓励的话，成就了罗尔斯！

1. 笑一笑流露爱心

笑一笑彰显教师淡泊名利、快乐生活的生活态度和乐于奉献、关爱学生的职业道德，是教师送给学生最好的礼物。笑一笑可以让师生间的情感交流碰撞出灿烂的火花；可以让学生感受到教师对他执著的爱，感受到老师对他的鼓励、赞许、期盼和宽容；可以化解师生间许多意想不到的矛盾。笑一笑直接体现教师的爱心，也是教师最美的语言。

2. 笑一笑充满温暖

笑一笑像春风一样温暖着人们的心。它能化解人与之间的误会、隔阂和矛盾。它是人与人之间沟通、理解、缩短心理距离的灵丹妙药。微笑是朋友间最好的语言，一个自然流露的微笑，胜过千言万语，无论是初次谋面也好，相识已久也好，微笑能拉近人与人之间的距离，令彼此之间倍感温暖。微笑不是简单的一笑，它需要真诚和发自内心。只有与人为善、胸怀宽广、豁达开朗的人才会笑口常开。

3. 笑一笑饱含智慧

微笑是能力的闪光。生活是一面镜子，当我们哭泣时，生活在哭泣；当我们微笑时，生活也在微笑。笑一笑是一门学问、一种技巧、一种艺术、一种力量、一种境界、一种智慧。

4. 笑一笑显示修养

笑一笑是一种修养，是人生最好的名片。微笑的实质是亲切，是鼓励，是温馨。真正懂得微笑的人，总是容易获得比别人更多的机会，总是容易取得成功。笑一笑是一种美的行为、善的表示，是一幅最靓丽的风景；笑一笑更是一种理解，一种宽容，一种爱恋，一种淡泊名利、宠辱不惊的情怀，一种知足常乐、淡定人生的意境。微笑是人的修养、素质和心理的综合反映。

5. 笑一笑展现快乐

笑一笑的力量是巨大的，人与人之间的交流离不开微笑，心与心的沟通需要微笑，微笑是师生沟通的最美的语言。老师的微笑是叩开学生心扉的一把钥匙，老师一个真诚的微笑，能缓和气氛，温暖学生的心，拉近师生之间的距离。

6. 笑一笑隐藏力量

一个善意的微笑胜过千言万语，一个会心的微笑，会在彼此之间架起一座心灵的桥梁。面对曲解，可以选择解释，可以选择回避，可以选择暴怒，也可以选择微笑。清者自清，浊者自浊，微笑的力量会更大，因为微笑会震撼对方的心灵，显露出来的豁达气度让对方觉得自己渺小、丑陋。

【典故深思】

“一只腿的鹅”的故事

王府里有一个很有名的厨师叫李三，李三做的最拿手的菜就是烤鹅，他的烤鹅很有名气，色香味搭配协调、味道鲜美、外酥里嫩、肥而不腻。他工作很卖力、很认真，王府里每次招待客人都要上这道菜。

可是，工作出色的李三从没有看到王爷对他流露过一丝赞美的微笑，没有得到王爷一句话的称赞，更没有在待遇上有所体现。

一天，王府里招待几个非常尊贵的客人，酒席上需要上李三的烤鹅。于是，李三认认真真地把烤鹅做好，恭恭敬敬地端了上去。王爷等烤鹅端上去后，就给客人分鹅腿。王爷分完第一只鹅腿，在准备分第二只鹅腿的时候，发现少了那只腿，王爷回头问李三："那只腿呢?"李三恭恭敬敬地回答说："咱们的鹅只有一只腿，王爷。"王爷当着客人的面不好发作，尴尬地笑了笑。

晚上，客人离开后，王爷找到李三说："咱们一起去看看鹅。"于是，李三和王爷一起来到鹅舍里，他们看到所有的鹅正一只腿着地睡觉。李三说："王爷，你看，咱们的鹅只有一条腿。"王爷生气地大声鼓掌把鹅弄醒了，说："你看，鹅是几只腿!"李三说："王爷，只有在你鼓掌的时候，咱们的鹅才是两条腿!"李三费尽心思，只是想得到主人的赏识罢了。

深思：

这是一则很有趣的故事。细品能悟出一些道理，李三的想法其实每个人都有，这是人的一种本性。能干的李三需要王爷为他鼓掌，我们的教育工作也应该如此，赏识、表扬、鼓励是多么重要。老师如果多一些微笑给学生，多给学生一些赏识和鼓励，将会产生许多奇迹。

（二）微笑的教师最美

教师是教育影响的主导者、支配者，教师的一个皱眉、一个微笑对学生的影响都是深刻而长久的。由于学生的认知水平有限，很容易把教师的一切视为自己效仿的榜样，从人格到认知、意志、情趣、行为习惯，从有意识到无意识，教师对教育环境的调控，对学生的心理健康、学业成就和人格发展等来说可能都是"有决定意义的"。

1. 微笑的老师更爱学生

苏霍姆林斯基说："一个好教师意味着什么？首先意味着他热爱孩子，

感到跟孩子交往是一种乐趣，相信每个孩子都能成为一个好人，善于跟他们交朋友，关心孩子的快乐和悲伤，了解孩子的心灵，时刻都不忘记自己也曾是个孩子。”

微笑是爱的表现，无论是在课堂还是课外，学生最喜欢的就是老师送的微笑。教师的微笑里有对学生的鼓励，那微笑中也倾注着对学生无限的关爱。老师的微笑是一种教学艺术，它可使学生找回自信；老师的微笑，是教育学生最好的手段，它是驱逐学生心灵阴霾的阳光。愿老师的微笑伴随学生走向成功。只有心中装着学生的教师才会有甜美的、会心的、善意的微笑，只有真正尊重学生的地位、尊重学生的人格、尊重学生的潜能，教师的微笑才会起到作用。教师的微笑应该是善意的，发自内心的。

爱一个学生容易，难的是爱每个学生。先师孔子早在2500年前就提出了“有教无类”的教育理念，意为教育是平等的，任何人都有接受教育平等的权利。教师的爱不应该有高低之分、贵贱之别。特别是那些淘气调皮、学习后进的孩子，他们更需要教师的无私关照和精心呵护。爱一时容易，难的是要爱一生一世。

教师从事的职业年复一年，日复一日，永远也没个头。正如歌曲里唱的那样：一年一年风霜遮盖了笑脸，你寂寞的心有谁能体会？随着时光的流逝，社会的冲击，许多教师的热情也被琐碎的工作一点一点地消磨殆尽。爱学生的优点容易，难的是爱学生的缺点。

微笑的老师能执著地投身于事关“孩子”的事业，会热情地拥抱工作中的挑战，用不断取得的成绩让自己更加充实和快乐。“执著”是微笑的老师的精神优势，虽然有时孩子会讨厌老师的“软磨硬泡”，但孩子们最害怕、最反感的还是被老师抛弃放弃后的无助感。工作中的困难和挫折无处不在，关键在于是否坚信成功就在彼岸，微笑的教师给了自己力量，也给了孩子希望。

2. 微笑的老师更称职

微笑的老师赏识学生。微笑的老师会用一次次地表扬、一次次地鼓励学生，让学生一点点找回自信。微笑的老师会对学生说："你们并不笨，也不差，你们都是很聪明的学生，只是有的没有充分利用你们的聪明罢了。你们都希望自己优秀起来，有的却不知怎么做，或者知道了而自制力差那么点。要相信自己能行，证明自己真行！"微笑的老师会引导家长对待孩子少挑剔多赏识、少批评多表扬、少挖苦多鼓励。微笑的老师会本着"要多赏识学生"这条原则来引导学生、教育学生，更多地把微笑送给学生，让学生感受到老师对他们的爱，感受到老师对他们的信任、尊重、理解，给学生奠定自信的根基，产生积极向上的动力。

微笑的老师敬业、好学。微笑能够创造和谐融洽的气氛，让服务对象备感愉快和温馨。微笑的老师热爱本职工作，恪尽职守；微笑的老师能和学生一起"好好学习，天天向上"，微笑的老师会及时更新自己的教育理念、提升自己的专业技能，跟上学生的步伐、时代的步伐；微笑的老师每日于百忙之中选取古今名著来读，而且是"放开眼孔"来读，直读得满腹诗书，读得心头明亮，读得脸上带笑。

微笑的老师自信、阳光。常对别人微笑的人是拥有阳光的人，是一个心胸广阔的人，海纳百川、容纳困难和成功，人生之路有起有跌，哪能一帆风顺、没有荆棘？教师在课堂上的微笑，意味着自己充满信心，胸有成竹。那么学生自然也会对你和对这课堂充满信心。

微笑对一个教师来说是必不可少的素质，它像春天里的暖风，能温暖人心；它像冬日里的暖阳，能融化坚冰。要求学生微笑待人，那我们做教师的要先学会微笑。正像罗曼·罗兰所说的："要散布阳光到别人心里，先得自己心里有阳光。"

微笑的老师在遇到严重困难时，也仍然能够微笑，面露平和，心理愉快，充实满足，积极乐观，好像若无其事。这种微笑充满着自信和力量，增强战胜困难的信心、勇气，就像有一种超凡的魔力。它像阳光一样，可以驱散阴云，把许多人的沮丧、阴郁、恐惧、苦恼情绪一扫而光，从而有利于困难的解决。

微笑的老师不怕挫折。微笑的老师用微笑面对每一天、每一个人，会把事情看淡一点，不追求一些不切实际的事物。微笑的老师拥有属于自己的理想，为自己的目标而奋斗。不是每个人都是幸运的，人生难免遇到挫折，面对挫折，微笑的老师不会垂头丧气、怨天尤人，而是拿出不服输的勇气去迎接挑战。

微笑的老师真诚友善。对别人微笑，别人会觉得舒心；对自己微笑，心中的不快会自动消散。微笑的老师热情友善，心底坦荡，待人真心实意，而非虚情假意，从而使学生在与其交往中自然轻松，不知不觉地缩短了心理距离。

微笑的教师热爱生活。微笑的老师懂得在感恩中生活，在欣赏中工作，懂得干工作得从点点滴滴干起。日子过得气定神闲，养几盆闲情逸致的花，打几场争先恐后的球，翻几页徜徉山水的书——富有情趣的老师更容易美美地自我欣赏，自我陶醉，自我会心一笑。

微笑的教师热爱美丽。微笑的老师会用得体的打扮、亲切的举止和充满快乐元素的语言亲近学生。他们以时尚的、符合学生审美心理的仪表仪态置身课堂，使学生神经兴奋、思维敏捷；他们以风趣幽默、生动形象的语言化抽象为具体，变单一为丰富，把问题分析得深入浅出，演示技法如庖丁解牛，让学生在形象中理解知识，在快乐中掌握技能。

3. 微笑的老师更幸福

微笑是一个人健康幸福的最基本标志。生活中比较健康、比较成功的人通常是微笑的人。在顺境中，微笑是对成功的嘉奖；在逆境中，微笑是对创伤的理疗。微笑像一杯热茶，滋润我们干涸的心田；微笑如冬日阳光，帮助我们驱走一切的寒冷；微笑如一片薄荷糖，让你在春天感受到一丝清新。微笑是一种最为常见的心情表达方式，播种就会有收获。微笑面对生活，生活就会向你微笑。

微笑的老师总是在有无之间记得快乐的成本，以平常心行事，一切顺其自然，坦然接受现实，保持内心的平静，不随外界事物的变迁而喜怒哀乐，这种顺其自然的境界使人自得其乐，少很多烦恼，可谓高妙无穷。

微笑可以化解疲劳。人的疲劳在很大程度上是由额外支出造成的：额外的紧张，额外的负担。微笑可以使人的心理和生理放松，从而化解疲劳，微笑可以化解各种各样的困难。

微笑可以消除心理上、生理上乃至人际关系的紧张。本来很紧张的关系会引发一个冲突、一场矛盾，但一个微笑可能就化解了。

微笑可以化解很多生活中、事业中的僵局。争论不下时，就不争了，你笑一笑，对方也笑一笑，气氛便松弛下来。很多僵局其实问题并不是很大，只是情绪对立造成的，这时候，微笑就能解决问题。

4. 微笑的老师更亲近

微笑是大自然赐予人类化解烦恼的最佳良方，微笑的感染力是相互的。将微笑送给孩子，孩子会还你一片灿烂的阳光；将微笑送给同事，同事会带给你一份理解的愉悦；将微笑送给家长，家长会回报你一个信任的眼神。

教师的微笑是灿烂的阳光，把温暖洒向每个学生。面对朝气蓬勃的学生，教师的一言一行对学生是起着潜移默化的教育作用的。微笑的老师更有亲和力，能提高学生对你这门功课的兴趣。微笑是世界上最美丽的表情，是世界上最动听的语言，微笑是走进学生心灵的通行证。给优秀生一个微笑，那就是赞赏；给后进生一个微笑，那就是鼓励；给快乐者一个微笑，那就是分享；给忧伤者一个微笑，那就是安慰。一个微笑，拉近了教师和学生的距离，一个微笑，让爱在校园中流动。

跌倒时，给伤痛的学生一个微笑，犹如给人阳光般的帮助，伤痛会悄然溜走；迷茫时，给中邪的学生一个微笑，犹如给人清风般的慰藉，邪恶会瑟瑟发抖；冲突时，给冲动的学生一个微笑，犹如给人天空般的胸襟，善良会发扬光大；失落时，给流泪的学生一个微笑，犹如给人波涛般的勇气，眼泪会变得坚强。

微笑的老师更善良温润，更和蔼可亲！

5. 微笑的教师更好沟通

英国诗人雪莱说：“微笑，实在是仁爱的象征，快乐的源泉，亲近别人的媒介。有了笑，人类的感情就沟通了。”确实，微笑是沟通彼此心灵的渠道，它能给人一种信心，从而更好地激发潜能。

微笑是团结和友谊的纽带，是上进、向前的动力，是情感沟通的虹桥，它跨越时空障碍，使天堑变为坦途。微笑是“最美的花朵”，是人与人之间友善交往的信号语。教师的微笑，表达教师对学生的爱和抚慰，可以给学生带来激励，使学生更加自信地战胜困难。微笑，它能够温暖学生的天真的心灵，学生在教师的微笑中能够找到自尊，找到自信，找到人与人之间的平等与友谊，从而消除师生感情的隔阂。

微笑，是发自内心真实情感的流露；微笑，是人类最美好语言的表达。一个微笑，可以改变一个人；一个微笑，可以改变一段人生；一个微笑，可以使生活更加美妙；一个善意的微笑，能使陌生人变得熟识，一个会心的微笑，能消除隔阂、融化坚冰。

对于学生来说，老师的微笑，会使他们的人生留下深刻的印记。有时老师的一句话、一个手势、一个微笑会使学生感到自己被肯定、被欣赏，从而增加信心，激发出学习的兴趣。微笑是和蔼的体现，是亲切的象征，是师生交流的和谐方式，是老师内涵的自然流露，它能给学生创造出轻松、愉快的学习氛围。

善意的微笑是开启学生心扉的钥匙，是沟通师生情感的桥梁。不管你的心情是失落时的涟漪波澜还是成功时的澎湃大海，面对学生的时候，别忘了流露真诚的微笑，因为微笑是老师最美的语言。

老师的微笑，是寒冷时的太阳；

老师的微笑，是酷热时的清风；

老师的微笑，是饥饿时的佳肴。

微笑的老师，与学生心有灵犀一点通！

6. 微笑的教师更有魅力

有一种面部肌肉的轻微运动叫做微笑，它是一种积极的心理状态，它是一种朴实的精神动力。微笑是关注，使人觉得在你心中有地位；微笑是赞许，能给人以不夸张的肯定；微笑是友好，预示着我们之间没有任何心理距离；微笑是激励，表达着我们可以共同努力；微笑是关心，似乎在对人说“你好吗”；微笑是宽容，好像在对人说“没关系”。微笑是微微的一颦，是轻轻的一笑。微微一颦，使人顿觉放松，远离紧张，远离心虚；轻轻一笑，使人倍感动力，心情愉悦。

微笑不是一种技术，而是一种心境。微笑不只是纤纤女子的含蓄，也是粗犷男人的细腻。善于微笑的女子惹人怜爱，善于微笑的男人招人喜爱，善于微笑的教师人见人爱。

微笑是教师最美的“名片”。教师的微笑有着无穷的教育魅力，微笑着面对学生，能给学生一种宽松的师生交往人际环境，使学生感受到教师的理解、关心、宽容和激励。教师的微笑是腼腆学生的兴奋剂，使他们得到大胆的鼓励，敢于去表达自己；教师的微笑是外向好动学生的镇静剂，使他们得到及时的提醒，意识到自己的言行需要控制和自律。教学工作中教师的微笑能够活跃课堂氛围，活跃学生思维，活跃学生的情绪。

老师的微笑，是世界上灿烂美丽的花朵；老师的微笑，是世界上意境悠远的诗歌；老师的微笑，是世界上沁人心脾的蜜汁；老师的微笑，是世界上最动人心魄的韵律。

被误解的时候微微一笑是一种素养；

受委屈的时候坦然一笑是一种大度；

吃亏的时候开心的一笑是一种豁达；

身处窘境时自嘲的一笑是一种智慧；

无奈的时候达观一笑是一种境界；

危难的时候泰然的一笑是一种大气；

轻蔑时平静的一笑是一种自信；

失恋的时候轻轻一笑是一种洒脱。

微笑的老师，临危不乱，谈笑自如；微笑的老师，处变不惊，魅力四射！

7. 微笑的老师更易开启学生心灵

微笑，使人脸上透着安详、慈善。当一个人对你微笑的时候，你能感觉到他心中的暖意，感受到他对你的善意和友好。反之，一个人若总是紧绷着脸，冷若冰霜，就会让人退避三舍，不愿接近。

因为有了微笑，人们之间的隔阂才会消除，我们的世界才会美丽。微笑，加深了我们的友谊，沟通了我们的心灵。让我们彼此多了一份宽容，多了一份理解。

笑是没有任何副作用的镇静剂，它能使暴怒的人平静下来，使惊慌失措、紧张不安的人松弛下来，更重要的是，它能放松心情，增加自信，使人顺利走出困境。

当学生上课迟到时，教师的一个微笑会使他感到内疚，比大声的呵斥更管用。教师的微笑是学生的太阳。给一点阳光就灿烂，学生是十分容易满足的人，一个赞许的点头、一个鼓励的目光、一个激励的微笑，就使他们激动，甚至终生难忘。

微笑是礼貌的表现。一个懂礼貌的人，微笑之花会永远开放在脸上，使被接触的人感到亲切、愉快。

微笑是和睦相处的反映。在现实生活中，如果人人脸上都带着微笑，就会使置身其中的人感到融洽、平和。这种微笑好像有一种磁力，能够使许多人的心灵相通、相近，相亲。真诚的微笑是心理健康的表示或标志，能发出真诚微笑的人，总会乐意帮助别人，分担他人的忧伤，减轻他人的痛苦，也愿与人共享快乐。

善于微笑的人，通常是快乐的且有安全感的人，也常能使别人感到愉快。善于微笑的老师，更能净化不良的情绪气氛，消除不良心理，排解郁积的紧张和压力，更能增进人际和谐、情趣盎然，使学生得到鼓舞、欢悦，给学生更多的快乐和安全感。

微笑的老师，更容易获取学生的信任，也更容易走进学生的心灵。

8. 微笑的教师更受欢迎

教师的微笑和严厉同样重要，但二者相比，微笑是平和、温和，是可亲、可爱。严厉的教师令学生敬畏，微笑的教师令学生喜爱，善于在严厉中不时渗透会意微笑的教师，则令学生敬爱。一个人的情绪受环境的影响，这是很正常的，但你苦着脸，一副苦大仇深的样子，对处境并不会有任何的改变，相反，如果微笑着去生活，就会增加亲和力，别人更乐于跟你交往，得到的机会也会更多。

微笑是对他人的尊重，是对生活的尊重。微笑是有“回报”的，人际关系就像物理学上所说的力的平衡，你怎样对别人，别人就会怎样对你，你对别人的微笑越多，别人对你的微笑也会越多。

在受到别人的曲解后，可以选择暴怒，也可以选择微笑，通常微笑的力量会更大，因为微笑会震撼对方的心灵，显露出来的豁达气度让对方觉得自己渺小、丑陋。

微笑是人生最好的名片，谁不希望跟一个乐观向上的人交朋友呢？微笑能给自己一种信心，也能给别人一种信心，从而更好地激发潜能。微笑是朋友间最好的语言，一个自然流露的微笑，胜过千言万语，无论是初次谋面也好，相识已久也好，微笑能拉近人与人之间的距离，让彼此之间倍感温暖。

在我们互相交际时微笑同样会收到心情愉快的良好效果，这说明，行动比言语更具体生动、更能情理交融。因为微笑这一行动，客观上表示：我喜欢你，你使我快乐，见到你我很高兴。可见微笑意味着承认一个人的应有价值，意味着信任和尊重。它不需要任何投资，只需要一个良好的心态。

微笑的老师，更温暖学生、更贴近学生，也更受学生欢迎。

【名人感悟】

古河微笑的故事

日本有个著名的企业家叫古河。

古河是个穷孩子，小时候帮人做豆腐。古河是个认真的孩子，做事总是尽心尽力，又总是充满信心，所以做的事情也很多。主人什么时候看到他，他都是一副信心十足、笑容满面的样子，所以主人把看他做事当成是件愉快的事。长大以后，他不再做豆腐了，被放债的人雇去催收钱款。

古河靠着他的笑容，把收款的事情做得很出色，多么难收的款他也能收回来。有一次，古河到一个借债的人那里要钱，这笔债早就应该还了，可是借债的人硬是拖，一看来了个讨债的，脸色立刻由晴转阴，对古河一脸冰霜，横竖不理不睬。他把古河一个人晾在那里，自己走了。

晚上，直到睡觉的时候了，他也没答理古河，索性关了灯，睡大觉去了，让古河一个人摸黑枯坐。古河晚饭也没吃，又冷又饿，但他就是不生气，就是那么静静地坐着，一直坐到天亮。

第二天早晨，那个借债的人看到古河仍然坐着，脸上仍然挂着笑容，没有一点生气的样子，着实被感动了，恭恭敬敬地把钱还给了古河。

古河的随和、耐心和永久的笑容，显示了一种心理的力量，意志的力量，信心的力量。两年后，古河买了一个废弃的铜矿，后来成为日本的矿业大王。人们问古河成功的秘诀，古河说："发财的秘诀就是'忍耐'二字。"又说："有了忍耐，就没有一件东西能阻挡你前进。"

感悟:

任何一种成功都有自己特有的秘诀。人们这样评论古河的成功:“守候着信心和笑容,一切都变得有利起来。”微笑是再简单不过的一件小事,然而就是这样简单的一件小事却铺就了成功的大道。

五、教师的保健知识

【案例沉思】

于娟，女，32岁，海归，博士，复旦大学优秀青年教师，一个两岁孩子的母亲。2011年4月19日于娟因乳腺癌辞世，花样年华凄然凋零。

在2010年元旦左右，于娟被确诊为乳腺癌晚期，癌细胞已转移到全身。她在健康状况稍好的时候，开始回忆并记录下癌症治疗的点点滴滴。在短短文字的后面，却是一个乐观坚强并相信奇迹的女儿、妻子和妈妈。

沉思：

对于生和死，于娟给我们留下了太多的思考。她名为“活着就是王道”的博客，被几十万网友热切关注的“生命日志”，为世人敲响了警钟。在于娟的生命日记里，有一段被网友疯狂转载的句子——“在生死临界点的时候，你会发现，任何的加班（长期熬夜等于慢性自杀），给自己太多的压力，买房买车的需求，这些都是浮云。”

（一）教师健康状况令人担忧

近年来，不断传来一些类似“蒋筑英式”中年知识分子早逝的消息。工作压力、生活压力、精神压力，“三座大山”令知识分子不堪重负。

有研究机构统计，近年来死于癌症的中年知识分子逐年增加，已从1999年的13%增加到了2014年的21%，而且逐渐呈现年轻化趋势，30岁左右就进入癌症高发期。中年知识分子忙于工作，很少锻炼身体。由于社会竞争激烈，承受很大的精神压力，多数人却不能及时减压，而且长期处于电脑辐射的环境，生活习惯不规律，饮食不节，嗜烟酗酒，更易诱发癌症病变。

教育是立国之本，教师是教育之本。教师的体质与健康状况直接影响教育事业的发展。据一项卫生部门不完全统计数据显示：有70%的教师处于亚健康或患病状态。其中，在腰背痛、咽炎、颈椎病、痔疮、胃炎或溃疡、关节炎、偏头痛、高血压、肝胆疾病、冠心病、糖尿病、肺部疾病等14种常见疾病调查中，教师患有的常见疾病排在前5位的是：腰背痛、咽炎、颈椎病、痔疮、胃炎或溃疡，而且指标远远高于其他常见疾病的发病率，成为带有教师职业特点的病症，这印证了此前社会各方面根据教师工作性质推测出的易患疾病的说法。为教师工作具有诱发、加速腰背痛、咽炎、颈椎病、痔疮、胃炎或溃疡等病症的说法提供了科学的数据证明。

《每日新报》曾经联合解放军第464医院，针对天津市5000名幼儿园及中小学教师的健康状况进行了抽样调查。调查结果显示，超过八成的教师压力较大，教师的心理压力无法排解，同时身体受各种疾病的困扰，慢性咽炎、静脉曲张、颈椎病、慢性胃病、脑疲劳，女教师的卵巢囊肿、子宫肌瘤等妇科病，是困扰教师们的常见疾病。

在接受调查的教师中，发现教师的压力多来自学生成绩、升学比例、教学任务量大以及无力照顾家庭等方面。65%的教师认为学生成绩的好坏让自己压力很大，55%的教师每天工作 8～10 小时，工作量大得让教师透不过气来。一位刚刚参加工作的教师告诉记者，她的课被安排得非常满，有时候一上午连喝水的时间都没有，自己平日还得准备教案、写论文，迎接不定期的考核，根本没有私人时间。

实际上，中小学教师普遍存在着教学负担过重、情绪失调等现象。有人这样形容教师："睡得比猫少，起得比鸡早，干得比牛多，跑得比马快。"现代教师的意义已经远远超出"传道授业解惑"的范畴，面临着沉重的"升学率"考试现实和"素质教育"理论梦想的双重压力，以及人们对教师群体的高期望。教师们工作量满负荷，生活节奏紧张，每天工作超过 10 小时也属正常，节假日加班，这是常事。因此，提起健身运动，老师们都会不约而同地回答："知道，可工作太累，有时间还不如多睡会儿。"

一份资料显示，在公务员、新闻从业人员、教师、科技人员，这些令人羡慕的行业里，中年知识分子的健康问题到了令人担忧的地步：科技人员在 35～55 岁就英年早逝的比例偏高；新闻工作人员死亡年龄段高度集中在中年人群，40～60 岁这个年龄段占 79%，平均死亡年龄为 45.7 岁。而在职教师健康者仅为 18%，患病者为 9%，其余不同程度处于亚健康状态。亚健康的表现大致有身体乏力、睡眠不稳、记忆衰退等。颈椎、腰椎长期积劳成疾也是这一人群的主要患病特征。

与此同时，另一组数据则揭示了教师的患病情况。在调查中，患一种或一种以上疾病的教师人数为 661 人，占全部调查人数的 65.1%。其中 30 岁以下教师的患病率为 62%，30～39 岁教师的患病率为 63.1%，40～49 岁教师的患病率为 65.7%，50 岁以上教师的患病率为 74.9%。竟有六成以上的教师患有一种以上职业因素诱发的疾病，处于通常所说的亚健康状态，这不能不给予应有的重视。

过度劳累是导致中年知识分子健康状况比正常人群恶化快的主要原因。一份针对新闻、教育从业人员的调查显示，69%的人每天睡眠时间不足8小时，绝大部分人从来没有参加过单位组织的疗养休养，而生病时有44%的人照常上班。

专家分析指出，人到中年，往往是人一生事业的顶峰时期，但也是人生压力最大的时期，特别是中年知识分子，是单位的顶梁柱，使得他们总是争分夺秒地投入工作，“工作上格外努力，生活上过于随意”是中年知识分子的写照，这一人群的健康状况需要他们自己、社会、单位和家人的重视。

（二）中年教师更要注重健康

人的生理寿命应该是多大岁数呢？

根据生物学原理，哺乳动物的寿命是其生长期的5～7倍，人的生长期是用最后一颗牙齿长出来的时间（20～25岁）来计算，因此人的寿命最短100岁，最长175岁，公认人的寿命正常应该是120岁。按照世界卫生组织的定义：65岁以前算中年人，65～74岁算青年老年人，75～90岁才算正式老年人。

列宁曾经说过：“不会休息的人，就不会工作。”虽然时代在进步，生活节奏在加快，压力在增加，但老师不顾休息，带病备课、上课、批改作业的作风我们仍然不提倡。作为一名合格的老师，应该是一个能够协调好生活和工作的人，而不是顾此失彼、只顾工作不顾生活的人。健康的身体是做好工作的基础，身患疾病，应该及时诊治，这不仅是对自己负责，也是对家人、对事业负责。

中年教师是学校、家庭的顶梁柱，工作负荷重，家庭压力大，更应该注重身体健康。以下是两位专家对中年人的健康建议。

1. 曲黎敏教授解读中年健康

中医文化专家曲黎敏教授在其论著《从字到人》中说："我们常常说病来如山倒，病去如抽丝，其实得病并非如洪水猛兽一样刹那即至，而是一种逐渐积累的过程，到了那个临界点后，才会顷刻间从量变过渡到质变。只有在平时的生活中避免'五劳'，才会远离疾病。人之所以得病，很大程度上就是积劳成疾。积劳成疾的关键就在一个'积'字，做任何事情都不可以过度，要有一个限度，我们要学会守其法度，学会劳逸结合。"

众所周知，祖国医学的养生理论博大精深，其精神实质不外乎几个方面：注意调摄精神、饮食有节、起居有常、劳逸结合、顺应自然、锻炼身体。通俗地说就是要心胸宽阔、心平气和、好好吃饭、好好睡觉、多做运动。

《黄帝内经》云："正气存内，邪不可干。"人的体质增强了，病邪无从侵害身体。因此，养生和保健是重要的。人到中年，在生活习惯上应该注意以下几点。

⑴ 避免过劳。指"五劳"。久视伤血：读书、读网、读碟，过久则耗伤心神，易导致视力下降、失眠等精神病症；久坐伤肉、久卧伤气：脑力劳动者，久坐不动，可使气血阴滞，久则耗伤人体元气，伤及脾胃，机体运行功能失调，新陈代谢受阻，久之则致体力衰弱；久立伤骨、久行伤筋：体力上的过劳，耗伤气血，损伤筋骨，因此，应避免过度久立、久行。

⑵ 饮食有节。把住病从口入关。忌暴饮暴食，忌肥甘厚味，避免营养过剩。

⑶ 睡眠充足。现代人晚睡、早起，中午又不能午休，造成长期睡眠不足，身体透支。熬夜之所以损害健康，是因为熬夜破坏了人体正常规律，使机

体器官得不到充分休整、维护，细胞修复不能得以正常运行。

⑷ 运动锻炼。每天坚持 40 分钟以上有氧运动锻炼：散步、慢跑、跳舞、打太极拳等。晚饭后 1 小时开始运动为佳，可控制体重、达到减肥的目的。

⑸ 休闲放松。抛开所有工作压力，每周过个星期天。星期天是法定休息日，每个人都有权享用它。散散步、聊聊天、静静心、发发呆，对身体会大有裨益。

2. 洪昭光教授解读中年健康

我国著名心内科、高血压、冠心病、老年病专家洪昭光教授最近几年来，一直致力于健康知识的普及工作，先后举办了上百场大型健康知识讲座，地点从人民大会堂到街道社区，听众从中央领导到普通百姓，场场爆满。洪教授讲座的手抄本、录音带至少有 68 个版本在民间广为流传。洪教授的讲座使大江南北成千上万的家庭受益匪浅，被广大百姓奉为“健康圣经”，他本人也被众多媒体誉为健康生活方式的“传道士”。

洪昭光教授关于健康的箴言：

⑴ 长寿诗。

A：天天三笑容颜俏，
七八分饱人不老，
相逢借问留春术，
淡泊宁静比药好。

B：最好的医生是自己，
最好的药物是时间，
最好的心情是宁静，

最好的运动是步行。

⑵ 健康八字歌。

日行八千步，夜眠八小时；
三餐八分饱，一天八杯水；
养心八珍汤，健体八段锦；
米寿八十八，茶龄百零八。

⑶ 健康三招。

一个中心：以健康为中心，以预防为主——花1元钱可以预防疾病，就可以省去100元钱、甚至是1000元钱的治疗费，我们何乐而不为呢？

两个基点：第一是糊涂一点，不要整天计较一些鸡毛蒜皮的小事；第二是潇洒一点，度量大一些，风格高一些，站得高，看得远。

三大作风：助人为乐、知足常乐、自得其乐，就能永葆快乐。

⑷ 人生健康的差异取决于中年。

人生百岁大致可分3个阶段：30岁前为青少年，30~60岁为中年，60岁以后为老年。30岁前，青年人精力充沛，慢性病很少。60岁后，现今老年人已比较注意保健养生，衰老速度并不快。但在30~60岁期间，正是奋斗拼搏期，人与人之间的健康差异越拉越大。60岁时，几乎不可同日而语，有的精神矍铄，有的风烛残年，有的已然过世。因此人生健康的差异取决于中年。

中年健康取决于什么呢？

洪昭光认为：中年人的健康取决于观念。有了正确的观念，就能懂得健康在我不在天，健康最大的敌人是自己。只要战胜无知和愚昧，健康就在你手中。不同的观念决定了对健康的 4 种态度：聪明人主动健康，投资健康，健康增值，可望 120 岁；明白的人，关注健康，储蓄健康，健康保值，平安 90 岁；无知的人，漠视健康，随心所欲，健康贬值，带病活到 70 岁；糊涂的人透支健康，提前死亡，生命缩水，只有五六十岁。

中年人该怎么办呢?

洪昭光认为，中年人要健康，必须抓住 4 句话：三十努力，四十注意，五十轻松，六十成功。30 岁时就要努力培养健康理念和健康生活方式，40 岁时是转折点，发病危险性大增。中年健康的关键，一是态度第一，因为态度决定一切；二是给健康以时间，给健康以空间；三是好妻子，好孩子，好身子。社会压力是无可逃避的，我们无法改变环境，但我们可以完善自己，不伤害自己。

洪昭光认为，运动不运动与时间没有关联，运动不运动是观念问题而不是时间问题。什么样的运动不是最重要，最重要的是把运动当做生活的一部分、一种爱好，一种能从中享受到快乐的爱好。

（三）步行最适合教师运动的方式

1. 步行

在奥林匹克运动的故乡，古希腊山上的岩石上刻了这样一段名言：“你想变得健康吗？你就跑步吧；你想变得聪明吗？你就跑步吧；你想变得美丽吗？你就跑步吧。”跑步是最好的运动之一，而慢跑，节奏缓和且运动量适中，是一项适合教师的理想健身方式。

医学之父西波克拉底说：“阳光、空气、水和运动是生命和健康的源泉。”这句话传流了 2400 多年。生命和健康离不开阳光、空气、水和运动。因为人类花了 100 万年，从猿到人，整个人的身体结构就为步行设计的，所以步行运动是世界上最好的有氧运动。它不受时间、空间的限制，在上下班的路上，晚餐之后都可以走路散步，坚持散步1小时以上，没有时间安排健身计划的人群，最适合选择这种方式了。走路上下班，少开车，低碳环保，越走越健康，越走越美丽，一举两得。

健康的身体是我们每一个人更好地生活、工作和学习的基础，是做任何事情的首要前提。一些保健养生知识、健康小窍门，可以帮助教师更好、更科学地调理好自己的身体，健康快乐地度过每一天。

人们常说："饭后百步走，活到九十九。"散步是最简单、最轻松的运动方式，但所起的健康作用却很多。散步通过手、脚、躯干的协调动作，以及轻松愉快的情绪，让人浑身气血畅达，给人一种轻松愉快的感觉。而在这种轻松愉悦的氛围中，身体也越来越健康。

(1) 散步可舒筋活络。中医认为，坐久则络脉滞，居常无所事，即于室内，时时缓步。盘旋数十次，使筋骸活动，络脉乃得流通。习之既久，步可渐至千百，兼增足力。步主筋，步则筋舒而四肢健，懒步则筋挛，筋挛日益加懒，偶展数武，便苦气乏，难免久坐伤肉之弊。

人的生命在于运动，常常久坐的人，或不爱运动的人，往往会有气血运行不畅的问题，而解决这一问题最好的办法，就是站起来散步。散步不拘于形式，也不限于地方，即使是在室内，也可以进行散步，而长期坚持，定能收到强身健体的效果。

散步是一种有氧运动，需要长期坚持才能起到很好结果。长期不爱运动的人，筋骨不疏，便会越坐越懒，气力也变得越来越小，偶尔出去一次，就会感觉气喘吁吁，这是长期久坐的结果。这样的人散步时，一开始可能并不能走很远，但长期坚持后，每天都会有些长进，而身体也会越来越健康。

【养生课堂】

尽管散步是随时随地可进行的运动，但仍需要注意以下内容：

◇散步需要全身放松，从容和缓，即使内心烦闷，也应保持一颗平静的心。

◇长时间坐、立后，最好要走动一小会儿，以促进血液流通，舒筋活络。

◇长期不锻炼的人，刚开始散步时可选择走走停停、且快且慢的逍遥步，待足力增加后再进行强度稍大的散步运动。

◇饭后散步，可选择每分钟 60 步的慢步法；而有高血压或高血脂的患者，可选择每分钟 120 步的快走法。

不过，需要注意的是散步需要持之以恒，而且不能急功近利，因为欲速则不达。

⑵ 散步也需做准备。《老老恒言》中说：“欲步先起立，振衣定息，以立功诸法，徐徐行一度，然后从容展步，则精神足力，倍加爽健。”意思是，想要散步，应先起立，然后抖平衣服，安定一下自己的气息，然后慢慢地做一些准备运动，如活动一下胳膊、脚踝等，再从容散步，则精神足力，倍加爽健。

《荀子》曰：“安燕而气血不惰。此之谓也。”

虽然散步的运动强度并不大，但仍需提前做好运动准备。

或许很多人会说，散步如此舒缓的运动，不需要做任何准备工作，但事实上做任何一种运动前都应做好准备工作。一般说来，运动的准备活动分为心理准备活动和身体准备活动两方面，而散步的准备活动也是如此。

(3) 散步时间选择有讲究。《老老恒言》中说:“饭后食物停胃，必缓行数百步，散其气以输于脾，则磨胃而易腐化，步所以动之。”《蠡海集》曰：“脾与胃俱属土，土耕锄始能生殖，不动则为荒土矣，故步所以动之。”

《琅嬛记》曰:“古之老人，饭后必散步，欲摇动其身以消食也。故后人以散步为逍遥。”

一天24小时中，除了睡眠的时间，其他任何时间都可以散步，但饭后散步对身体最好。中医理论说，饭后的散步能散胃部之气，并输送到脾，进而帮助消化，而且脾、胃五行皆属于土，只有运动才能让使土显现生气，否则容易伤胃。因为饭后食物停留于胃中不易消化，而舒缓的运动能促进胃部运动，进而帮助消化。老人胃肠功能衰弱，尤其应饭后散步，以刺激胃肠运动，促进食物的消化、吸收。

饭后散步并不是指吃完饭后立即散步，大约在饭后30分钟开始散步。而且“饭后百步走”并不适合所有的人，它只适合于平时活动较少，尤其是长时间伏案工作的人，也适合于形体较胖或胃酸过多的人。这些人如果饭后散步20分钟，有助于促进胃肠蠕动、胃肠消化液的分泌和食物的消化吸收，是有利于身体健康的。

有以下几种情况的人，则不适合进行饭后散步。

◇有肝炎症状的人。由于肝脏具有帮助消化、分解食物的功能，而感染邪气之后，肝脏功能必然下降。如果此时进行饭后运动，强迫胃肠蠕动，不仅不能很好地消化食物，反而会导致食物不被充分吸收，出现腹胀等症状。

◇患有胃下垂疾病的人。患有胃下垂的人饭后散步，会加重胃下垂的程度。

◇有胃肠道疾病的人。有胃肠道疾病的人胃肠道功能已大大降低，因此，不宜采用运动的方式强迫胃肠消化食物，以免加重胃肠负担。

其实，无论是胃肠不适者，还是拥有强大消化功能的人，都不应在饭后立即进行散步活动，而应休息或静卧 30 分钟后，待肠胃已经适应了满满的食物后，再散步，否则容易引起胃肠类疾病。

⑷ 散步也要讲方法。《遵生笺》曰：“凡行步时，不得与人语。欲语须驻足，否则令人失气。谓行步则动气，复开口以发之，气遂断续而失调也。虽非甚要，寝食而外，不可言语，亦须添此一节。”

散步者，散而不拘之谓，且行且立，且立且行，须得一种闲暇自如之态。卢纶诗“白云流水如闲步”是也。《南华经》曰：“水之性不杂则清，郁闭而不流，亦不能清，此养神之道也，散步所以养神。”

饭后散步时，最好不要与人交谈。散步的时候，是体内之气盛行的时候，如果此时开口说话，气则断续，进而导致失调。因此，散步的时候最好不要说话，如果想要说话时，最好停下脚步。现代科学证明，缓慢的散步方式，随意的谈话语调，是不会影响健康的。而且在饭后，与亲近的人散步、聊天，已经成为一种非常时尚的交流方式了。当然，如果你正快步行走，则另当别论。

散步是一种悠闲的态度。散步不仅是一种身体的锻炼，更多的还是心灵的沉静。每次饭后抽出一点点时间，随心慢行，或走或停，心灵从喧嚣开始变得平静简单，焦虑、烦闷不再，自有一种闲暇自如的境界。心境平和，气血顺畅，身体自然也便健康了。

古时，人们认为，散步应是一种状态，一种形体散漫不受拘束的境况。当然，要想调理身体的健康，也应注意一些散步的技巧。

◇散步应保证一定的速率。严格上说来，随意的走走停停，并不能算作散步，一方面这样运动量过小，达不到有氧代谢的效果；另一方面，如此“惫懒”的散步，不能让散步者更精神，而只能让精神更萎靡。正确的做法是，按照“3、5、7”的原则散步，即每天在30分钟内走3000米，1周走5次，心率控制在（170－年龄）次/分钟内。

◇要保持正确的散步姿势。很多老人喜欢背着手散步，这不利于身体放松，也不能达到最好的运动效果。正确的姿势应是抬头、挺胸，并随着步伐轻轻摆臂，这样有利于全身运动和身体的协调。

◇室外散步地点应注意。尽量不要在坡地、地面不平的地方散步。因为老年人骨质、关节都不如年轻时强壮，在爬坡时，容易导致膝关节负荷过重，加重关节磨损。

应选择空气清新、草木茂盛的地方进行锻炼。因为，人体在运动时，需氧量增高。如果是在室内散步，也应在开窗透气的情况下进行。

【相关链接】

由于不同类型人的身体状况不同，散步的方式也不尽相同：

◆体质虚弱者，散步的速度应由慢到快，而且应迈大步，两只手臂也应甩开，这样的姿势有利促进体内新陈代谢。每天散步1~2次，每次1小时左右。

◆体重超重者，散步时，可适当调节步伐节奏，走快些，并延长散步的时间和距离，使运动量加大些。这样可以使体内多余的脂肪得到充分燃烧，有助于减肥。

◆高血压者，散步时应尽量使脚掌着地，并应挺胸，步伐应以中慢速为宜，不要太快，否则容易引起血压上升。此外，高血压者最好不要在早上散步，而应选择晚饭后。因为人体血压普遍早晨高于傍晚。

◆冠心病者，最好是在餐后半小时至 1 小时后再散步，速度宜慢，每天坚持 2~3 次，每次 30 分钟。

◆糖尿病者，最好饭后散步，切忌饿着肚子散步，否则容易引起大脑供血不足。散步时，步伐可适当加大，应挺起胸脯，甩开手臂，每次散步以半小时到 1 小时为宜，不宜过长。

⑸ 散步需量力而行。偶尔步欲少远，须自揣足力，毋勉强。更命小舟相随，步出可以舟回，或舟出而步回，随其意之所便。既回，即就便榻眠少顷，并进汤饮以和其气。元微之诗云："僶俯还移步，持疑又省躬。"即未免涉于勉强矣。

又如清代曹庭栋在《养生随笔》中写道："春探梅，秋访菊，最是雅事。风日晴和时，偕二三老友，支筇里许，安步亦可当车。所戒者，乘兴纵步，一时客气为主，相忘疲困，坐定始觉受伤，悔已无及。"

散步不拘形式，闲散、从容踱步是其中的一种，因此，很多人都会舍弃这种太过于舒服的运动方式，而让自己过度疲累。尽管散步很舒服，但老人还应该根据自己的体力，决定散步的路程，毋须勉强。在外面散步回来后，也应喝点儿水，坐下或躺在床上休息一会儿，以调整呼吸。

另外，散步也应注意环境。春天探访梅花，秋天观赏菊花，都是极雅、极愉悦心情的事情，但亦应注意劳逸结合。

【养生课堂】

老人最怕疲累，一旦疲累，则很难在短时间之内休息过来。因此，在散步时，老年教师应注意以下几方面：

◇最好在自己熟悉的地方散步，这样对路程有很好的掌握，而且离家也比较近，累了可以很快回家休息。

◇散步时，可以带着垫子，走累时，可以随时坐下来休息。

◇步履应轻松和缓，不宜匆忙，更不宜被琐事所累，这样有助于周身气血达到平和，解除大脑疲劳，使内外协调。

◇散步宜循序渐进，最好做到形劳而不倦，切勿令自己疲累，尤其是年老体弱的人，更应注意。

散步对健康的好处与散步的速度有密切关系。一般说来，每分钟 60~70 步速率的散步，比较适合年老体弱者运动以及饭后运动；每分钟 120 步左右速度，较轻快，长期坚持可振奋精神、兴奋大脑，使下肢矫健有力；而走走停停的逍遥走方式，比较适合病后康复和体弱多病的人。

【好习惯小结】

◇散步穿着的衣物、鞋袜要舒适。

◇饭后休息半个小时后再漫步。

◇散步可按照“3、5、7”的原则，即每天在 30 分钟内走 3000 米，一周走 5 次，心率控制在（170– 年龄）次 / 分钟内。

◇走走停停的逍遥。走方式，适合体弱多病的老人。

1. 教师健身小动作

教师常年坐办公室，难逃办公室综合征：颈椎痛、腰痛、脂肪肝、高血脂……只要忙中偷闲多健身，就能有效预防。

⑴ 叩齿，上下排牙齿轻叩32次，每日3遍。作用：醒目、助消化、防止蛀牙和牙骨退化。

⑵ “空抓手”，双手手指张开再握紧，重复多次，每日3遍。左手尤其需要更多运动，可锻炼右脑。

⑶ 用十指梳头和手掌干洗脸。

⑷ 按摩耳部。

⑸ 做眼保健操。

⑹ 做叩齿、绕舌、护牙操。

⑺ 按摩手部。

⑻ 常常收腹。教师在办公桌前一坐就是几个小时，容易导致腹部脂肪越积越多。每天收腹8～10次，可消除腹部多余脂肪，预防脂肪肝。

⑼ 左右摇双腿。久坐会使人腰酸背痛，建议每隔1小时，左右摇动双腿5分钟，可以立即改善下肢血液循环，舒缓腰部的僵硬。

⑽ 摇头晃脑。“办公室一族”常因提肩打字和凝视电脑屏幕而出现颈痛、肩痛。当操作电脑1小时后，左右“摇头晃脑”3分钟，这项运动能活动颈动脉，畅通呼吸道，从而缓解疼痛。

⑾ 伸臂旋腕。手腕痛大都因为长期打字、操作鼠标或写字造成，此时不妨多做伸臂旋腕的动作，可加强腕部机能，减轻手腕疼痛。

⑿ 按摩小动脉血管。按摩手法：单手或双手掌心放在需要按摩的部位

上，上下、左右或前后进行搓擦。按摩部位和次序：①头部；②眼睛；③耳朵；④颈部；⑤手臂；⑥胸部；⑦腹部；⑧背部；⑨腰部；⑩足部。此法称为“按摩血管疗法”，是日本一位著名医生根据自己 50 多年的研究总结出来的，此法可改善人体血液循环，非常适合教师在间歇时锻炼。

2. 健身八步走

“健身八步走”对降低人体总胆固醇、血糖、血压有明显的作用，被运动医学专家、心理学专家、营养学专家、医学专家誉为“21 世纪的健身法宝”。

第一个步法：大步走。通常慢走 1 小时与大步走 20 分钟的效果没法比。因为大步走，全身的肌肉参与，运动量非常大，另外，在肌肉用力的情况下，血液循环的量也可以加大。所以真正要想通过走路锻炼身体，必须大步走。给大家的建议是：男教师回家走 100 米，用不超过 100 步走完，而女教师 100 米最好用不超过 110 步走完，这样走的距离通常要比我们每一步大了 10~20 厘米。

第二个步法：“10 点 10 分走”。水平抬臂这个位置叫 9 点一刻，再向上斜举臂，这个位置叫 10 点 10 分。“10 点 10 分走”，把胸挺起来，头昂起来，每天坚持 200 步，我们很多人的颈椎会得到有效锻炼。

第三个步法：行走中的呼吸锻炼。有两种方法：一是每走一步的自由呼吸；第二种方法，就是行走过程当中踩着一、二、三、四的节律，可以有效提高肺部功能。一、二、三慢吸、深吸，第四步快呼，循环往复，可促使肺泡的氧气与血液里的二氧化碳进行气体的交换，促使机体全身充氧。

第四个步法：一定要扭一扭。老年人走路的时候没事扭一扭，过去老话里叫“摇头摆尾扭一扭”。老年人的腰颈关节的灵活度差，每天走一走、扭一扭，扭就是良性的内脏按摩，对于防治大小便不畅等效果非常好。

第五个步法：高抬腿走。很多老年人从来不练抬腿，抬腿能力就越来越差。老年人骼腰肌的力量非常的重要，高抬腿走可以锻炼它。大腿屈膝高抬，每天坚持高抬腿走 100 步，你会发现走台阶都不怕了，抬腿而过。

第六个步法：认真走。很多老年人走路的时候都有问题，就是脚腕萎缩造成的难以直行。大家还没有意识到老人神经系统下降是非常可怕的事情，希望大家认真地走。每走一步，脑子一定要想着脚，要 10 个脚趾头走路。这样，大脑会控制脚趾头每一个动作，这样的反复锻炼，可以提高神经系统的调控能力，有效弱化小脑萎缩的高发。

第七个步法："弹着走"。两脚朝前，每走一步十趾都用力，特别是大脚趾头用力，把人弹起来。"弹"着走有好几种收获，第一是脚趾头锻炼，其次对于脚弓的锻炼、脚腕的锻炼，抑制跗趾外翻和减肥效果非常好。

第八个步法：倒着走。倒着走要有参照物，注意安全。上身挺直，腿自然下落，前脚掌着地再过渡到全脚，手臂自然摆动，保持整体平衡。小心地先用脚趾头着地，重心在前面，稍微踩空了，也不会摔跟头。这样走可以强化腰腿肌肉，增强平衡，比正行耗氧多。

（四）其他适合教师运动的方式

1. 太极拳

太极拳这个运动特殊，它柔中有刚，阴阳结合。太极拳最大的用途是改善神经系统，最重要是平衡功能得到改善，走路绊了一下不摔跤。美国有个老年体育协会专门做了研究，老年人分两组，一组用健身房的器材，天天练肌肉；另外一组人一分钱不花，练太极拳，结果下来一对比。打拳的这组，平衡功能好，脑子好，走路不摔跤，摔跤骨折减少 50%。最后美国人得出一个结论说，非常佩服中国人的智慧，不花一分钱打太极拳比现代化的器械效果好得多。所以老人练练太极拳有益身体健康。

2. 跳绳

跳绳是一种低耗时高耗能的有氧运动，备受人们喜爱。跳绳30~40分钟能消耗1255.8千焦（300千卡）热量，而一碗白米饭的热量，大约为10465千焦（2500千卡），跳绳属于全身运动，每天不间断地跳绳10分钟以上（相当于慢跑30分钟消耗的热量），长期坚持可以令双腿变得紧致。

3. 瑜伽

在众多有氧运动中，练瑜伽是很多白领女性偏爱的，练瑜伽不但可以减肥，还能增加身体的柔软度，所以很多爱美的女性喜欢这项运动，就连很多美女明星都喜欢用这种方式减肥。

4. 健身操

健身操是很好的有氧减肥运动，现在健身操的跳法越来越多，每天早晚坚持跳操30分钟，3个月后会变得身轻如燕。

5. 打球

根据自己的喜欢选择2~3种球类运动，如乒乓球、网球、门球、羽毛球等。每天早上、晚上打球1小时以上，或是打到流汗为止。

6. 游泳

游泳是一种很好的有氧运动，因为感觉不到累，也感觉不到流汗，就能消耗大量的热量。

7. 爬山

爬山是老少适宜的运动，爬山可以边玩边减肥，但爬山一定要达到一定的时间才能减肥，所以这是一项耐力运动。

因为现在人们工作都比较忙，所以大家可以选择周末来做这项活动，每周末选一天爬山，直到流汗为止。提醒大家注意带好装备（背包、软底鞋、水等用品）。

8. **骑自行车**

无论是骑自行车还是在健身房里蹬固定自行车，都是非常好的有氧减肥运动，骑自行车只要坚持到一定的时间，就会达到非常好的减肥效果。每天每次骑自行车坚持40~60分钟，时间过短达不到减肥的效果，过长会危害身体健康。

【典型案例】

重庆业余长跑第一人畅谈健康人生

55岁的张要武是重庆人，17岁起参加业余长跑运动，先后参加过国际、全国、省市长跑比赛100余次，夺得36枚金牌，其中全国比赛冠军3个，四川省比赛金牌12枚，重庆市比赛金牌21枚。1987年参加日本西胁市子午线马拉松赛获银牌。曾打破男子5000米、10000米四川省纪录。

“长跑改变了我的一生”

每天早上8：00，一个矮小的身影都会准时出现在大田湾网球场，开门、打扫球场清洁、等着重庆市网球队进场训练，很少有队员跟这个看上去不太起眼的工作人员打招呼，他们可能不知道，他就是重庆业余长跑界的传奇人物——张要武。提起这个名字，不少上了年纪的重庆人都能想起他，他是拥有两个四川省长跑纪录的业余长跑爱好者。

张要武说：“长跑是一项非常好的运动，我从中受益匪浅，练长跑使我的身体素质变好了，练长跑使我从一个船员成长为一名体育场场地科干部，练长跑让我在遭遇了两次车祸之后重新站了起来，毫不夸张地说，长跑改变了我的一生。”

后 记

带着幸福感去做老师

周洪宇

做“有理想信念、有道德情操、有扎实学识、有仁爱之心”的好老师，教书有成绩，育人有效果，学生有亲近，家长有信任，领导有肯定，同事有支持，心中有理想，未来有憧憬，这就是老师最大的幸福。正如习近平总书记说的：“做老师，最好的回报是学生成人成才，桃李满天下。想想无数孩子在自己的教育下学到知识、学会做人、事业有成、生活幸福，那是何等让人舒心、让人骄傲的成就。”

好教师是一首诗，韵味长存；好教师是一幅画，清新高雅；好教师是一棵松，正直伟岸；好教师是一座碑，坚实高大。做党和人民满意的好老师，做一个幸福的好老师理应成为我们广大教师的崇高理想和人生追求。那么，怎样才能成为一名党和人民满意的好老师，怎样做一个幸福的好老师呢？

“中国好教师”丛书试图通过解读习近平总书记“四有”好老师讲话，生动地讲述章开沅、潘懋元、周小燕、钟期荣、颜宁、李吉林、霍懋征、汪金权、杨小玲等一大批影响中国教育的杰出人物最精彩、最感人的事迹，从“幸福，在教书育人中追求；幸福，在学习中追求；幸福，在生活中追求”等方面来回答。

教师是太阳底下最光辉的职业，这个“光辉”中必然应该蕴含着“幸福”的因子。这种幸福不只来自于外界的赋予、物质的回馈，而应得益于内心的充盈，来自于心灯的呵护、薪火的维系和传承；来自于精神的给予获取、吞吐吸纳。

老师面对的是鲜活的、成长中的学生，这些学生将来不仅要对自己负责，更要担负起民族、国家的重任。教育一直是以小喻大，以近知远的源头工作。老师要有幸福的追求，做党和人民满意的好老师，做一个幸福的好老师，有幸福感地做好老师，深味做好老师的幸福，有“春风风人，春雨雨人”的亲切，有“随风潜入夜，润物细无声”的自然，好老师的敬业、勤奋、刻苦、奉献是追寻人生价值的内在过程。

教育是一种使命，始于神圣，结于厚重。老师是文化的信徒，起于传承，归于发展。做党和人民满意的好老师，就要学会开心工作，开心生活，就要懂得在忙中享受，在累中快乐。

教育是一种劳动，始于辛劳，结于平淡。老师是教育的行者，起于梦想，归于追求。做一个幸福的好老师，就要学会尊重自己，宽容他人，就要懂得在做中充实，在行中提升。

我们编著“中国好教师”这套丛书，其目的就是帮助广大教师，使其在学习、工作和生活中，将做党和人民满意的好老师作为人生的崇高追求，都能成为幸福的人，成为幸福的好老师。

带着幸福感去做老师，正如揣着理想上路，不仅能在教育教学过程中使自身魅力十足、光芒四射，而且必然会使教育教学变得精彩，进而创造出整个人生的幸福和全体社会的幸福。

湖北科学技术出版社对新事物、新问题十分敏锐，他们发现一段时间以来，各种各样针对教育、教师批评的声音纷至沓来，尤其是，每当有个别教师行为失范时，各大媒体的批评声就会不绝于耳，使教师群体的声誉降到冰点，使人们不得不对师德、师风、师道进行反思，对重铸教师之魂进行思考——究竟什么样的老师才是中国好教师？

2014 年 9 月 9 日，习近平总书记到北京师范大学看望教师学生，发表了激情洋溢的讲话，讲话很好地回答了以上问题。然而，出版市场上尚无一本对此的研究之作。为了贯彻落实习总书记的讲话精神，为了第一时间满足广大一线教师迫切希望获得有关好教师理论与实践学习书籍的愿望，社领导盛情邀请我为该社主编一套丛书，在全社会，尤其是在广大教师中大力宣传和弘扬优秀教师的先进事迹和高尚品德，将公众对教育的关注焦点引向对卓越教学的追求，重建现代教师的价值体系和精神坐标，重铸师魂。现在“中国好教师”丛书与读者见面了，也算是梦想成真吧。

本书在编写出版过程中，得到了很多领导和教师的关心和支持，王建民、袁先潋、付小林、申国昌、但昭彬、刘来兵、李木洲、刘克耘、鲍成中、程墨等同志为此也付出了不少努力，在此一并表示衷心的感谢。特别是中国教育学会老会长顾明远先生在看了书稿初样后，欣然作序。顾老对教育、对教师的钟情永远是我们学习的榜样。

需要说明的是，在本书的编写过程中，我们参阅了不少资料，有的实在联系不上作者，也难以一一注明，请予谅解，同时也希望作者主动联系我们，我们将会按有关规定支付稿酬。

由于能力和水平有限，加之时间仓促，书中难免存在这样或那样的不足，甚至错误之处，尚祈读者见谅。

图书在版编目（CIP）数据

怎样做一个幸福的好老师 / 周洪宇主编.
—武汉：湖北科学技术出版社，2015.4（2019.12 重印）
（中国好教师）
ISBN 978-7-5352-7512-7

Ⅰ. ①怎…
Ⅱ. ①周…
Ⅲ. ①教师－工作－中国
Ⅳ. ①G451

中国版本图书馆 CIP 数据核字（2015）第 035618 号

策　　划　何　龙　何少华
责任编辑　刘　辉　何潇潇
书籍装帧　戴　旻
出版发行　湖北科学技术出版社
地　　址　武汉市雄楚大街 268 号（湖北出版文化城 B 座 13～14 层）
邮　　编　430070
电　　话　027-87679450
网　　址　http://www.hbstp.com.cn
印　　刷　湖北新华印务有限公司
开　　本　787×1092　1/16　24 印张
版　　次　2015 年 4 月第 1 版　2019 年 12 月第 2 次印刷
字　　数　400 千字
定　　价　42.00 元